职业教育国家在线精品课程配套教材
产教融合·职业创新能力数字化运营系列教材

商品信息采集与处理

宋吉华　殷兰波　吴志鹏　主编
易　蕾　吴小平　陈梅梅　罗　霞　曹　薇　副主编

电子工业出版社
Publishing House of Electronics Industry
北京·BEIJING

内容简介

本教材依据视觉营销设计师、网店视觉设计专员等岗位的典型工作任务需求，联合企业专家及职教领域专家，结合大数据调研的主流电子商务平台热销产品类别，按照由易到难、能力递进的原则，将教材内容序化为商品信息采集前期准备以及文具类、箱包类、化妆品类、服装类和农产品类商品信息采集与处理 6 个项目，19 个学习任务，系统地阐述了商品信息采集与处理的整个流程。通过项目学习和任务实践，学习者能够熟练掌握商品信息采集各个环节的知识和技能，并具备对采集到的商品信息进行专业处理的能力。

本教材结构清晰，逻辑严密，融入大量企业真实案例，具有较强的实用性。教材配套的在线开放课程"商品信息采集与处理"，学习者可登录"学银在线"平台进行在线学习。该在线开放课程建设有微课、动画、实训视频、音频、操作指导、课件、图片、案例、习题等丰富的数字资源。同时，教材精选在线开放课程中具有典型性和实用性的资源在教材中以二维码的方式呈现，供学习者即扫即学。

本教材既可作为职业教育本科院校、应用型本科院校、高等职业院校、高等专科院校、成人高等学校和中等职业学校电子商务相关专业的教材，还可以作为社会从业人员的业务参考书及培训用书。

未经许可，不得以任何方式复制或抄袭本书之部分或全部内容。

版权所有，侵权必究。

图书在版编目（CIP）数据

商品信息采集与处理 / 宋吉华，殷兰波，吴志鹏主编 . -- 北京：电子工业出版社，2024. 11. -- ISBN 978-7-121-49202-0

Ⅰ . F713.51

中国国家版本馆 CIP 数据核字第 20247E3X25 号

责任编辑：朱干支
印　　刷：北京宝隆世纪印刷有限公司
装　　订：北京宝隆世纪印刷有限公司
出版发行：电子工业出版社
　　　　　北京市海淀区万寿路 173 信箱　邮编　100036
开　　本：787×1 092　1/16　印张：17.5　字数：448 千字
版　　次：2024 年 11 月第 1 版
印　　次：2024 年 11 月第 1 次印刷
定　　价：69.80 元

凡所购买电子工业出版社图书有缺损问题，请向购买书店调换。若书店售缺，请与本社发行部联系，联系及邮购电话：（010）88254888，88258888。

质量投诉请发邮件至 zlts@phei.com.cn，盗版侵权举报请发邮件至 dbqq@phei.com.cn。

本书咨询联系方式：（010）88254573，zgz@phei.com.cn。

前 言

党的二十大报告明确提出,"构建优质高效的服务业新体系,推动现代服务业同先进制造业、现代农业深度融合",并强调"加快发展数字经济,促进数字经济和实体经济深度融合,打造具有国际竞争力的数字产业集群"。这一战略部署不仅为我们指明了未来经济社会发展的方向,也为教育领域,尤其是与数字经济密切相关的专业课程改革提供了重要指导。

数字经济已经成为推动经济社会发展的重要力量,电子商务作为数字经济的重要组成部分,其迅猛发展的势头不可阻挡。在这样的背景下,商品电子商务化已经成为一种趋势。商品电子商务化不仅要求商品本身具有高品质和竞争力,更要求商品在视觉呈现上能够吸引消费者的目光,激发其购买欲望。商品信息采集与处理不仅是将商品从实体转化为数字形态的过程,更是展现商品价值、提升品牌形象、增强消费者信任感的重要手段。在这一过程中,商品信息采集与处理作为连接消费者和商品的桥梁,其重要性不言而喻。

本教材开发团队在原有"商品信息采集与处理"课程的基础上,经过一年多的探索、调研、改革、调整、优化,开发了这本与职业教育国家在线精品课程配套的教材。本教材旨在帮助学习者掌握商品信息采集与处理的基本知识和技能,了解电子商务领域的前沿技术和应用趋势,培养具备数字化、精细化、个性化商品信息采集和处理能力的专业人才。

本教材从商品信息采集的前期准备入手,介绍了商品信息采集的基础知识、数码相机的基本操作,然后结合文具类、箱包类、化妆品类、服装类及农产品类等典型商品的信息采集与处理过程,详细讲解各类商品的拍摄技巧和方法、图片处理及网店视觉设计的技术。

通过本教材的学习,学习者将能够掌握商品信息采集与处理的基本流程和方法,了解电子商务领域的新技术、新应用和新趋势,为从事电子商务领域相关工作打下坚实的基础。同时,本教材也注重实践性和应用性,通过大量的案例分析和实践操作,帮助学习者将理论知识转化为实际操作能力,提高解决实际问题的能力。

本教材具有以下特点。

1. 坚持立德树人,深度融合思政育人元素

党的二十大报告指出,"全面贯彻党的教育方针,落实立德树人根本任务,培养德智体美劳全面发展的社会主义建设者和接班人"。本教材以习近平新时代中国特色社会主义思想和党的二十大精神为指导,坚定贯彻党的教育方针,将立德树人作为根本任务。在教材内容中,深入挖掘思政元素,如家国情怀、规范意识、诚实守信、美学素养等,以提升学习者的思想道德素养和职业素养。通过知识、能力、素养三维目标的构建,力求使学习者在掌握商品信息采集与处理知识和技能的同时,成为社会主义核心价值观的践行者和传播者。

2. 践行"三教"改革,推动"岗、课、赛、训"互通融合

本教材积极响应《国家职业教育改革实施方案》中关于加大"三教"改革力度的号召,

全面落实"三教"改革要求。通过校企合作，紧密对接岗位需求，将实际工作任务融入教学内容。同时，开发配套在线开放课程，提供丰富的学习资源和便捷的学习途径。本教材还将职业院校技能大赛内容融入学习任务，设置任务实训，确保学习者在实践中巩固所学知识，提升实际操作能力。这种"岗、课、赛、训"全面融合的教学模式，有助于提升学习者的职业竞争力。

3. 构建"一书一课一空间"，探索"互联网+"教学新模式

在"互联网+"的时代背景下，本教材经过精心策划，构建了"一书一课一空间"的教学模式。该模式通过全面、系统的教材内容（一书）和配套的在线开放课程（一课），为学习者提供专业、系统的学习资料。同时，借助互动学习平台（一空间），为学习者提供了丰富的学习资源和便捷的学习途径。这一教学模式不仅有效提升了学习者的学习体验和效果，而且紧密结合了职业院校学生的认知特点，实现了新形态一体化教材与在线课程的深度融合。为了满足数字时代的学习需求，教材提供了包含微课、动画、视频、图文、课件、习题、实训、案例等在内的多样化、颗粒化教学资源，确保学习内容的全面性和实用性。

另外，依托网络教学空间，积极推广这些优质教学内容，并推动了线上线下混合式教学、自主学习、翻转课堂等教学改革的深入实施，为教育教学的创新与发展贡献力量。

4. 精选实际任务，侧重实践效果引导

本教材遵循严谨、理性的原则，采用"项目+任务"的任务导向编写方式，旨在通过实际操作强化学习成效。教材中每个学习项目均以明确的学习任务展开，确保学习者在完成任务的过程中能够深入理解和熟练掌握相关知识和技能。这些学习任务均基于实际工作场景设计，旨在培养学习者将理论知识应用于实际工作的能力。在任务完成过程中，学习者需运用所学知识进行独立思考和实践操作，从而加深对知识的理解和记忆。

5. 全彩图文印刷，助推学习效能跃升

本教材采用全彩印刷，教材中采用了大量图文并茂的形式呈现知识点和技能点，使得学习过程更加直观和生动。同时，教材语言简洁明了，避免了复杂的理论和术语，降低了学习难度，提高了学习者的学习兴趣和学习效果。

本教材由湖南汽车工程职业大学电子商务专业"商品信息采集与处理"课程团队策划。宋吉华、殷兰波、吴志鹏担任主编，制定了教材的总体纲要，编写了大纲及教材体例，企业专家及专任教师参与了编写。具体编写分工如下：项目一由宋吉华、罗霞编写，项目二由吴志鹏、陈梅梅、孙乐编写，项目三由宋吉华、吴小平编写，项目四由吴志鹏、易蕾编写，项目五由殷兰波、曹薇编写，项目六由殷兰波、罗霞、陈小军编写。企业专家刘超对全书进行审读并提出了修改意见。

在本教材的编写过程中，编者参考和借鉴了有关专著、教材、论文等资料，在此向各位作者表示由衷的感谢。还要感谢湖南主旋律文化传媒有限公司、上海卓越睿新数码科技股份有限公司、北京学银在线教育科技有限公司、上海微课信息科技股份有限公司给予的支持。

由于编写人员水平有限，教材中疏漏和不足之处在所难免，恳请同行和读者批评指正，以便再版时修订和完善。

编者联系方式：31363851@qq.com。

编　者

目　录

项目 1　商品信息采集前期准备 …………………………………………… 1

任务1.1　商品信息采集室内环境搭建 ……………………………………………… 2
　　1.1.1　商品信息采集与处理概述 ………………………………………………… 3
　　1.1.2　室内环境的搭建 …………………………………………………………… 9
　　1.1.3　商品拍摄的光位布置 ……………………………………………………… 13
　　任务实训：商品信息采集室内环境搭建 ………………………………………… 16
任务1.2　数码相机的使用 …………………………………………………………… 19
　　1.2.1　数码相机的种类与选择 …………………………………………………… 20
　　1.2.2　数码单反相机的基本操作 ………………………………………………… 23
　　1.2.3　数码单反相机的曝光控制 ………………………………………………… 25
　　1.2.4　白平衡的设置 ……………………………………………………………… 28
　　任务实训：数码单反相机的使用 ………………………………………………… 31
项目测试 ……………………………………………………………………………… 34

项目 2　文具类商品信息采集与处理 …………………………………… 35

任务2.1　铅笔的拍摄 ………………………………………………………………… 36
　　2.1.1　拍摄前的准备工作 ………………………………………………………… 37
　　2.1.2　小件商品的拍摄要点 ……………………………………………………… 38
　　2.1.3　铅笔的拍摄要点 …………………………………………………………… 41
　　任务实训：铅笔的拍摄 ………………………………………………………… 43
任务2.2　文具盒的拍摄 ……………………………………………………………… 46
　　2.2.1　商品细节图的作用及拍摄要点 …………………………………………… 47
　　2.2.2　两前侧光照明 ……………………………………………………………… 48
　　2.2.3　文具盒的拍摄要点 ………………………………………………………… 48

任务实训：多功能文具盒的拍摄 ·· 51
任务2.3　商品图片的基本处理 ··· 55
　　2.3.1　图像处理的基本操作 ·· 56
　　2.3.2　图像的修复与修饰 ·· 64
　　2.3.3　图像色调与色彩的调整 ·· 67
　　2.3.4　使用图形和文字完善图像的内容 ·································· 72
　　任务实训：促销活动优惠券制作 ·· 77
项目测试 ·· 83

项目3　箱包类商品信息采集与处理 ·· 85

任务3.1　皮包的拍摄 ·· 86
　　3.1.1　皮包的拍摄要点 ·· 87
　　3.1.2　拍摄器材的应用 ·· 91
　　任务实训：女式皮包的拍摄 ·· 93
任务3.2　行李箱的拍摄 ·· 96
　　3.2.1　反光类物体的特征 ·· 97
　　3.2.2　反光类物体的拍摄要点 ·· 98
　　3.2.3　行李箱的拍摄要点 ·· 99
　　任务实训：拉杆行李箱的拍摄 ··· 102
任务3.3　店铺轮播图设计与制作 ·· 105
　　3.3.1　轮播图的设计风格和配色 ······································· 106
　　3.3.2　轮播图的排版设计 ··· 111
　　3.3.3　轮播图的文案设计 ··· 114
　　任务实训：店铺轮播图设计与制作 ····································· 118
项目测试 ··· 123

项目4　化妆品类商品信息采集与处理 ·· 125

任务4.1　口红的拍摄 ··· 126
　　4.1.1　化妆品的拍摄要点 ··· 127
　　4.1.2　拍摄工具的应用 ··· 130

4.1.3　口红的拍摄要点 ………………………………………………………… 132
　　任务实训：口红的拍摄 ………………………………………………………… 135
任务4.2　香水的拍摄 …………………………………………………………………… 138
　　4.2.1　透明类物体的拍摄要点 ………………………………………………… 139
　　4.2.2　拍摄工具的应用 ………………………………………………………… 141
　　4.2.3　香水的拍摄要点 ………………………………………………………… 143
　　任务实训：香水的拍摄 ………………………………………………………… 146
任务4.3　商品主图设计与制作 ………………………………………………………… 149
　　4.3.1　商品主图概述 …………………………………………………………… 150
　　4.3.2　商品主图设计要点 ……………………………………………………… 152
　　4.3.3　商品主图设计技巧 ……………………………………………………… 154
　　任务实训：商品主图的制作 …………………………………………………… 157
项目测试 …………………………………………………………………………………… 163

项目 5　服装类商品信息采集与处理 ……………………………… 165

任务5.1　汉服的室内拍摄 ……………………………………………………………… 166
　　5.1.1　服装类商品的拍摄 ……………………………………………………… 167
　　5.1.2　汉服的平铺拍摄要点 …………………………………………………… 171
　　任务实训：汉服的平铺拍摄 …………………………………………………… 174
任务5.2　汉服的模特展示拍摄 ………………………………………………………… 177
　　5.2.1　拍摄环境与人员组织 …………………………………………………… 178
　　5.2.2　汉服的模特展示拍摄要点 ……………………………………………… 179
　　5.2.3　模特展示拍摄的姿态造型 ……………………………………………… 183
　　5.2.4　与模特沟通的技巧 ……………………………………………………… 184
　　任务实训：汉服的模特展示拍摄 ……………………………………………… 186
任务5.3　商品详情页设计与制作 ……………………………………………………… 189
　　5.3.1　商品详情页概述 ………………………………………………………… 190
　　5.3.2　商品详情页策划 ………………………………………………………… 190
　　5.3.3　商品详情页设计要点 …………………………………………………… 193
　　任务实训：商品详情页的制作 ………………………………………………… 197
项目测试 …………………………………………………………………………………… 207

项目 6　农产品类商品信息采集与处理 ········· 209

任务6.1　水果类生鲜农产品的拍摄 ········· 210
　6.1.1　农产品的拍摄要点 ········· 211
　6.1.2　水果的拍摄要点 ········· 212
　6.1.3　水果的拍摄构图 ········· 214
　6.1.4　水果的创意拍摄 ········· 216
　任务实训：水果类生鲜农产品的拍摄 ········· 218

任务6.2　干货类初加工农产品的拍摄 ········· 221
　6.2.1　干货类初加工农产品的拍摄场景与造型 ········· 222
　6.2.2　干货类初加工农产品的单类拍摄与多类组合拍摄 ········· 224
　6.2.3　干货类初加工农产品食用加工场景的拍摄 ········· 224
　任务实训：干货类初加工农产品的拍摄 ········· 226

任务6.3　商品主图短视频拍摄脚本设计 ········· 229
　6.3.1　短视频脚本概述 ········· 230
　6.3.2　短视频脚本制作步骤 ········· 230
　6.3.3　分镜头脚本策划技巧 ········· 233
　任务实训：商品主图短视频拍摄脚本设计 ········· 236

任务6.4　商品主图短视频拍摄 ········· 239
　6.4.1　短视频的拍摄要点 ········· 240
　6.4.2　短视频的拍摄技巧 ········· 241
　6.4.3　商品主图短视频创意拍摄 ········· 245
　任务实训：商品主图短视频拍摄 ········· 248

任务6.5　商品主图短视频剪辑与处理 ········· 252
　6.5.1　商品主图短视频剪辑与处理基本要求 ········· 253
　6.5.2　商品主图短视频剪辑与处理常用技巧 ········· 254
　6.5.3　剪映软件常用功能介绍 ········· 256
　任务实训：商品主图短视频剪辑与处理 ········· 263

项目测试 ········· 269

参考文献 ········· 271

PROJECT 项目 1

商品信息采集前期准备

项目简介

商品信息采集前期准备是确保整个信息采集工作顺利进行的关键环节,其重要性不言而喻。本项目旨在向学习者传授商品信息采集的基础知识,使学习者能够深入了解其主要工作内容。完成学习后,学习者将能够根据不同的商品类型成功搭建室内采集环境,包括正确选择人造光源及合理布置光位。此外,学习者还将掌握相机的选择技巧,初步具备使用数码单反相机拍摄高质量商品图片的能力。

- 任务 1.1 商品信息采集室内环境搭建
- 任务 1.2 数码相机的使用

任务1.1 商品信息采集室内环境搭建

专业的商品信息采集不仅能够提高商品信息采集的质量,还能够直接或间接地影响客户的购买决策。专业的商品信息采集需要专门的环境和设备,通常选择在室内进行,因为室内环境能够更好地调控人造光源,以及满足采集环境对光源多样性和特殊性的需求。学习者通过本任务的学习,可以掌握商品信息采集与处理的作用、商品信息采集的要点,能够完成商品信息采集室内环境搭建,为学习后续任务奠定坚实基础。

● 学习目标

知识目标:
- 掌握商品信息采集的作用和要点;
- 掌握人造光源的类型及光位布置的方法;
- 掌握商品信息采集室内环境的搭建方法。

能力目标:
- 能够完成设备清单的制作;
- 能够完成商品信息采集过程中光源的选择和光位布置;
- 能够完成满足商品信息采集一般要求的室内环境搭建。

素养目标:
- 通过拍摄器材的规范使用,树立设备使用安全意识,提升劳动素养;
- 通过任务实践,提高沟通表达能力,树立团队协作意识。

● 学习导图

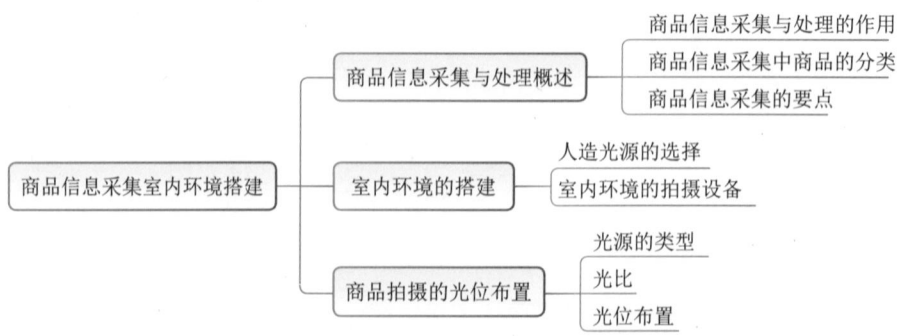

新知学习

1.1.1 商品信息采集与处理概述

商品信息采集与处理是一个创意和技术相结合的工作过程，它通过采集、分析、优化商品的视觉表达信息，创造吸引顾客的商品图片，促进商品销售。在电子商务领域中，商品信息采集与处理主要包括商品拍摄、商品图片处理、商品视觉营销设计等，这个过程不仅关注商品基本信息的采集，更关注商品视觉元素的设计与优化，以确保商品信息的呈现既准确又具有吸引力。

1. 商品信息采集与处理的作用

在电子商务活动中，顾客在购买前一般无法接触实物商品，对于商品的印象源于网页呈现的信息，包括图片信息、文字信息、视频信息等。如果这些信息不完整、不清晰、缺乏美感，既难以突出商品的卖点，也无法打动顾客。

以脐橙的商品信息采集为例，如图 1-1 所示为直接将拍摄原图作为展示商品的图片，如图 1-2 所示为经过商品信息采集与处理后展示商品的图片。通过对比不难发现两张图片各具优势：图 1-1 所示的图片在商品信息采集方面更加出色，脐橙的真实颜色还原较好；图 1-2 所示的图片在图文优化处理上更胜一筹，卖点突出，文字的颜色和设计更具灵动性。

图 1-1 直接将拍摄原图作为展示商品的图片

图 1-2 经过商品信息采集与处理后展示商品的图片

具体来说，商品信息采集与处理在以下几个方面起到了重要作用。

（1）满足顾客了解商品信息的需求。在电子商务活动中，由于顾客在购买前无法直接接触实物商品，商家只能通过网页上的图片、文字、视频等信息元素，对商品的属性、效果、功能等商业价值进行全面展示和说明。因此，在商品信息采集与处理过程中，一件商品往往有一系列的介绍。这些介绍通常包括从各个角度拍摄的商品图片，特别是针对商品的细节部分进行的特写拍摄，以充分展示商品的形、色、质。对于某些商品，如服装、箱包、丝巾、配饰等，还会邀请模特进行实物示范，以便顾客能够更直观地了解商品，从而做出明智的购买决策。商品信息采集与处理的全面性，可以很好地满足顾客了解商品信息的需求。如图 1-3 所示为某品牌女式手提包的商品信息图，该商品图片清晰、构图美观、介绍详尽、优势凸显，顾客浏览商品详细信息后，可以直观地了解商品的外观、颜色、尺寸等信息，从而更好地了解商品的特点和用途。

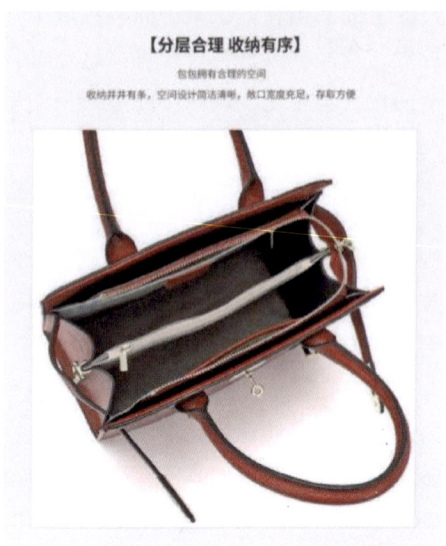

图 1-3　某品牌女式手提包的商品信息图

（2）提升顾客购物体验，促进销售转化。清晰、美观的商品图片可以提升顾客购物体验。顾客在浏览商品时，更愿意选择那些图片清晰、展示详尽的商品，因为这样的商品能够激发顾客的购买欲望，促进销售转化。

（3）直接影响商品的销量。商品的销量是衡量电子商务成败的重要指标。影响销量的因素是多方面的，包括商品的质量、商品的性价比、商品的受欢迎程度、网站的流量、服务的质量、商品信息页的设计等。其中，商品信息页的设计作为商品信息采集与处理工作的直接结果，与顾客关注度关系密切，也是影响顾客转化率的关键因素。

如果商品信息采集与处理从顾客心理出发，精准捕捉并详尽介绍顾客所关注的重点信息，同时突出自家商品相较于同类商品的独特优势，就更容易打动顾客，在销量上就会有更好的表现。例如，如图 1-4 所示为京东上售卖的某款不锈钢保温杯，一款看似普通的不锈钢保温杯，在京东上的月销量却可以达到上万件。

为什么一款普通的保温杯可以达到如此惊人的销量呢？虽然质量过硬、价格优惠至关重要，但是出色的商品信息采集与处理也功不可没。在这款商品的介绍页面中，不仅可以看到从各个角度进行拍摄的、将商品的结构和特点进行全面展示的、细节清晰的商品图，还可以看到一个商品介绍短视频，将商品的优势、功能展示得一目了然。

（4）直接影响商家的品牌形象。品牌形象是指企业（品牌）在市场上展现给公众的个性特征，它主要通过一系列的指标来衡量，包括品牌知名度（公众知名度）、品牌美誉度、品牌反映度、品牌传播度、品牌追随度等。因此，商家在塑造品牌形象时必须考虑这些衡量指标。

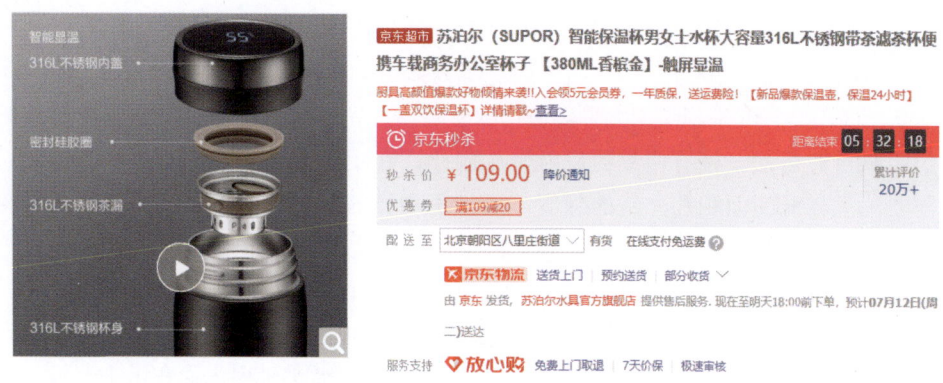

图 1-4 京东上售卖的不锈钢保温杯

商品信息采集与处理的过程，就是一个让商品的外观、品质、个性凸显的过程，是一个影响品牌美誉度的关键环节。如果想让自家品牌在众多竞争对手中脱颖而出，被更多顾客所熟知，就必须重视商品信息采集与处理环节。只有当商品具备自己独特而鲜明的形象时，才能获得顾客的青睐，进而促进品牌的形象塑造和发展。例如，如图 1-5 所示为经过商品信息采集与处理的商品信息图片，很好地凸显了商品的外观、品质、个性，提升了商家的品牌形象。

图 1-5 经过商品信息采集与处理的商品信息图片

2. 商品信息采集中商品的分类

在商品信息采集的过程中，商品的分类与各电子商务平台对商品的分类是有所区别的。电子商务平台在分类商品时，通常会考虑商品的属性、实际使用场景及适用的消费群体等

动画：商品信息采集中商品的分类

多种因素。然而，在商品信息采集环节，商品分类的标准主要集中在商品在拍摄过程中展现出的对光线的反应和特性上。具体来说，根据物体对光线的不同反应和特性，可以将商品分为吸光类物体、反光类物体和透明类物体三类。

（1）吸光类物体。这类物体通常具有吸收光线的特性，如木制品、纺织品、纤维制品、大多数塑料制品等。在光线的照射下，吸光类物体会形成完整的明暗过渡层次，没有明显的反射光。因此，在拍摄吸光类物体时，布光需要多样化，需要注意光源的面积和光线的强度，以突出物体的质感和层次。吸光类物体拍摄效果图如图1-6（a）所示。

（2）反光类物体。这类物体表面光滑，反射率高，如金属、不锈钢器具、瓷器、玉器、珠宝、皮革等。在拍摄反光类物体时，由于它们对光有很强的反射作用，一般不会表现出柔和的明暗过渡现象。为了拍摄出质感丰富的照片，布光通常采用大面积散射光源，并在旁边放置灰色或深黑色反射板，以增强物体的质感。同时，需要注意控制光源的角度和亮度。当然，使用柔光也非常重要，以避免产生过强的反射光，确保画面的清晰度和平衡感。反光类物体拍摄效果图如图1-6（b）所示。

（3）透明类物体。这类物体具有通透的质感，如饮料、酒水、香水、化妆水、玻璃器皿等。在拍摄透明类物体时，光线可以穿透物体本身，因此需要采用逆光、侧逆光等光源来让商品变得通透。同时，配上黑色卡纸可以很好地勾勒出商品轮廓。在拍摄透明类物体时，还需要注意光线的折射和反射，以呈现出物体的清晰度和立体感。透明类物体拍摄效果图如图1-6（c）所示。

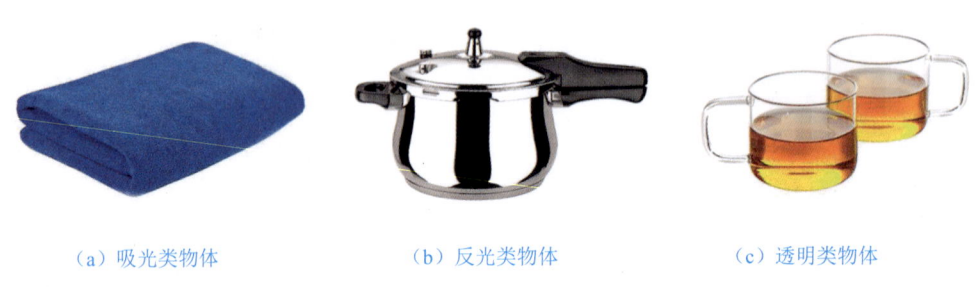

（a）吸光类物体　　　　　　（b）反光类物体　　　　　　（c）透明类物体

图1-6　不同类别商品的拍摄效果图

除了上述三类物体，还有一些特殊的拍摄物体需要注意。如半透明物体（磨砂玻璃、薄纱等），这类物体具有一定的透明度，但光线穿透后会产生一定的散射效果。在拍摄这类物体时，需要采用合适的光源和布光方式，以表现出其独特的质感。另外，还有一些具有特殊表面处理的物体，如镜面物体、亚光物体等。镜面物体表面光滑且反射强烈，拍摄时需要特别注意控制光线的方向和反射效果；亚光物体表面较为粗糙，反射较弱，可以呈现出柔和的明暗过渡和丰富的纹理细节。

总之，在拍摄不同类型的物体时，需要根据物体的特性和对光线的反应选择合适的布光方式、光源类型和拍摄技巧，确保采集的商品信息能够准确、生动地传达出商品的外观、质感和特点，为品牌形象塑造和商品销售提供有力支持。

3. 商品信息采集的要点

商品信息采集的拍摄既不同于新闻摄影，也不同于艺术摄影，它的最终目的既不是以审美为主，也不是反映拍摄者的个人情感和思想，而是对商品本身进行多角度、全方位的还原与展示。采集的内容不仅是为了展示顾客想获取的信息，也是向顾客传递商家想展示的信息，即以传播商品信息为主要动机，迎合顾客情趣，达到促进销售的目的。

在商品信息采集过程中如何去展现商品，这就是商品信息采集的要点。总体上可以将商品信息采集的要点分为以下几个方面。

微课视频：商品信息采集的要点

（1）形状特征。商品的形状是其独特性和辨识度的关键。在拍摄商品时，应特别关注商品的形状特征，并选择最能展现其形状特征的拍摄角度和构图方式。例如，对于圆形商品，可以采用正面垂直拍摄的方式；对于长方形商品，可以选择斜角拍摄的方式以展现其长度和宽度。只有商品图片画质清晰、形状准确，才能带给顾客真实的感受，让顾客对商品产生信任感。对于一些有空间要求的商品，除了准确表现其外形特征，还应在后期处理中对商品的物理属性如尺寸等进行标注说明，为顾客选择商品提供直观的依据。当对一些不太容易直观感受大小的商品进行拍摄时，最好同时附有参照物，便于顾客能较好地理解商品的实际大小。如图1-7所示为某品牌鞋柜的款式及尺寸展示图。

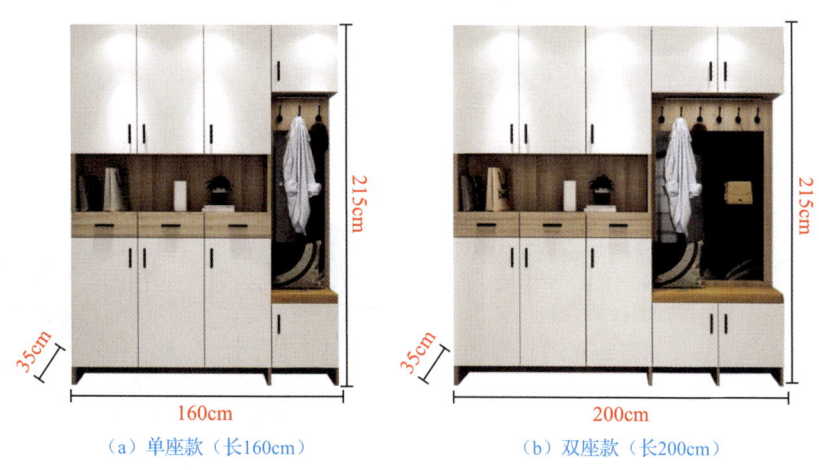

（a）单座款（长160cm） （b）双座款（长200cm）

图1-7 某品牌鞋柜的款式及尺寸展示图

（2）色彩还原。在商品拍摄中，色彩还原是一个非常重要的环节，因为它直接影响商品在图片中的呈现效果，进一步影响顾客的购买决策。为了实现准确的色彩还原，拍摄时需要选择合适的拍摄环境和光源。一般来说，软光源（如经过柔光箱、反光板等变化的光源）比硬光源（如闪光灯的光源）更适合拍摄需要高还原度的商品。同时，还要注意光源的色温，应选择与自然光色温相近的光源，以避免出现偏色现象。此外，还需设定相机的白平衡。相机的白平衡是影响所拍摄商品色彩还原的关键因素之一，在拍摄商品时，应根据光源的色温设定正确的白平衡，以确保色彩的准确性。除了上述方法，还可以使用校色卡。在拍摄商品时，拍摄者可以将校色卡放在商品旁边，作为参照物一同拍摄。校色卡上的颜色是经过精确测量和校准的，因此可以作为后期对图片进行色彩校正时的参照。某品牌口红真实色彩还原效果图如图1-8所示。

图1-8　某品牌口红真实色彩还原效果图

（3）品质特征。在电子商务交易过程中，网店商品图片对商品特征、质地细节等的展示程度，往往能影响顾客的购买决策。在拍摄商品时，先分析商品有哪些特征，然后思考如何拍摄才能清晰地展示商品质量、质感、质地等，以提升品牌价值。

在拍摄时使用软光，避免使用直接、强烈的硬光，可以产生柔和、自然的视觉效果，有助于突出商品的细节和质感。拍摄角度也会影响商品的质感表现，例如，使用较低的角度可以强调商品的细节和纹理，使其看起来更加立体和有质感。此外，使用微距镜头可以捕捉商品的微小细节，使用适当的相机设置也可以帮助突出商品的特征。例如，增加景深可以让商品的前后部分都清晰可见，从而突出其细节和纹理。同时，调整曝光和对比度也可以帮助增强商品的品质。突出商品品质特征的图片如图1-9所示，该图片很好地突出了水果柔嫩汁多的特征，令人垂涎欲滴。

图1-9　突出商品品质特征的图片

1.1.2 室内环境的搭建

商品信息采集一般是在室内环境完成的,这样做的原因是商品拍摄对光源有特殊要求。光源可分为自然光源和人造光源两大类。常见的自然光源是太阳光,但其亮度和方向通常不可控制,很难根据商品拍摄的需求来设计光源,在室内商品拍摄时一般不采用。古老的火柴发出的光源,现代的 LED 照明灯发出的光源,平时接触的电子产品发出的光源,都属于人造光源的范围。运用人造光源方便拍摄者根据具体需求来对光源的位置、强度、数量等进行设计,不受自然条件、时间等因素的影响。

动画:光源的类型

1. 人造光源的选择

对于商品拍摄而言,对光源的要求主要是能够使商品的形态得到自然地展现、色彩得到准确地体现、质感得到充分地表现。在商品拍摄中的人造光源,一般选择用于专业摄影的影室灯。影室灯可分为瞬间照明影室灯和持续照明影室灯两大类。瞬间照明影室灯主要使用闪光灯,持续照明影室灯主要使用三基色影室灯、LED 影室灯等。

(1)闪光灯。闪光灯的工作原理是高压电流在极短的时间(通常在 1/2 000 秒至 1/800 秒之间)内通过氙气灯管进行放电,从而产生强烈的闪光效果。这种放电过程消耗的电能非常低,但所发出光的强度却非常高。闪光灯多用于光线较暗的场合给拍摄对象提供瞬间照明,有时也用于光线较亮的场合给拍摄对象提供局部补光,从而突出细节,增强画面的层次感。闪光灯及其配件如图 1-10 所示。

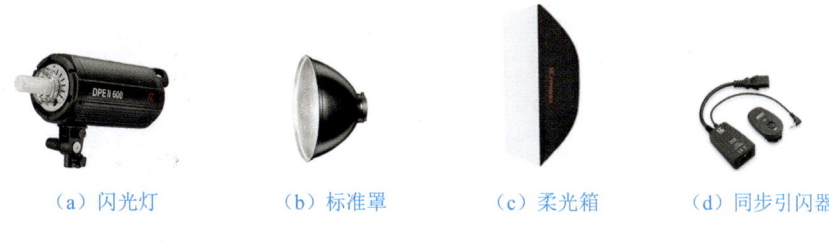

(a)闪光灯　　　(b)标准罩　　　(c)柔光箱　　　(d)同步引闪器

图 1-10　闪光灯及其配件

在使用闪光灯时,拍摄者需要根据拍摄环境和拍摄对象的特点,合理调节光圈、快门、ISO 等参数。此外,还需要了解闪光灯的 Guide Number(GN)概念,即闪光灯的照射距离与光圈的乘积。通过合理调节这些参数,拍摄者可以拍摄出明亮、清晰的照片,并突出拍摄对象的细节和层次。

在闪光灯的使用过程中,一般需要给灯头部位加表现直接光源的标准罩或表现间接光源的柔光箱。

标准罩的主要作用是调节光线的方向和扩散程度,使光线更加集中和具有方向性。这种灯罩通常用于需要硬光的拍摄场景,能够有效地防止光线散射,提高拍摄效果。此外,标准罩还可以搭配其他辅助器材使用,如蜂巢等,以进一步塑造和控制光线。

柔光箱则是一种用于柔化光线的摄影器材，其直接作用就是将影室灯的直接照明变成间接照明。它通常由一块或多块白色的漫反射布和框架组成，可以将光线均匀地扩散到拍摄对象上，产生柔和、自然的效果。柔光箱适用于拍摄人像、静物等需要柔和光线的场景，能够使画面更加细腻、自然。

除了标准罩和柔光箱，闪光灯还需要配备同步引闪器。同步引闪器是在拍摄时用于触发闪光灯的设备。它的主要作用是在拍摄时同步触发相机和闪光灯，确保闪光灯在相机快门打开的瞬间亮起，从而捕捉到清晰的照片。同步引闪器通常具有多种触发模式，如光学触发、无线电触发等，可以适应不同的拍摄环境和需求。

（2）三基色影室灯。三基色影室灯也被称为三基色荧光影室灯或三基色冷光影室灯，是一种特殊的灯具。它通过使用红（R）、绿（G）、蓝（B）三种颜色光谱的灯管来发光。这种灯具的优点在于能够模拟自然光的效果，为拍摄者提供稳定、均匀的光源。同时，由于其可调节性强，拍摄者可以根据需要调整灯光的亮度、颜色和角度，以达到理想的拍摄效果。

在拍摄过程中，三基色四联影室灯被广泛应用，它由螺旋口三基色灯泡和灯座组成，如图1-11所示。三基色四联影室灯的优点在于其具有高度的灵活性和可调节性。拍摄者可以根据需要调整每个灯头的角度、亮度和色温，以实现精准的光影控制和色彩还原。同时，三基色四联影室灯通常配备有灯架、柔光箱和调节装置，可以方便地固定在拍摄现场的不同位置，以适应各种拍摄环境和需求。在选择三基色四联影室灯时，需要考虑拍摄的具体需求。例如，需要确定所需的灯光亮度、色温等参数，以及灯具的便携性、耐用性和价格等因素。

（a）螺旋口三基色灯泡

（b）灯座正面

（c）灯座背面

图1-11　三基色四联影室灯的组成

（3）LED影室灯。现阶段，LED影室灯正逐渐取代其他类型的影室灯，成为影室灯的主流。LED影室灯是一种高效、环保的照明设备，广泛应用于影视制作、摄影、演播室等领域。其独特的发光原理和节能特性，使得它在照明行业具有广泛的应用前景。LED影室灯的核心部件是LED芯片，它能够将电能直接转化为光能，无须通过热辐射过程，因此能量转化效率极高。此外，LED芯片具有寿命长、热量低、耗电低等优点，使得LED影室灯在照明效果和使用寿命上都大大优于传统的卤素灯、钨丝灯等照明设备。在拍摄过程中，

项目1　商品信息采集前期准备

LED影室灯能够提供均匀、柔和的光线，使画面色彩更加真实自然。同时，它还具有调节亮度、色温等功能，能够满足不同场景和拍摄需求。此外，LED影室灯的体积小、重量轻，方便携带和安装，也大大提高了拍摄效率。如图1-12所示为某款LED影室灯正面和背面图。

动画：人造光源展示

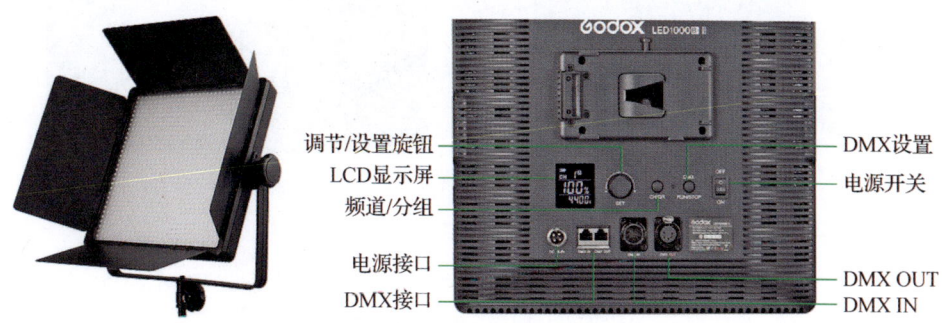

图1-12　某款LED影室灯正面和背面图

2. 室内环境的拍摄设备

除了人造光源，室内环境的商品信息采集还需要其他一些拍摄设备。

（1）静物台。静物台是用来拍摄小型静物商品的主要设备之一。它主要的作用是使商品能够展示出最佳的拍摄角度和外观效果。静物台的设计类似于一张没有桌面的桌子，上面覆盖着半透明的塑料台面，这种材料不仅可以防止反射和阴影，还可以均匀地分布光线，使商品呈现出更加真实和生动的质感。此外，静物台的高度也是可调整的，方便拍摄者根据自己的拍摄角度和习惯进行调整。如图1-13所示为某款小型静物台。

静物台除了充当基本的置物平台，还可以与各种摄影附件和工具配合使用，进一步提升拍摄效果。例如，拍摄者可以通过静物台配合柔光箱、反光板等来控制光线的方向和强度，创造出理想的拍摄氛围。此外，静物台还可以配合背景板、倒影板等道具使用，以增加拍摄的多样性和创意性。

（2）束光筒和聚光筒。束光筒和聚光筒是摄影和照明设备中常用的两种器件。

束光筒通常用于限制光线的扩散，使光线更加集中。它可以将光线从一个较大的区域集中到一个较小的区域，这样可以提高光线的利用率，使得拍摄的主题更加突出，背景更加暗淡。束光筒常常被用于人像摄影，以产生强烈的对比和戏剧性的光影效果。

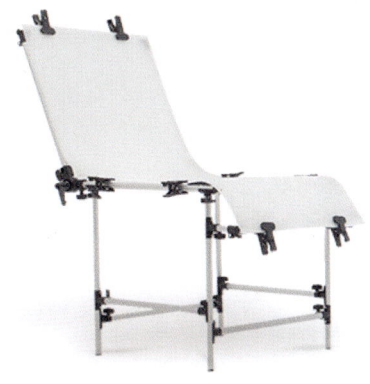

图1-13　某款小型静物台

聚光筒除了具备束光筒的作用，还是一种能打出独特剪影效果的控光器件，常用于局部布光。其主要功能是收集和聚焦光线，把光线集中成一束。聚光筒的结构比束光筒的结构要复杂得多，一般由透镜、镜筒、模板和调焦机构等组成，价格是束光筒价格的好几倍。

11

但它既可以进行图案的虚实调节,从而营造出不同的光影效果,也可以叠加色片设计,改变光线的颜色,满足拍摄者的创作需求。聚光筒及其剪影效果如图1-14所示。

(a)聚光筒

(b)聚光筒的剪影效果

图1-14 聚光筒及其剪影效果

(3)反光板。反光板是在拍摄时所使用的照明辅助工具,通常为金色、银色、白色、黑色等,由锡箔纸、白布、米菠萝等材料制成,光线在其平面上会产生漫反射的效果,并被柔化、扩散至一个更大的区域,起辅助照明的作用,有时作主光用。不同的反光板表面,可产生软硬不同的光线。反光板面积越大,效果越好。根据环境需要用好反光板,可以让平淡的画面变得更加饱满,体现出良好的影像光感、质感。同时,利用它适当改变画面中的光线,对于简洁画面成分、突出主体也有很好的作用。不同颜色的反光板如图1-15所示。

图1-15 不同颜色的反光板

(4)三脚架。拍摄往往离不开三脚架的帮助,三脚架的主要作用就是稳定照相机,以达到特定的拍摄效果。

三脚架按照材质可以分为木质、高强塑料材质、合金材质、钢铁材质、碳纤维材质等多种。其中,最常见的材质是铝合金。铝合金材质三脚架的优点是重量轻、坚固。而新式的三脚架则使用碳纤维材质制造,它具有比铝合金更好的韧性及重量更轻等优点。

三脚架从结构上大致分为两个部分:上面的"架"和下面的"脚"。"架"的部分就是常说的云台,是用于连接相机与脚架进行角度调节的部件,主要有三维云台和球形云台两种。

三维和球形两种云台各有优势和不足,可分别满足不同的拍摄要求。三维云台通过三个不同方向的锁扣来确定相机的方向,优点是承重性能强,即能够以较轻的云台固定相对较重的相机和镜头,而且能够比较精确地调整角度;缺点是操作比较复杂,有时不能一步调整到位。与三维云台相反,球形云台操作非常方便、快捷,确定好一个角度后,只要一个锁紧操作,就可以固定相机;缺点是它的承重能力比三维云台弱许多,而且在构图微调方面也不如三维云台灵活。如图1-16所示为某品牌的一款不同云台的三脚架。

项目1　商品信息采集前期准备

（a）三维云台

（b）球形云台

图 1-16　某品牌的一款不同云台的三脚架

此外，在日常的商品拍摄中，还经常用到倒影板、黑色卡纸、顶灯架、背景架、背景布、反光伞等拍摄器材。

微课视频：室内采集环境的搭建

1.1.3　商品拍摄的光位布置

1. 光源的类型

光源的类型是指根据不同光线在拍摄时对被照亮物体起到的作用而进行的分类，通常分为主光、辅光、轮廓光和背景光。对拍摄对象而言，在拍摄时所受到的照射光线往往不止一种，各种光线有着不同的作用和效果。

（1）主光。拍摄过程中的主光，是一种占据核心地位的光线，拍摄者常用它来塑造画面的氛围和情感，并强调或突出拍摄对象。主光不仅决定了画面的明暗分布，还影响着受众的视觉焦点和情感共鸣。通过精心设置的主光，能赋予画面独特的个性和魅力，给受众带来强烈的视觉冲击和心灵触动。在拍摄过程中，需要根据拍摄主题、场景氛围和要传达的情感来精确设置主光的位置、方向和强度。不同的主光设置会产生截然不同的视觉效果，柔和的主光能够营造出温暖舒适的氛围，而强烈的主光则能够塑造出硬朗有力的形象。

（2）辅光。辅光的主要功能是增强主光照射时产生的阴影部分的亮度，让原本阴暗的部分也能展现出一定的质感和层次感，并降低影像的反差。然而，在使用辅光时，其强度必须低于主光，否则会过于突出，掩盖主光的效果，同时在拍摄对象上产生明显的辅光投影，即所谓的"夹光"现象。在拍摄过程中，通过精细调整主光和辅光之间的光比和角度，可以丰富画面的层次感和细节表现，让整体画面更加和谐统一。

（3）轮廓光。轮廓光是一种特殊的光源，它主要用于照亮物体的轮廓或边缘，使其从背景中凸显出来。逆光和侧逆光常用作轮廓光，使用时使得光线照射在物体的边缘上，形成明亮的光环或轮廓线。

（4）背景光。背景光是照射背景的光线，它的主要作用是衬托拍摄对象、渲染环境和气氛。自然光和人造光源都可用作背景光，通常不会产生强烈的阴影或高光效果，而是以一种均匀、柔和的方式照亮背景。

13

2. 光比

光比是指拍摄对象上亮部与暗部受光强弱的比例。光比越大，拍摄对象上亮部与暗部之间的反差就越大；反之，亮部与暗部之间的反差就越小。在拍摄过程中，光比的大小通常由主光与辅光的亮度及它们与拍摄对象之间的距离共同决定。调节光比的方式有以下两种：

（1）调节主光与辅光的亮度。通过增强或减弱主光的亮度，可以显著影响拍摄对象亮部的明亮程度，从而改变光比。同样，调节辅光的亮度也能影响暗部的明亮程度，进而对光比产生影响。例如，增加辅光亮度，可以使暗部更亮，减小光比；反之，减弱辅光亮度，可以使暗部更暗，增大光比。

（2）调节主光与辅光至拍摄对象的距离。缩小主光与拍摄对象的距离或加大辅光与拍摄对象的距离，会使光比变大；反之，光比变小。

在商品拍摄时，想更好地呈现商品的光泽度、塑造商品整体的立体感，就可以通过运用光比来控制画面主体的明暗反差。反差大则画面视觉张力强，反差小则画面柔和平缓。

3. 光位布置

在完成拍摄环境的搭建后，需要根据拍摄商品的特性和所需效果来组合布置不同的光位。光位是指光源相对于拍摄对象的位置，即光线的方向与角度。光位可以千变万化，但在拍摄对象与照相机位置相对固定的情况下，光位在水平方向上可分为顺光、前侧光、侧光、侧逆光、逆光等多种类型，如图 1-17 所示。

微课视频：商品拍摄的光位布置

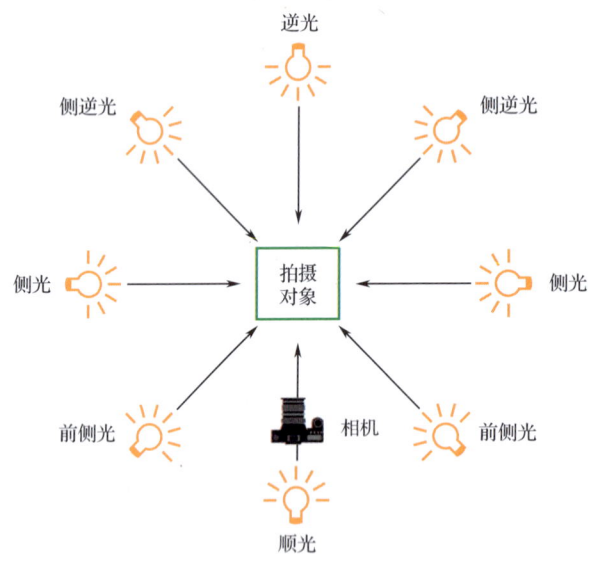

图 1-17　水平方向光位图

不同的光位可以产生不同的光影效果。在拍摄过程中，光位的选择对于塑造拍摄对象的形象、营造氛围和表达情感起着至关重要的作用。

（1）顺光。顺光是指投射方向与相机拍摄方向一致的光线。在顺光拍摄中，拍摄对象受到均匀的照明，使得物体的轮廓清晰，没有明显的阴影部分，表面细节表现得较为平滑。顺光拍摄不利于在画面中表现透视效果，空间立体表现效果也较差，在色调对比和反差上也不如侧光和侧逆光的拍摄效果。顺光拍摄的优势是影调柔和，同时还能很好地体现物体固有的色彩效果。在进行光线处理的时候，往往把较暗的顺光用作辅光或造型光。

（2）前侧光。前侧光是指投射方向与相机拍摄方向约成45度角的光线。在拍摄过程中，前侧光是一种常用的塑形光。这种光线照明能使拍摄对象产生明暗变化，从而很好地表现拍摄对象的立体感和表面质感，使画面更加生动。前侧光常常作为主光使用。

（3）侧光。侧光是指投射方向与相机拍摄方向约成90度角的光线。受侧光照明的物体会产生强烈的明暗对比，使得拍摄对象的表面纹理和质感得到很好的表现；缺点是往往形成一半明一半暗的影调和层次。这种布光方式要求在构图上考虑拍摄对象受光面和阴影的比例关系。

（4）侧逆光。侧逆光是指投射方向与相机拍摄方向约成135度角的光线。侧逆光能够将拍摄对象的轮廓在背景中清晰地勾勒出来，形成强烈的对比，使得画面更具立体感和层次感，也可以突出拍摄对象的表面纹理和质感。由于侧逆光容易产生强烈的明暗对比，拍摄者需要合理控制曝光度，确保拍摄对象的轮廓和细节在画面中得以清晰展现。

（5）逆光。逆光特殊而富有表现力，它是指光源位于拍摄对象的正后方，投射方向与相机拍摄方向相对的光线。逆光能够将拍摄对象的轮廓在背景中清晰地勾勒出来，形成强烈的光边效果，这种轮廓光效能够突出拍摄对象的形状和姿态，增强画面的立体感和空间感。在拍摄过程中，当逆光过于强烈时，拍摄对象的正面细节可能会被完全遮蔽，形成剪影效果；当逆光比较柔和时，它可以在拍摄对象的边缘和背景之间创造出柔和的光影过渡效果。所以，在使用逆光拍摄时需要注意控制好曝光度，避免过度曝光或曝光不足。

素养提升

摄影设备使用规范

为了确保摄影设备资源得到合理使用，延长设备的使用寿命，以及保障使用者的安全，须遵守以下摄影设备使用规范，养成规范意识。

（1）在使用前，检查摄影棚内所有设备是否完好，如有损坏应立即报告。

（2）在使用时，按照设备使用说明正确操作，避免操作不当导致设备损坏。

（3）在室内使用时，要爱护室内设施，避免损坏墙面、地板、灯光设备等。不得擅自移动或更改摄影棚内的灯光、背景等设备位置。

（4）遵守消防和安全规定，不在摄影棚内吸烟或使用明火。确保所有电器设备的使用安全，不在无人看管状态下长时间运行。

（5）如果拍摄过程涉及模特或演员，应确保其休息时间和人身安全。

（6）使用完毕后，关闭所有电源，按照要求进行设备整理和检查，保持场地整洁卫生。

> 遵守摄影设备使用规范，不仅能够保证拍摄活动的顺利进行，也是对他人工作的尊重，同时也是保障个人和财物安全的必要措施。

任务实训

商品信息采集室内环境搭建

一、实训目的

在掌握了人造光源的多样性，深入了解了各类拍摄器材的功能，并对光位有了清晰的认识后，需要进一步熟悉商品信息采集室内环境搭建过程中各种设备的使用方法，加深对设备操作的理解，为后续的商品拍摄打下了坚实的基础。

二、实训要求

根据商品信息采集的需要，掌握商品信息采集室内环境搭建的相关知识，完成室内环境的搭建。具体要求如下：

（1）搭建的采集环境能满足后续任务室内环境采集的需求。

（2）列出商品信息采集设备清单，制作商品信息采集设备清单表。

（3）在实训过程中，学生以3～4人为一小组，团队分工协作，共同完成室内环境的搭建。

三、实训步骤

1. 选择人造光源

人造光源主要采用影室灯。影室灯可分为瞬间照明影室灯和持续照明影室灯。瞬间照明影室灯绝大多数采用闪光灯，而常用的持续照明影室灯（指能持续提供照明的影室灯，可以有效地补充室内照明的不足）有以下两种。

（1）三基色影室灯。三基色影室灯的优点是发热量少、使用可靠、亮度高，可以根据拍摄需要调节亮度，色温更接近于太阳光的色温，可以很好地还原商品的本来颜色。

（2）LED影室灯。LED影室灯由LED灯珠组合而成，发光效率高，可形成大面积发光矩阵。一般配有高透光率亚克力柔光板，光线输出柔和、均匀。可根据需要调整亮度，也可以调整色温，照明色彩还原能力强。由于其功耗低，可以安装电池取代电源线，故移动及携带都很方便。

实训视频：商品信息采集室内环境搭建

这里可以选择一种影室灯，将其具体信息填入商品信息采集设备清单表中。

2. 选择拍摄台或背景布

拍摄台是放置商品的地方，要求水平、稳固。在搭建室内环境时，需要根据拍摄台的位置设置影室灯并进行布光。

在拍摄过程中专门用于放置静物的器材是静物台。静物台在架子上覆盖了一层半透明的塑料台面，便于布光照明，可以使商品展现出最佳的拍摄角度和外观效果。后面竖起的部分可以调整角度，用作小型静物拍摄的背景。

当拍摄较大的静物商品或人像时，一般使用背景纸、背景布或仿真主题背景。背景布一般使用白色，可以减少对商品的颜色干扰，还原商品的本来颜色。背景布需要搭配背景架使用。背景架的作用是为背景布提供一个稳定的支撑平台，确保背景布在拍摄过程中不会晃动或移位。同时，背景架还可以调整高度和角度，以适应不同的拍摄需求。一些高级的背景架还配备有可调节的支撑杆和固定装置，可以更加灵活地调整背景布的形状和位置。当拍摄行李箱、汉服及干货类初加工农产品时，需要使用背景布和背景架。

3. 选择辅助器材

除了选择人造光源、拍摄台或背景布，常用的拍摄辅助器材还有以下几种。

（1）三脚架。三脚架是商品拍摄的重要辅助器材，主要起稳定相机的作用。在拍摄静物时，相机不能抖动，这时就需要三脚架的帮助。使用三脚架比较简单，先调整好三脚架的高度和水平位置，将云台面板固定到相机底部，再安装到云台上，可以旋转调整左右和上下角度。

在后续的所有拍摄任务中，拍摄时都需要使用三脚架来固定相机进行拍摄。

（2）反光板。反光板常用的颜色有金色和银色两种。在外景拍摄（如模特展示汉服拍摄）时起辅助照明作用，有时作主光用。在室内拍摄时，可以适当改变画面中的光线，常用于对暗部进行补光，使需要突出的细节部分拍摄得更清晰。

（3）倒影板。在拍摄商品时，有时候为了增加商品的氛围感，会使用倒影板。倒影板常见的颜色有黑色和白色两种，黑色倒影板可营造出高贵的感觉，白色倒影板则会使商品显得优雅大方。当拍摄化妆品类、农产品类商品时使用倒影板，可以提高拍摄的视觉效果。

（4）柔光棚。在拍摄某些特殊商品时，如拍摄易反光金属材质的行李箱、表面反光的口红和香水等，有时为了减少周围的环境对拍摄对象带来的反射或映射干扰，需要借助柔光棚进行拍摄。

（5）聚光筒。有时为了拍摄出特殊效果，可以使用聚光筒（约束光线照明范围，减小光源的照射面积）进行局部布光。聚光筒的特点是把光线集中成一束，能够更好地拍摄出物体的形状和轮廓，常用来打亮侧面局部。在拍摄透明类商品如香水时，作为逆光源的主光使用，可以营造出香水瓶的通透感。

除了上面介绍的这些常用的拍摄器材，还有如灯架（顶灯架）、偏振镜、遮光罩等也是在室内商品信息采集时较常用的器材，而作为商品信息采集的主要设备——数码单反相机，将在下一个学习任务中详细介绍。

4. 搭建商品信息采集室内环境

搭建商品信息采集室内环境的常用器材如下。

(1)静物台。用于放置小型商品,如铅笔、文具盒、皮包、口红、香水、水果、农产品等。

(2)背景布与背景架。用于拍摄体积或面积较大的商品,如行李箱、汉服等。

(3)三盏三基色影室灯。作主光或辅光使用,顶灯架上的三基影室色灯作为顶光使用。

(4)反光板。根据拍摄需要用于在拍摄过程中进行补光。

(5)倒影板和聚光筒。在需要拍摄特殊效果时使用。

(6)柔光棚。用于拍摄表面反光的商品。

(7)数码单反相机及三脚架。三脚架可保证拍摄时相机的稳定性。

通过前面的学习,我们知道光位是相对于相机的位置而设定的。在水平方向上,主光源的投射方向与相机拍摄方向的角度不同,其光位也不一样:角度相同时为顺光,约45度角时为前侧光,约90度角时为侧光,约135度角时为侧逆光,约180度角时为逆光。由于不同的光位有不同的拍摄效果,所以在拍摄时要根据不同类别的商品选择不同的光位进行拍摄。如在拍摄单支铅笔时应采用侧光照明,拍摄皮包时要采用高位前侧光+顶光照明等。各类商品具体的拍摄要点和光位布置,将在后面的项目中详细叙述。

5. 填制商品信息采集设备清单表

根据上述4步中拍摄设备的选择及商品信息采集室内环境搭建的需求,归纳整理出所需的拍摄设备,填制如表1-1所示的商品信息采集设备清单表。

表1-1 商品信息采集设备清单表

序 号	设备名称	型号/规格	数 量	单价/元	金额/元	备 注

任务拓展

除了常用的商品信息采集,还有一些特殊的商品信息采集需要搭建满足特殊要求的采集环境,如大件商品的信息采集。现以洗衣机为拍摄对象,请大家根据其商品特点,搭建一个适合其信息采集的环境,制作完成商品信息采集设备清单表。

任务 1.2　数码相机的使用

数码相机不仅在记录日常生活中扮演着重要角色，还在专业拍摄领域发挥着重要作用。从记录珍贵瞬间到专业的商品信息采集，数码相机提供了丰富的拍摄功能。但要熟练应用其功能，充分发挥数码相机的优势，掌握其使用方法和拍摄技巧非常关键。本任务介绍数码相机的种类及其适用场景，以及白平衡的设置方法，并以数码单反相机为例，详细介绍其基本操作、曝光控制等技能。学习者通过本任务的学习，可以熟练使用数码单反相机采集商品信息。

◆ 学习目标

知识目标：
- 熟悉数码相机的种类；
- 掌握数码单反相机的基本操作要点及曝光控制方法；
- 掌握数码相机的白平衡设置方法。

能力目标：
- 能完成数码单反相机的基本设置并按拍摄步骤进行拍摄；
- 能根据不同的拍摄对象和环境对数码单反相机进行正确的设置和曝光控制。

素养目标：
- 通过正确使用数码单反相机，养成规范化、标准化作业的职业习惯，树立规范使用设备的意识；
- 通过数码单反相机及辅助设备的安装与调试，树立积极的劳动态度，形成良好的劳动习惯。

◆ 学习导图

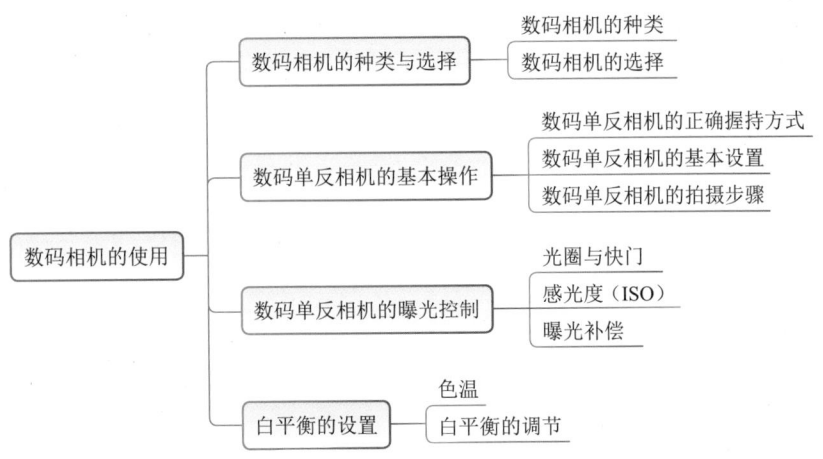

新知学习

1.2.1 数码相机的种类与选择

数码相机，英文名 Digital Camera（DC），是一种利用电子传感器把光学影像转换成电子数据的照相机。

1. 数码相机的种类

数码相机按用途分为单反相机、微单相机、卡片相机，长焦相机等。与传统的胶片相机依靠化学显影来捕捉图像信息的原理不同，数码相机主要依靠电荷耦合器件（CCD）或互补金属氧化物半导体（CMOS）等传感器技术进行成像。拍摄的图片信息以数字信号的形式直接存储在存储器中，实现了图像的数字化记录与处理。

微课视频：数码相机的种类

图 1-18　尼康（Nikon）D750 全画幅单反相机

（1）单反相机。我们通常所说的单反相机，英文名 Single Lens Reflex Camera（缩写为 SLR Camera），即单镜头反光式取景照相机。它使用单镜头，并且光线通过此镜头照射到反光镜上，再通过反光取景，这是目前比较主流的取景系统。在这种系统中，反光镜和棱镜的独到设计使得拍摄者可以从取景器中直接观察到影像。市场上常见的单反相机品牌有尼康、佳能、宾得、富士等。此类相机一般体积较大、比较重。如图 1-18 所示为尼康（Nikon）D750 全画幅单反相机。

使用电子取景器（EVF）的机型，也归入单反相机类，但一般加注"类似"，或注明 EVF 取景，如奥林巴斯 C-2100UZ、富士 Finepix 6900 等。在单反相机的工作系统中，光线透过镜头到达反光镜后，折射到上面的对焦屏并结成影像，透过目镜和五棱镜，可以在取景器中看到所拍摄的影像。与此相对的，一般数码相机只能通过 LCD 屏或者电子取景器（EVF）看到所拍摄的影像。显然，直接看到的影像比通过处理看到的影像更利于拍摄。单反相机的对焦状态和拍摄状态示意图如图 1-19 所示。

单反相机的显著特点是可以更换不同规格的镜头，这是单反相机独特的优点，是普通数码相机不能比拟的。

（2）微单相机。微单包含两层意思：微，微型小巧；单，可更换式单镜头相机。也就是说，"微单"这个词表示了这种相机既有小巧的体积，又有与单反相机一样的画质。普通的卡片式数码相机虽然很时尚，但受制于光圈和镜头尺寸，有些美景无法拍摄；而专业的单反相机过于笨重。于是，博采两者之长，微单相机应运而生。如图 1-20 所示为索尼 Alpha 7CL 全画幅微单数码相机。

项目 1　商品信息采集前期准备

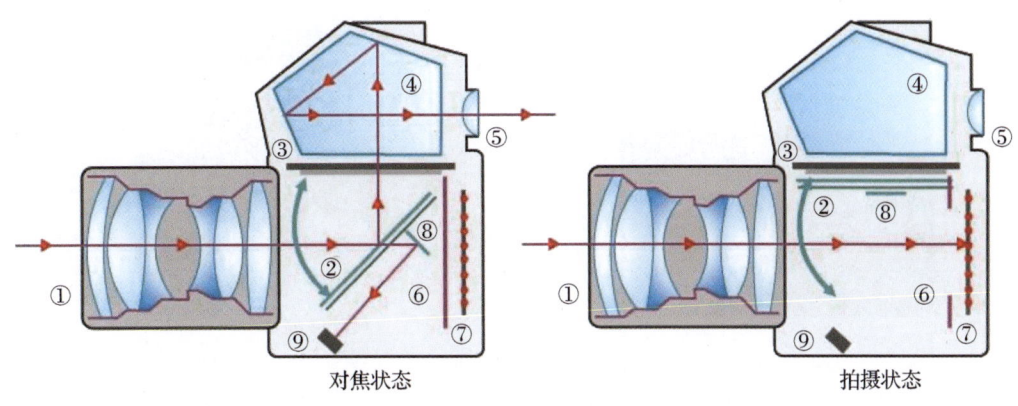

①镜头　②反光板　③对焦屏　④五棱镜　⑤取景器　⑥快门　⑦传感器　⑧副反光板　⑨对焦模块　➡ 光线

图 1-19　单反相机的对焦状态和拍摄状态示意图

图 1-20　索尼 Alpha 7CL 全画幅微单数码相机

微单相机采用与单反相机相同规格的传感器，取消了单反相机上的光学取景器构成元件，大大缩小了镜头卡口到感光元件的距离。因此，微单相机可以获得比单反相机更小巧的机身，且成像画质与单反相机相同。

（3）卡片相机。卡片相机指那些外形小巧、设计超薄、外形时尚的数码相机。卡片相机具有外观时尚、大液晶屏幕、机身小巧纤薄、操作便捷、随身携带等优点，缺点是手动功能相对薄弱、超大的液晶显示屏耗电较快、镜头性能较差等。虽然它们功能并不强大，但是最基本的曝光补偿、区域或点测光模式等标准配置，可以对画面的曝光进行控制，再配合色彩、清晰度、对比度等选项，也能拍摄出漂亮的照片。如图 1-21 所示为索尼 DSC-W830 卡片相机。

（4）长焦相机。长焦相机指的是具有较大光学变焦倍数的数码相机。光学变焦倍数越大，能拍摄的景物就越远。长焦相机的镜头类似望远镜，通过镜头内部镜片的移动来改变焦距。当拍摄远处的景物或被拍摄者不希望被打扰时，长焦相机的好处就发挥出来了。另外，焦距越长则景深越浅，和光圈越大景深越浅的效果是一样的，景深浅的好处在于突出主体而虚化背景。一些镜头越长的相机，内部的镜片和感光器移动空间越大，故变焦倍数也更大。如图 1-22 所示为尼康 COOLPIX P1000 长焦数码相机。

21

图 1-21　索尼 DSC-W830 卡片相机　　　　图 1-22　尼康 COOLPIX P1000 长焦数码相机

2. 数码相机的选择

在选择数码相机拍摄商品图片时，具有合适的感光传感器和有手动模式（M）是关键因素。

微课视频：数码相机的选择

（1）选择合适的感光传感器。数码相机使用感光传感器代替传统相机的胶卷，因此感光传感器技术成为数码相机的关键技术。数码相机的感光传感器主要有两种类型，即电荷耦合器件（CCD）感光传感器和互补金属氧化物半导体（CMOS）感光传感器。CCD 感光传感器通常能提供较高的图片质量和较准确的色彩，而 CMOS 感光传感器则具有较高的功耗效率和较低的成本。

在选择数码相机感光传感器时，需要权衡自己的需求和预算。如果追求高图片质量和准确的色彩，可以选择 CCD 感光传感器；如果更看重功耗效率和成本，则可以选择 CMOS 感光传感器。此外，还需要考虑感光传感器尺寸、像素数量、动态范围和噪点控制等因素。

感光传感器尺寸的单位通常为英寸，如 1/2.3 英寸、1/1.7 英寸，也可以用画幅表示，如 APS-C 画幅（约 22.3mm×4.9mm）和全画幅（约 36 mm × 24mm）等。传感器尺寸越大，能够捕获的光线就越多，从而产生更高的图片质量和更少的噪点。

像素数量是指感光传感器上的像素点数量，通常以百万像素（MP）为单位表示。像素数量越高，拍摄出图片的分辨率就越高，细节表现能力也越强。然而，像素数量并不是影响成像质量的唯一指标，成像质量也受镜头质量等其他因素的影响。

（2）具备手动模式（M）。手动模式（M），是由数码相机的操作者手动设定光圈和快门速度的一种拍摄模式。由于现代数码相机均装有测光系统，操作者可以参照测光系统给出的测光值选择相应的光圈和快门速度。在手动模式（M）下，操作者对曝光可实现完全控制并进行富有创造性的拍摄。在选择光圈和快门速度时，数码相机内的测光系统会指示出曝光准确、曝光不足或曝光过度等状态，用来指导拍摄者选择适当的曝光组合参数，这是数码相机最基本的一种曝光方式。特别是在借助人造光源的商品信息采集室内环境中，手动模式（M）是商品拍摄必不可少的要素。

此外，选择用于商品拍摄的数码相机还需要综合考虑多种因素，包括镜头、光圈和快门速度、稳定性、人机工程学、闪光灯及预算等，需要根据商品拍摄的具体需求来选择合适的数码相机。

1.2.2 数码单反相机的基本操作

1. 数码单反相机的正确握持方式

由于数码单反相机的体积比较大,因此,选择正确的握持方式是拿稳相机并拍摄出优质作品的前提。在使用数码单反相机的时候,不正确的握持方式会导致手抖,从而致使拍摄出来的照片模糊不清。正确的握持方式能够保证数码单反相机的平稳性,防止出现手抖的现象,从而有助于得到更加清晰的画面。

一般情况下,数码单反相机都是使用双手操作的。握持方式主要有水平握持和垂直握持两种,如图1-23所示。在使用数码单反相机拍摄时,左手手掌托住数码单反相机,手指进行对焦操作;右手握住相机手柄,用食指按动快门。双手悬空握持数码单反相机会导致相机不稳定,因此,将腕部或肘部紧贴身体,能提供稳定支撑,更有利于相机保持稳定。通常,重心位置是支撑数码单反相机的最佳点,为了进一步增强稳定性,左手要找到镜头和数码单反相机的重心位置。拍摄时左手支撑数码单反相机的重心位置,手臂自然弯曲,紧贴身体。只有这样才能保证数码单反相机长时间处于稳定状态。

微课视频:数码单反相机的基本操作

(a)水平握持方式

(b)垂直握持方式

图1-23 数码单反相机的握持方式

2. 数码单反相机的基本设置

(1)图片格式选择。商品信息采集拍摄出来的图片主要用于海报、主图、详情页等。在拍摄时,可以根据实际需要设置商品图片的格式。数码单反相机中图片的格式主要有三种:JPEG格式、TIFF格式和RAW格式。

JPEG格式图片存储文件的扩展名为*.jpg,是一个可以提供优异图片质量的文件压缩格式。JPEG格式是一种有损压缩格式,图片压缩后可以节省存储卡的空间。

TIFF格式图片存储文件的扩展名为*.tif,是一种非失真的压缩格式。其优点是图片质量好,兼容性比RAW格式的文件高;缺点是占用空间大。

其实,许多数码单反相机还提供了RAW原始记录格式,记录了数码单反相机内部没有进行任何处理的图片数据。我们常用的JPEG、TIFF等格式的图片是数码单反相机在

RAW格式图片的基础上,调整了白平衡和饱和度等参数后生成的图片。

(2)拍摄模式设置。数码单反相机可以根据拍摄对象或拍摄环境进行快速拍摄,能做到这一点的原因就是数码单反相机提供了多种拍摄模式。常见的拍摄模式有自动模式、程序自动曝光模式、光圈优先模式、快门优先模式和手动模式,五种模式分别表示为Auto、P、A或AV、S或TV和M。选择拍摄模式是进行商品拍摄的基本内容之一。在自然光条件下,光圈优先、快门优先和手动模式都比较常用,而室内影棚拍摄用得最多的则是手动模式。

动画:数码单反相机的拍摄模式

自动模式(Auto)。在这种模式下,使用数码单反相机拍摄就像使用傻瓜相机拍摄一样,所有的拍摄参数都不用人为调控,数码单反相机会根据内置测光表帮助设置好曝光的所有参数,而我们要做的只是按下快门键,这种模式一般是拍摄初学者所采用的拍摄模式。

程序自动曝光模式(P)。该模式属于半自动模式,既可以调节感光度ISO和测光模式等,还可以根据环境和拍摄对象来调节光圈和快门速度,以及调节光圈和快门速度的组合,这种模式也属于初学者常采用的拍摄模式。

光圈优先模式(A或AV)。该种模式也属于半自动模式,拍摄者可以调节光圈的大小,相机测光系统会根据当时的光线强度,自动选择适当的其他曝光参数。在这种模式下可以拍摄出有意境的图片,如拍摄人像或花卉等。

快门优先模式(S或TV)。快门优先模式也是一种半自动模式,该模式允许用户手动设置快门速度,而相机则自动根据测光结果调整光圈值以实现正确的曝光。这种模式特别适合于拍摄运动的物体,如飞奔的小马、水流、瀑布等。

手动模式(M)。使用这种模式拍摄,数码单反相机不会自动设置参数,需要拍摄者设置数码单反相机的所有曝光参数。因此,手动模式是数码单反相机最难掌握的模式,当然也是最能进行拍摄创作的模式,是商品拍摄采用最多的模式之一。

(3)对焦模式选择。对焦,简单来说就是让拍摄对象逐渐清晰成像的过程。数码单反相机的对焦模式分为自动对焦模式和手动对焦模式。

自动对焦模式一般有三种:单次自动对焦(AF-S)模式、连续自动对焦(AF-C)模式和智能自动对焦(AF-A)模式。

手动对焦模式操作很简单,手动转动对焦环,从取景器或液晶屏观察到画面最清晰时稳定地按下快门即可。手动对焦模式应用很广,如微距拍摄、静物拍摄、弱光环境下拍摄,以及拍摄对象无明显明暗分界、拍摄对象前有遮挡物等都可以采用这种对焦模式。准确的手动对焦要比自动对焦模式效果更出色。

除此之外,数码单反相机还有照片风格、亮度优化、闪光类型、连拍模式等设置,需要在拍摄前进行逐一设定。

3. 数码单反相机的拍摄步骤

在使用数码单反相机拍摄时,通常在设定好参数的前提下,分为取景、按快门两个步骤。

(1)取景。在完成初步的设定和拍摄对象的选择后,就要进行取景。

微课视频:数码单反相机的拍摄步骤

数码单反相机有光学取景器，既可以用眼睛贴近取景器来观察拍摄对象，也可以通过液晶显示屏取景的方式来观察拍摄对象。取景时眼睛的视线尽量要和液晶显示屏保持垂直。

通过改变焦距，可以调整拍摄对象的远近。数码单反相机的镜头是一组透镜，当平行于主光轴的光线穿过透镜时，光会聚到一点上，这个点被称为焦点。焦点到透镜中心（即光心）的距离称为焦距。镜头的焦距决定了该镜头拍摄的物体在胶片上所形成的影像的大小。假设以相同的距离对同一物体进行拍摄，那么镜头的焦距越长，物体在图片传感器上形成的图片就越大，周围虚化的范围就越大，即景深越小。

动画：焦距的概念

视角，也称为视场或视野，是指人类、动物或者镜头所能涉及、拍摄、看到画面的角度。这里指数码单反相机镜头中心点到成像平面对角线两端所形成的夹角。视角的大小直接影响了拍摄时所能捕获的景物范围。

在拍摄过程中，视角的大小与所使用镜头的焦距有直接关系。焦距越长，视角就越小，数码单反相机能够捕捉到的景物范围就越窄；而焦距越短，视角就越大，数码单反相机能够捕捉到的景物范围就越广。如图 1-24 所示为不同焦距情况下的拍摄对象大小和视角情况的效果图。

（a）24mm 焦距　　　（b）50mm 焦距　　　（c）135mm 焦距　　　（d）500mm 焦距

图 1-24　不同焦距情况下的拍摄对象大小和视角情况的效果图

（2）按快门。完成取景后，需要通过按快门来完成拍摄。在进行静物拍摄时，首选的方式是两段式按快门。当取好景后，先轻轻按下快门按钮至一半深度，这时数码单反相机会进行自动对焦和测光操作，并锁定对焦和测光值，然后再完全按下快门按钮，此时数码单反相机就会完成照片的拍摄。

在取景和按快门的过程中应避免数码单反相机晃动，保持数码单反相机的稳定性。在室内进行商品拍摄时，尽量使用三脚架等辅助设备来保持数码单反相机的稳定性。

1.2.3　数码单反相机的曝光控制

拍摄照片通常情况下是与"曝光"这个词紧密联系在一起的，只有合理曝光的照片才会有恰当的亮度。在拍摄中想要实现精确的曝光控制，就需要掌握光圈与快门、感光度及曝光补偿等参数的正确设置方法。

微课视频：数码单反相机的曝光控制

1. 光圈与快门

（1）光圈。在进行拍照时，不能随意改变镜头直径，但可以通过在镜头内部加入多边形或圆形的可变孔径光栅来控制进光量,这个装置被称为光圈。

光圈是数码单反相机镜头中的一个重要组成部分,它通常由几片极薄的金属片组成,形成一个可调节大小的孔,用于控制通过镜头的光线量。光圈的大小就是通过改变这个孔的大小来实现的,进而影响着曝光程度和景深效果。光圈的值通常用 f/1、f/2 等来表示。数字越大,光圈越小,通过的光线量就越少,反之则越多。例如,f/22 的光圈小于 f/16 的光圈。不同的光圈值对应的光圈大小如图 1-25 所示。

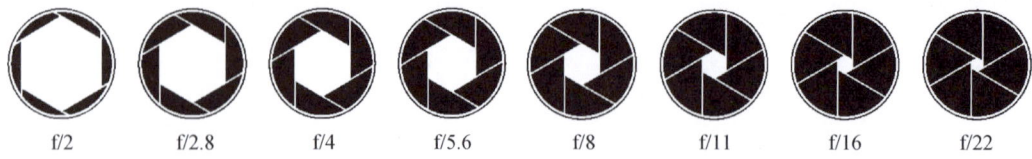

图 1-25 不同的光圈值对应的光圈大小

当快门速度不变时,通过调整光圈大小,可以控制单位时间内进入镜头的光线量,从而控制曝光量。如果光圈过大,则会导致曝光过度,过小则会导致曝光不足。

光圈除用来控制曝光量外,另一个重要的用途就是控制景深。光圈越大,景深越浅,拍摄出的照片中,对焦点和前后之间的清晰范围越小;光圈越小,景深越深,拍摄出的照片中,对焦点和前后之间的清晰范围就越大。不同光圈值对应的景深效果如图 1-26 所示。

(a) 光圈:f/2　　　　　　　　(b) 光圈:f/4　　　　　　　　(c) 光圈:f/8

图 1-26 不同光圈值对应的景深效果

(2) 快门。快门是数码单反相机用来控制感光传感器有效曝光时间的装置,是数码单反相机的一个重要组成部分。它的结构、形式及功能是衡量数码单反相机档次的一个重要因素。一般而言,快门的时间范围越大越好。

快门速度是指数码单反相机曝光过程中前帘开启至后帘关闭所用的时间(快门打开曝光的时长),即感光传感器受到光线照射的时间,也就是曝光时间。快门速度单位是"秒"。常见的快门速度有 1 秒、1/2 秒、1/4 秒、1/8 秒、1/15 秒、1/30 秒、1/60 秒、1/125 秒、1/250 秒、1/500 秒、1/1000 秒、1/2000 秒等。快门速度越快,曝光时间就越短,单位时间内曝光量也就越少;快门速度越慢,曝光时间就越长,单位时间内曝光量也就越多。

高速快门常常用来捕捉那些稍纵即逝的运动场景,能够清晰地定格物体的运动轨迹,使瞬间动作成为永恒的画面;低速快门会让移动中的物体产生拖影效果,利用这一特性进行拍摄可以达到光影效果,常用于瀑布、夜景、剧场等场景拍摄。高速快门和低速快门拍摄效果图如图 1-27 所示。

（a）高速快门拍摄定格的运动画面　　　　（b）低速快门拍摄产生的拖影效果

图 1-27　高速快门和低速快门拍摄效果图

在使用低速快门进行拍摄时，容易因为手抖或数码单反相机抖动而导致图片模糊，最好借助三脚架等辅助器材来保证拍摄效果。

（3）光圈与快门的关系。数码单反相机中的光圈、快门、感光度三个参数的组合决定了一张照片的正确曝光。其中，光圈大小和快门速度决定了进光量的多少，它们之间既互相关联，又相互约束。当光线一定的时候，光圈开大一级，快门速度就要提高一级；光圈缩小一级，快门速度就要降低一级。例如，当光圈值为 f/11 时，快门速度为 1/60 秒；当光圈值改用 f/8 时，快门速度就要相应改用 1/125 秒。如果将速度改为 1/30 秒，那么光圈值就要相应改用 f/16。某光线环境下光圈与快门速度的组合值（ISO=100）如表 1-2 所示。

动画：光圈与快门决定进光量

表 1-2　某光线环境下光圈与快门速度的组合值（ISO=100）

光圈值	f/2	f/2.8	f/4	f/5.6	f/8	f/11	f/16	f/22
快门速度/秒	1/2000	1/1000	1/500	1/250	1/125	1/60	1/30	1/15

在相同曝光量的情况下，光圈大小和快门速度成反比例关系，即光圈越大，快门速度越快；光圈越小，快门速度越慢。但是，要得到一张曝光正确的照片，光圈和快门的组合并不是固定不变的，数码相机曝光还有一个重要的因素——感光度（ISO）。要准确地曝光，需要调节适合的感光度，按照不同拍摄需求选择相应的曝光组合。

2. 感光度（ISO）

感光度，又称 ISO，是数码单反相机中用以衡量感光传感器对光线敏感程度的指标。数码单反相机的感光度是类似于胶卷感光度的一种指标，是通过调整感光传感器的灵敏度或者合并感光点来实现的。

感光度与光圈、快门一样，可以通过设置其参数以实现不同的拍摄效果。一般情况下，感光度越高，照片的噪点越多、颗粒度越粗，照片的画面越粗糙；感光度越低，照片的噪点越少、颗粒度越细，照片的画面越细腻。

在拍摄商品时，只要能够把照片拍清楚，就尽量使用低感光度。在光线不足的情况下，为保证一定的光圈大小和快门速度，有时候需要调高 ISO，但照片的画面质量会受到影响。如图 1-28 所示为不同感光度的拍摄图片效果。

(a) ISO：400　　　(b) ISO：1600　　　(c) ISO：3200　　　(d) ISO：12800

图 1-28　不同感光度的拍摄图片效果

3. 曝光补偿

曝光补偿是拍摄时的曝光控制方式。曝光值用字母 EV 表示，其取值范围通常在 -3 至 +3 之间。曝光补偿是拍摄者在相机自动提供的曝光参数下，人为地增加或减少曝光值，使照片达到更亮或更暗的目的。如果拍摄环境比较昏暗，进行曝光补偿的时候要增加曝光值，曝光值每增加 1.0，相当于摄入的光线量增加一倍。如果拍摄环境光线过强，拍摄的照片过亮，就要减少曝光值，曝光值每减少 1.0，相当于摄入的光线量减少一倍。曝光补偿的增减值不是连续的，目前主流的相机是以 1/3EV 为间隔进行调节的。不同曝光补偿的拍摄图片效果如图 1-29 所示。

(a) -1EV　　　　　　　(b) 0EV　　　　　　　(c) +1EV

图 1-29　不同曝光补偿的拍摄图片效果

1.2.4　白平衡的设置

白平衡（White Balance）是通过调整颜色，使数码相机识别出白色，并在所拍摄的照片中以白色为基色还原出其他颜色的一项指标。在常见的光源照射下，白平衡都能将白色物体还原为白色，从而确保照片中其他物体的色彩得到准确还原。对在特定光源下拍摄时出现的偏色现象，通过加强对应的补色来进行补偿。数码相机的白平衡设置可以校准色温的偏差。在了解如何调整白平衡之前还要掌握另一个非常重要的概念——色温。

1. 色温

色温是照明光学中用于定义光源颜色的一个物理量，是评估光源光谱质量最通用的指标，其单位用 K（开尔文温度单位）表示。在光源的能量分布中，低色温的光源通常表现为红辐射相对较多，通常称为"暖光"。随着色温的提高，能量分布中蓝辐射的比例增加，通常称为"冷光"，色温值与视觉效果对照如图 1-30 所示。

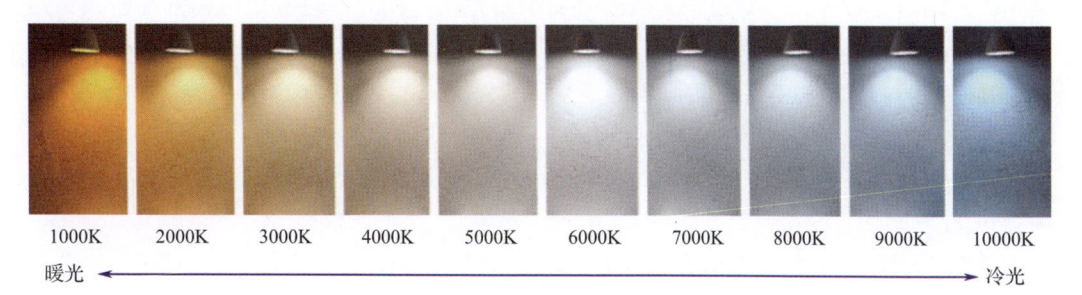

图 1-30　色温值与视觉效果对照

一般情况下，上午 10 点至下午 2 点，晴朗无云的天空，在没有太阳直射光的情况下，标准日光的色温大约在 5200K～5500K。一般钨丝灯、照相馆拍摄黑白照片使用的钨丝灯，以及一般的普通灯泡光的色温大约在 2800K。因为色温偏低，所以在这种情况下拍摄的照片色彩偏黄色。而一般在雪地拍摄时，色温在 7200K～8500K 左右，所以在雪地里拍摄的照片会偏蓝色。

造成上述情况的原因是因为拍摄环境的色温与相机设定的色温不匹配。所以在拍摄期间对色温的考量、设置及调整就显得非常重要。

2. 白平衡的调节

在不同的色温环境下，为了使拍摄出的照片显示出正确的物体颜色，数码相机针对不同的色温设置了白平衡。白平衡通过调节颜色，使数码相机识别出白色，在所拍摄的照片中以白色为基色还原出其他颜色。白平衡调节功能可以理解为色温补偿，指的是通过调节白色光中的红、绿、蓝三原色的比例，使照片更接近物体真实的颜色。

微课视频：白平衡的设置

为了方便拍摄，绝大多数数码相机都预设了白平衡，它们分别适用于一些常见的典型环境，选择这些预设的白平衡可以快速获得需要的设置。色温与数码相机白平衡设置对应表如表 1-3 所示。

表 1-3　色温与数码相机白平衡设置对应表

色　温	2000K	3000K	4000K	5000K	6000K	7000K	8000K	9000K
白平衡	9000K	8000K	7000K	6000K	5000K	4000K	3000K	2000K

数码相机除了提供自动白平衡模式，还提供了日光、白炽灯、荧光灯、闪光灯、自定义等白平衡模式。

（1）自动白平衡。数码相机可以根据其镜头和白平衡感测器的光线情况，自动探测出拍摄对象的色温值，以此判断拍摄条件，并选择最接近的色调设置，然后由内置的色温校正电路加以校正，白平衡自动控制电路将白平衡调整到合适的设置，这一过程被称为自动白平衡调节。

多数光线条件下白平衡功能都可以设定为自动，当数码相机对着拍摄对象时，随着照明光源的色温不同，数码相机的白平衡会自动调节，而不必手动控制。然而，跟自动聚焦、自动曝光一样，自动白平衡调节是有一定局限性的。一般的数码相机都能在大约2500K～7000K的色温条件下正常进行自动白平衡调节，当拍摄时的光线超出了所设定的范围时，自动白平衡功能就不能正常工作了。

（2）日光白平衡。在晴天室外拍摄时，阳光的色温约为5500K，几乎与"日光"模式（约5200K）相等。因此，如果将白平衡模式设定为"日光"，所拍摄照片的色调会很接近肉眼所看到的色调。

（3）白炽灯白平衡。一般用于在传统白炽灯（色温为2500K～3200K）照明的环境中，在不用闪光灯的情况下进行拍摄时使用。

（4）荧光灯白平衡。荧光灯白平衡适合在荧光灯下进行白平衡调节。由于荧光的类型有很多种，如冷白和暖白，因而有些相机不止一种荧光灯白平衡调节。各种环境使用的荧光灯不同，因而荧光灯白平衡的设置也不一样，拍摄者只有确定了照明是哪种荧光，才能设置效果最佳的白平衡。

（5）闪光灯白平衡。虽然闪光灯的色温与日光的色温非常接近，但如果用闪光灯作为主光源，最好将模式设置为专门的闪光灯白平衡，这样拍摄的照片色彩才会更真实。

（6）自定义白平衡。当拍摄环境较为复杂时，数码相机预设的白平衡会产生偏差，这时就需要用数码相机中的自定义白平衡来手动设置。自定义白平衡也是最为准确的设置方式。在使用自定义白平衡时，可以先拍摄一张具有标准白色调的照片，然后让数码相机自动或手动测量该照片的色温值，并将数码相机的白平衡设置为该色温值。这样就能更加准确地还原场景中的真实色彩。

需要说明的是，数码相机的白平衡调节对RAW格式的图片不起作用。对于RAW格式的图片，可以在后期处理时进行设置。

素养提升

数码相机使用注意事项

数码相机是一种比较复杂的摄影设备，为了确保其性能和寿命，在使用时应注意以下事项。

（1）使用前一定要先开机检查数码相机的各项功能是否正常，如快门、闪光灯、变焦等，最好能试拍几张以保证相机能正常工作。此外，还要检查镜头前是否有异物，若有，还应使用专用镜头纸轻轻擦除。

（2）请注意节省数码相机的电量。如果数码相机在短时间内不用，要将电源关闭以节省电量；如果长时间不用，应将相机内的电池取出，并且将相机放在相机包内。

（3）数码相机内部复杂的成像系统、光学镜头及精密的电子器件等都是极容易受到损害的部件，无意中的碰撞或摔落都可能使相机的内部零件移位、松动、脱落，造成数码相机损坏或性能下降。使用数码相机时一定要将相机套在手腕或脖子上，或者固定在三脚架上。

> （4）在不使用数码相机的时候，要将数码相机存放在安全的地方，注意防烟避尘、预防高温，要时常对镜头进行保养。
>
> 此外，在使用数码相机拍摄人物时，要尊重被摄者的隐私和意愿，避免拍摄敏感的内容和侵犯他人权益的内容。在拍摄前，最好与拍摄对象沟通，取得对方同意。在发布或分享照片时，要尊重他人的版权和肖像权，避免未经授权的使用或分发。

任务实训

数码单反相机的使用

一、实训目的

挑选一款适用于商品信息采集的数码单反相机，并选取室外或室内环境下的商品作为拍摄对象进行实践练习。通过拍摄实践，熟练掌握数码单反相机的基本操作技巧，包括正确的曝光控制和白平衡调整等，为后续进行各类商品信息采集工作打下坚实的基础。

二、实训要求

实训具体要求如下：

（1）认知数码单反相机的部件及功能，能完成初始设置，握持姿势正确。

（2）在手动模式（M）下能根据拍摄环境正确设置光圈、快门、感光度（ISO）、对焦模式、测光模式等，能正确控制数码单反相机的曝光。

（3）能根据环境设置正确的白平衡，拍摄的照片能还原商品的真实颜色。

（4）在拍摄过程中，学生以 3～4 人为一小组，团队分工协作，轮流进行拍摄、灯光辅助、拍摄道具准备等工作，共同掌握数码单反相机的使用方法和技巧。

三、实训步骤

1. 熟悉数码单反相机的外部构件

了解数码单反相机的各个部件，如镜头、取景器、显示屏等，以及它们的功能和作用。这里以尼康 D7500 数码单反相机为例，对其主要的外部构件及功能按钮进行简单的介绍。尼康 D7500 数码单反相机外部构件及功能按钮如图 1-31 所示。

部分外部构件及功能按钮说明如下。

（1）镜头。镜头是数码单反相机的核心部件之一，负责收集光线并形成图像。根据拍摄需求，可以更换不同焦距、光圈和特性的镜头。

（2）镜头释放按钮。镜头释放按钮位于数码单反相机镜头接口附近，用于控制镜头的安装和拆卸。在进行镜头拆卸时，通常需要按下此开关并旋转镜头；同样地，在进行镜头安装时，也需要按住此开关并旋转镜头来进行。

（3）手柄。手柄能够为拍摄者提供舒适的握持感，增强拍摄时的稳定性，通常设计有曲线和凸起，以适应不同手型和握持习惯。

图 1-31　尼康 D7500 数码单反相机外部构件及功能按钮

（4）可翻折显示器。可翻折显示器位于数码单反相机背面，用于回放照片和视频，也可以作为电子取景器使用，方便查看拍摄效果，可以对图片进行放大和浏览。

（5）主指令拨盘。主指令拨盘位于数码单反相机顶部或背面，用于在不同的拍摄模式下设置参数，如光圈大小、快门速度等。转盘的设计便于快速调整参数，以适应不同的拍摄场景。

（6）释放模式拨盘。释放模式拨盘通常位于数码单反相机顶部，用于选择不同的拍摄模式，如自动模式、光圈优先模式、快门优先模式、手动模式等，也用于选择特定的场景模式，如人像模式、风光模式、微距模式等。

（7）快门释放按钮。快门释放按钮位于数码单反相机上方，是拍摄时释放镜头快门的部件，通常由右手食指控制，设计有半按和全按两个阶段，分别用于对焦和完成拍摄。

（8）存储卡插槽。存储卡插槽用于插入存储卡，如 SD 卡、CF 卡等，用于存储拍摄的照片和视频，位于数码单反相机侧面或背面，便于安装和取出存储卡。

除此之外，在数码单反相机的背面还有菜单按钮、白平衡按钮、放大按钮、缩小按钮、信息按钮、回放按钮等，每个按钮都有其独特的功能和重要性。这些外部构件及功能按钮为拍摄者提供了强大的拍摄功能和便捷的操作体验，使其可以更好地捕捉到理想的画面。

2. 检查设备

（1）确保数码单反相机及镜头清洁、无损坏。

（2）检查电池电量，确保电量充足，检查是否携带备用电池。
（3）确保存储卡有足够的存储空间（最好是高速存储卡，以保证拍摄效率和图片质量）。
（4）准备好可能需要的拍摄附件，如三脚架、遥控器、滤镜等。

3. 选择合适的镜头，初始化相机设置

根据拍摄需求，选择合适的镜头，如广角镜头、长焦镜头、微距镜头等。将合适的镜头安装到数码单反相机机身上，安装时注意要将镜头安装方向与卡口对准。

安装好镜头后即可开机，根据拍摄需求设置数码单反相机的图片格式、图片质量、对焦模式等。

4. 取景构图

根据拍摄主题和场景，调整数码单反相机的角度和位置，寻找最佳拍摄视角，运用构图方法，如九宫格构图法、引导线构图法等进行构图，使画面更具吸引力。

5. 设置参数

（1）选择拍摄模式。根据拍摄需求，选择合适的拍摄模式，如自动模式、程序自动曝光模式、光圈优先模式、快门优先模式、手动模式等。

（2）设置光圈。在手动模式下，调整光圈大小控制画面景深，大光圈（如 f/2.8）可以使背景虚化，突出主体；小光圈（如 f/16）可以获得更大的景深，使画面更清晰。在光圈优先模式下，根据拍摄需求，手动设置光圈值。

（3）设置快门速度。快门速度决定照片的曝光时间。高速快门（如 1/2000 秒）可以捕捉到清晰的动态画面；低速快门（如 1/2 秒）可以产生运动模糊效果。在手动模式下，调整快门速度能够捕捉精彩瞬间或表现动感效果。在快门优先模式下，根据拍摄需求，手动设置快门速度。

（4）设置感光度、曝光补偿和测光模式。调整感光度（ISO），保证画面亮度，同时注意控制噪点。在低光环境下，适当提高感光度。根据实际拍摄效果，调整曝光补偿，使画面亮度适中，避免曝光不足或曝光过度。

（5）设置白平衡。根据拍摄场景的光线条件，选择合适的白平衡设置，如自动白平衡、日光白平衡、自定义白平衡等，还原图片的真实色彩。

6. 拍摄

取好景、设置好数码单反相机的参数后，按下快门按钮即可完成拍摄，可以通过回放按钮查看拍摄效果。在拍摄过程中，重复上述 4～5 步，尝试调整拍摄角度、镜头焦距、光圈、快门速度、感光度等，以获得最佳的拍摄效果。

在拍摄过程中，要应用前面所学数码单反相机的正确握持姿势，或者使用三脚架保持数码单反相机稳定，避免抖动。需要在不断地练习中逐渐掌握好拍摄时机，捕捉精彩的瞬间画面，同时要合理运用光线，突出拍摄对象。

任务拓展

一般情况下，相机预设的白平衡和自动白平衡功能就能满足大多数拍摄环境的需要。但是，由于不同的数码相机中起感光作用的传感器质量不一样，当在复杂环境拍摄时，对光线色温的适应准确性不一样，有时往往会导致色彩还原出现偏色的问题。若想达到理想的拍摄效果，就需要自定义白平衡，使用手动的方式来设置白平衡。

请拓展学习自定义白平衡的其他方法，结合相机使用的知识，在晴天黄昏时的太阳光照射环境下拍摄彩色铅笔，拍摄的图片要求曝光准确，铅笔颜色还原度好。

项目测试

一、单选题

1. （　　）不是商品信息采集的重点要素。
   A. 形　　　　　B. 价格　　　　　C. 色　　　　　D. 质
2. 下列光位照明表现出来的质感最强的是（　　）。
   A. 顺光　　　　B. 前侧光　　　　C. 侧光　　　　D. 逆光
3. 关于光圈的说法，正确的是（　　）。
   A. F 值越大，光圈越大　　　　　B. F 值越大，光圈越小
   C. F 值越大，进光量越多　　　　D. 光圈越小，进光量越多
4. 反光板自己不发光，常在使用时作为（　　），达到消除阴影的目的。
   A. 主光　　　　B. 辅助光　　　　C. 装饰光　　　D. 背景光
5. 如果快门速度不变，当光圈值为 f/2 时，镜头接纳的光量是光圈值为 f/8 时的（　　）。
   A. 4 倍　　　　B. 16 倍　　　　 C. 1/4　　　　 D. 2 倍

二、多选题

1. 闪光灯作为光源照明具有（　　）的特性。
   A. 阴影明显　　B. 阴影柔和　　　C. 反差小　　　D. 反差大
2. 数码相机的种类包括（　　）。
   A. 单反相机　　B. 微单相机　　　C. 卡片相机　　D. 长焦相机
3. （　　）照明会产生轮廓光。
   A. 前侧光　　　B. 侧逆光　　　　C. 逆光　　　　D. 侧光
4. 曝光补偿通常在（　　）的场景使用。
   A. 场景光很强　B. 场景光很弱　　C. 逆光　　　　D. 自动拍摄模式

三、简答题

1. 简述电子商务活动中商品拍摄与传统摄影的区别。
2. 影响景深的因素有哪些？它们与景深的关系是怎样的？
3. 简述决定曝光量的三个要素及它们之间的关系。

PROJECT 项目 2

文具类商品信息采集与处理

项目简介

文具类商品作为日常生活中的必需品，常在教育、办公、礼赠等场景中使用。考虑到其稳定的市场地位和广泛的市场需求，本项目选取铅笔和文具盒作为代表，逐步深入地展示文具类商品信息采集与处理的详细流程：首先，从简单的铅笔开始，详细介绍商品的摆放、光位布置、构图等；其次，转向结构稍复杂的文具盒，探讨其细节图的拍摄技巧，并运用专业软件 Photoshop 对采集的图片进行精细处理。通过本项目的学习，学习者将能够熟练掌握文具类商品信息采集的技巧，并能够运用 Photoshop 软件对采集的图片进行高效处理。

- 任务 2.1　铅笔的拍摄
- 任务 2.2　文具盒的拍摄
- 任务 2.3　商品图片的基本处理

任务 2.1　铅笔的拍摄

　　铅笔是一种常见的基础类文具，广泛应用于学习和工作中。它的结构相对简单，通常由木材和铅芯组成。虽然铅笔的拍摄看似简单，但要准确把握拍摄要点以展现其独特性却是一项具有挑战性的工作。为了完成这项工作，本任务选择铅笔作为拍摄对象，介绍拍摄登记表的填写方法、小件商品信息采集的要点、两侧光照明的使用技巧，以及如何通过构图来展现铅笔的特点。通过这些内容的学习，学习者能够成功地完成铅笔图片的拍摄。

◆ **学习目标**

知识目标：
- 掌握小件商品信息采集的要点；
- 掌握拍摄登记表的填制方法；
- 掌握两侧光照明的应用方法及铅笔的拍摄要点。

能力目标：
- 能根据拍摄内容填制拍摄登记表；
- 能完成小件商品信息采集的光位布置；
- 能根据铅笔的特点进行单一商品的展示拍摄，以及多件商品的组合摆放展示拍摄。

素养目标：
- 通过学习自主品牌铅笔的故事，激发爱国思想，强化家国情怀；
- 通过铅笔组合展示拍摄造型的设计以及优化其拍摄效果，培养创新意识，弘扬精益求精的工匠精神。

◆ **学习导图**

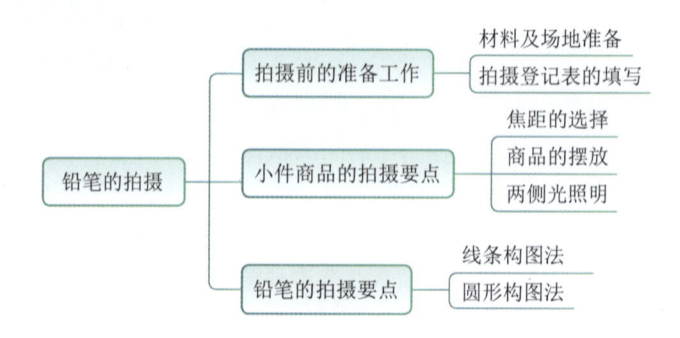

```
                    ┌─ 拍摄前的准备工作 ─┬─ 材料及场地准备
                    │                    └─ 拍摄登记表的填写
                    │
                    │                    ┌─ 焦距的选择
         铅笔的拍摄 ─┼─ 小件商品的拍摄要点 ─┼─ 商品的摆放
                    │                    └─ 两侧光照明
                    │
                    │                    ┌─ 线条构图法
                    └─ 铅笔的拍摄要点 ───┴─ 圆形构图法
```

新知学习

2.1.1 拍摄前的准备工作

对于初学者来说,制订商品拍摄计划至关重要,可以帮助初学者系统地准备和执行商品拍摄任务,如确定拍摄主题、布置拍摄场景、安排拍摄时间等。通过制订详细的拍摄计划,初学者可以更好地掌握拍摄流程,提升拍摄质量,同时也有助于在拍摄过程中学习和积累拍摄经验。因此,在进行商品信息采集之前,要制订好商品拍摄计划。

动画:商品拍摄计划

1. 材料及场地准备

商品拍摄前的材料及场地准备工作是非常重要的,它直接影响到最终图片的质量。

首先,要确认商品的数量和质量,两者都影响着最终的拍摄效果。展示多样化的商品可以展现品牌的丰富性和广度,增加消费者的兴趣和购买欲望;高质量的商品本身就具有吸引力,拍摄高质量的商品可以提升整体拍摄作品的水平。

其次,需要对商品进行分类,分类可以使整个拍摄过程有条不紊。通过分类,可以合理安排拍摄顺序、准备所需道具和布置场景,提高拍摄效率。一般来说,采用先简单后复杂的顺序,将性质相似、拍摄环境要求相近的归整在一起。

再次,要深入了解拍摄商品的特点、卖点和目标受众人群等重要信息,这些信息可以帮助精准展示商品、吸引目标受众、提升销售效果、树立品牌形象、提升商品拍摄的专业性和有效性。

最后,准备好适合的拍摄样品及拍摄设备,如数码单反相机、三脚架、影室灯、静物台等,并确保设备状态良好,同时整理好拍摄场地。

2. 拍摄登记表的填写

为了避免出现重复拍摄或漏拍等现象,需要根据拍摄思路填写拍摄登记表,记录商品信息采集活动中的主要内容。拍摄登记表如表 2-1 所示。

表 2-1 拍摄登记表

项目内容	具体说明	备 注
商品信息采集编号		
商品名称		
商品规格		
商品数量		
拍摄环境		
商品采集台		
影室灯		

续表

项目内容	具体说明	备　注
拍摄重点		
商品局部镜头		
拍摄人员		
拍摄时间		

（1）商品信息采集编号：主要是为了方便查找，尤其是采集任务多的时候，一般与存储在文件夹里的编号一致，方便与其他商品区分，也可采取其他方式命名，如"时间＋商品名称"等。

（2）商品名称：是指具体拍摄的商品名称，如本任务可填写"辉柏嘉牌彩色铅笔"。

（3）商品规格：是指商品的型号，如本任务的辉柏嘉牌彩色铅笔套装，包含36色、48色、60色、72色等不同的规格。

（4）商品数量：是指所拍摄商品的具体数量，如12支等。

（5）拍摄环境：是指室内环境或室外环境。本任务拍摄环境为室内环境，如果有多个室内场地，需要标注具体；如果对环境布置有具体要求也要写清楚。

（6）商品采集台：是指拍摄平台，常见的有静物台、桌子、地板、挂架等。本任务采用的是静物台，如果需要三脚架、拍摄道具等装备可在备注中写明。

（7）影室灯：通常包括瞬间照明灯和持续照明灯。瞬间照明灯主要指闪光灯，持续照明灯包括三基色四联影室灯、LED影室灯等。

（8）拍摄重点：是指在拍摄过程中商品信息采集的要点，需要提前规划，在拍摄完成后要及时进行总结补充，如本任务可以填写"一支/多支铅笔放置、创意造型、两侧光照明"。

（9）商品局部镜头：是指商品的拍摄角度、拍摄细节以及相应的图片数量。局部镜头的数量，一般都会有相应的要求，命名时要标注清楚。

（10）拍摄人员：是指具体实施拍摄的人员，包括拍摄者、拍摄助手、模特等。在具体拍摄过程中，一般都是小组合作，小组人员都要写清楚。

（11）拍摄时间：是指实施拍摄的具体时间，如"2024年9月6日10:30"。

拍摄登记表是每次拍摄任务的工作指导参考，后续相关拍摄任务都要遵循这一要求。

微课视频：拍摄登记表的填写

2.1.2　小件商品的拍摄要点

一般来说，小件商品体积较小且结构简单。小件商品种类丰富，如耳环、毛巾、U盘、铅笔等都属于小件商品。在进行商品拍摄的过程中，需要通过造型设计来营造美感。

1. 焦距的选择

在拍摄体积小的日常商品时，一般会使用标准焦距或长焦距，这两种焦距的取景范围及透视效果与人眼目视效果接近，能较真实地展现商品的外观形态。

2. 商品的摆放

商品的摆放和构图设计是展现小件商品外形特点的重要手段。不同的摆放和构图设计可以让同样的商品展示出完全不同的视觉效果。例如，U盘的单个摆放和设计后的组合摆放在视觉效果上就有较大的差异。商品的不同摆放效果如图2-1所示。

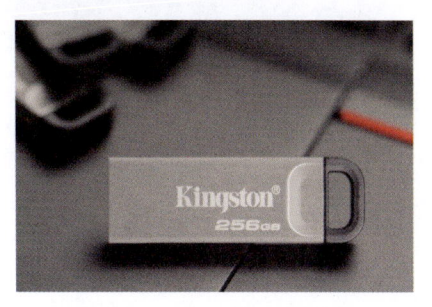

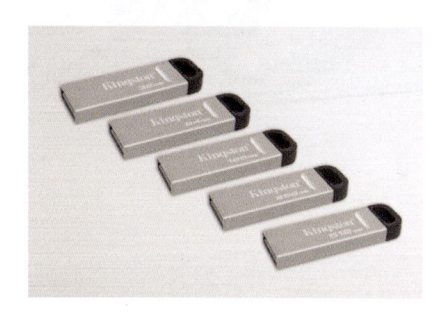

(a) U盘的单个摆放　　　　(b) U盘设计后的组合摆放

图2-1　商品的不同摆放效果

商品如何组合、拍摄角度如何选择、借助什么样的道具辅助，以及采用什么样的摆放方式最能体现商品的特点等都要在正式拍摄之前规划好。

（1）选择摆放角度。商品的摆放角度要符合人们的视觉习惯，将视觉中心引导至商品的主题上。一般来说，人们的视觉习惯是从上往下的，而垂直悬挂摆放可以引导消费者关注下坠方向的商品。另外，在拍摄小件商品时，将商品放置在画面的对角线上，可以突出商品的空间延展性。例如，较长的耳坠，就可以利用对角线构图，增加画面的视觉效果。耳坠不同摆放的构图效果如图2-2所示。

(a) 垂直摆放构图　　　　(b) 对角线摆放构图

图2-2　耳坠不同摆放的构图效果

（2）重塑商品外形。在拍摄商品时，一些外形可以变化的商品，可以通过摆放造型或塑造形状来改变商品的视觉外观，让商品的呈现更具有美感。对皮带的外形进行二次塑造的效果如图2-3所示，条状的皮带通过自然盘卷，有效地兼顾了头尾，在展示商品质感的同时呈现了商品的全貌，使商品的特点一览无余。

图2-3 对皮带的外形进行二次塑造的效果

（3）搭配拍摄背景。在商品拍摄时，背景是非常重要的元素。根据不同的拍摄主题和风格选择适合的拍摄背景，可以为图片赋予不同的氛围、情感和故事。例如，若要凸显茶具的中华传统特色，可以选择如古典的书房、庭院或茶室等古色古香的中式背景，以此营造浓厚的文化氛围。

（4）组合产生意境。将同一款式不同颜色的商品，或不同款式不同颜色的商品组合在一起，按照一定的疏密、序列、搭配进行排列，可以使画面呈现特定的主题和韵律美感。

（5）多角度展现商品。大多数商品无法仅凭一张正面图全面展示其所有特点，消费者往往会更关注商品的细节。例如，图书类店铺商家除了展示书籍的封面和目录，还会展示书籍的内部结构，是铜版纸彩印还是胶版纸黑白印刷，以及图文的比例等细节。再如手提包，消费者不仅期望看到商品的外形，更想了解包内结构等细节信息。因此，多角度展现商品非常重要。

微课视频：小件商品的拍摄要点

3. 两侧光照明

通过前面的学习我们知道，侧光照明可以使被照明的对象呈现出明暗层级多变的效果，使画面层次丰富、立体感强，凸显商品的质感。

一般来说，吸光类物体表面不光滑，如毛巾、铅笔、签字笔、衣服、布料、食品等，这类商品对光的反射较小。为了展示商品的质感，在本任务拍摄的时候宜采用偏硬（硬光是指强烈的直射光）的两侧光照明。两侧光照明的光位布置如图2-4所示，将两盏影室灯平行放置在拍摄物体的左右两侧，高度相同。由于光线对向照明，两侧影子被淡化，铅笔表面各方向受光均匀，细节呈现效果明显。

在使用两侧光照明时，需要注意控制光比，即亮部与暗部的亮度比例，光比不能太大，避免出现商品左右两面反差太大等照明不均匀的现象。

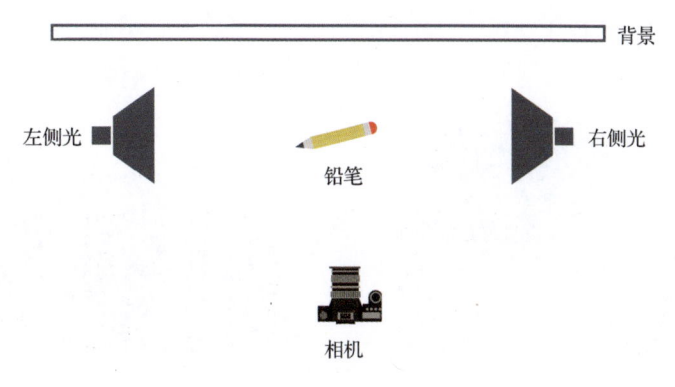

图 2-4　两侧光照明的光位布置

2.1.3　铅笔的拍摄要点

铅笔是生活中常见的一种文具，它的结构比较简单，外形固定。其结构、大小、使用方法等属于常识，这时拍摄的要点就要侧重于通过造型摆放和展示外观颜色等方式让顾客看到商品的独特之处，提高顾客的信任度和购买欲望。

以辉柏嘉牌彩色 HB 铅笔为例，由于其结构简单，体积较小，要呈现出与众不同的视觉效果，就要侧重于摆放造型的设计。一般情况下，单支铅笔最简单的摆放方法就是均分构图法，即将铅笔水平放置在拍摄台上形成水平构图，如图 2-5 所示，或者采用对角线构图法，将商品置于画面的对角线上，如图 2-6 所示。

图 2-5　单支铅笔的水平构图　　　　图 2-6　单支铅笔的对角线构图

由于铅笔的体积较小，单支铅笔拍摄时会使画面空洞。这时可以结合前面学习的多件商品组合摆放的方法，运用不同的造型和摆放效果，对铅笔进行造型设计，使画面更加丰富饱满。

1. 线条构图法

线条构图法也是在拍摄中一种常见的构图方法，通过运用线条的走向、粗细、曲直等元素，为画面注入动态感、空间感，引导受众的视线。线条构图法中通常采用的线条有水平线、垂直线、斜线、曲线等，不同方向的线条，会产生不同的运动张力和艺术效果。一般来说，水平线构图或垂直线构图更多地运用在组合商品的拍摄中，像铅笔这类体积较小的商品，单支铅笔如果采用上述构图方式，会显得整个画面比较空旷，缺乏立体感，通常可以采用多个商品组合的方式。铅笔的斜线构图和水平线构图如图 2-7 所示。

（a）斜线构图　　　　　　　　　　（b）水平线构图

图 2-7　铅笔的水平线构图和垂直线构图

此外，曲线构图也是一种独特优雅的构图方式。通过运用曲线为照片注入柔和、流动和动感的视觉效果。这种构图方式空间感强。例如，铅笔无法弯曲，但可以通过整体造型的摆放，营造出曲线的动感画面。铅笔的曲线构图如图 2-8 所示。

图 2-8　铅笔的曲线构图

2. 圆形构图法

圆形构图法是指画面中的主体呈圆形或者以圆形作为框架的构图方法。圆形是具有封闭性和整体性的基本形状。当使用圆形构图法时，圆心通常是视觉的中心。铅笔的圆形构图如图 2-9 所示，圆形构图给人以秩序感，同时视觉效果也比较饱满。

在铅笔的拍摄过程中，除了整体的造型摆放、商品的构图设计，还需要注意色彩的搭配，使商品更加醒目、美观。同时，也需要尝试不同的拍摄角度，找到最能展现商品特点的视角，提升商品的呈现效果。

图 2-9　铅笔的圆形构图

> **素养提升**
>
> **中国第一铅笔有限公司**
>
> 中国第一铅笔有限公司（以下简称"中铅公司"）是一家专业生产经营以笔类文具为主导产业的企业。中铅公司铅笔生产历史可以追溯到20世纪30年代，至今已有近百年的历史。公司以生产"中华""长城""三星"铅笔名扬海内外，是中国轻工行业的知名企业。中铅公司拥有现代化的生产加工体系，是集新品研发、木材加工、铅芯制作、油漆调配、成品生产、质量管控、多元销售、售后服务于一体的全产业链企业。
>
> 中铅公司生产的"中华"牌木制铅笔是中国名牌产品，曾获得上海市著名商标和上海名牌产品等荣誉。1999年"中华"牌铅笔率先在行业中通过产品质量认证，2002年中铅公司通过中国质量认证中心（CQC）ISO9001质量体系认证，2018年中铅公司成为"上海品牌"认证企业。
>
> 中铅公司生产的木制铅笔产品不仅立足于全国的文具店，而且进入了政府机关、商务旅游、高档宾馆、高级办公楼等场所，深受广大消费者的喜爱。产品还销往美洲、欧洲、东南亚、非洲等海外市场。
>
> 作为民族优秀品牌的代表，中铅公司发扬"敢想、敢做、敢突破"的敢为人先精神，依托"中华"老字号品牌，坚定走品牌经营之路。以"做优品牌，做强主业，做大产业"以及打造"全球最具竞争力的铅笔企业"为目标，把握时代脉搏，不断实现自我跨越。在开创新的里程碑基础上，为打造中国民族文教用品产业的领军企业而不懈奋斗。
>
> （资料来源：网络资料整理）

任务实训

铅笔的拍摄

一、实训要求

根据铅笔这一商品的特点，结合小件商品拍摄方法和技巧，完成图片素材采集，具体要求如下。

（1）内容要求：拍摄不同角度、不同构图方式的铅笔整体图。

（2）质量要求：图片素材清晰，色彩还原度高，构图合理。

（3）在任务操作过程中，学生以3～4人为一小组，分工合作，轮流进行拍摄。

（4）制作拍摄登记表：商品的数量和质量要求明确，拍摄完成的图片要登记清楚存放的目录和文件名，拍摄的相关日志记录要详细。

二、实训步骤

1. 拍摄前的准备工作

在采集商品信息前,需要做好拍摄准备工作,具体要求如下。

实训视频:铅笔的拍摄

(1)整理现场拍摄用品,准备好适合商品信息采集的数码单反相机 1 台、静物台 1 个、影室灯 2 盏、三脚架 1 个。

(2)准备好拍摄使用的样品,如彩色铅笔若干支,并检查样品的完整性。

(3)准备好文具、道具,如卷笔器、用于搭配构图的橡皮擦、绘画本等。

(4)制作好拍摄登记表,为拍摄登记做好准备。

2. 搭建商品拍摄环境

铅笔表面虽然有一定的反光,但整体上还是属于吸光类物体,在拍摄时常采用两侧光照明的布光方式来搭建拍摄环境。

(1)放置好静物台后,将静物台可以活动的一端向上抬起作为拍摄背景,将两盏影室灯平行放置在静物台的左右两侧,两盏灯与静物台间的距离根据现场光线情况进行适当调整,一般光线较强时可以增加距离,光线较弱时减少距离。由于铅笔属于小件商品、立体感不强,可以通过调节灯架,使两盏灯的高度基本相同,铅笔左右两面受光均匀。

(2)在拍摄前,需检查前期的准备工作。首先,检查相机电池电量是否充足,存储卡是否正常;其次,开机正常后,对相机参数进行设置,主要包括日期与时间、拍摄模式、图片存储品质与尺寸、对焦模式、ISO 感光度、曝光补偿、白平衡等。

(3)本次拍摄对象为彩色铅笔,对照片色彩精准度有较高要求,有条件的可以通过色卡进行手动精确设置白平衡。

3. 确定拍摄思路

搭建完拍摄环境之后,需要分析拍摄对象的特点。铅笔是生活中常见的一种文具,它的结构比较简单,在拍摄时运用适当的摆放方式和组合造型,可以展示铅笔的特点。

4. 单支铅笔的拍摄

运用均分法构图,将铅笔水平放置在静物台上形成水平构图,再根据拍摄环境,调整好相机参数进行拍摄,或者采用对角线构图法,将铅笔倾斜摆放进行拍摄。需要注意的是,应用这两种拍摄方法时,都需要将铅笔置于画面中心的位置。单支铅笔拍摄的效果图如图 2-10 所示。

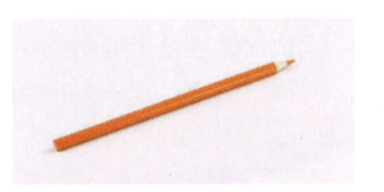

(a)单支铅笔水平放置拍摄　　(b)单支铅笔对角线放置拍摄

图 2-10　单支铅笔的拍摄效果图

5. 多支铅笔的组合拍摄

应用多件商品的组合摆放,可以使拍摄画面更加饱满。在拍摄时,运用不同的构图方式,采用有序列感和疏密相间的摆放方式,对铅笔进行整体造型的设计,如常见的曲线构图、圆形构图等,如图 2-11 所示。

(a)多支铅笔曲线构图　　　　　　　　　(b)多支铅笔圆形构图

图 2-11　多支铅笔不同构图方式的拍摄效果图

6. 动态调整相机参数,重复步骤 4 和步骤 5,多次拍摄获取最佳效果

在拍摄时,需要尝试调整相机不同光圈及快门组合寻求最佳曝光组合,同时可以对拍摄角度、拍摄距离和焦距进行微调,以达到最佳拍摄效果。

7. 填写拍摄登记表,完成拍摄

拍摄完成,通过查看相机检查所需图片是否都已采集完成,填写好拍摄登记表,并整理好拍摄现场及拍摄物品和道具。

任务拓展

相对来说,铅笔的商品信息采集比较容易,需要着重突出的部位较少,拍摄要点主要在于商品的摆放,是适合初学者的拍摄商品。在完成铅笔的商品信息采集后,为巩固所学知识与技能,现以结构稍复杂的派克牌钢笔为商品信息采集对象,请根据其商品特点,制作拍摄登记表并进行拍摄。

任务2.2　文具盒的拍摄

文具盒是一种设计精巧、功能多样的文具储存容器。相较于铅笔，它的体积偏大，结构较为复杂，造型各异，外观色彩多样，具有一定的立体感。本任务是拍摄文具盒的商品图片素材，以训练学习者对文具类商品拍摄要点的把握及相关注意事项的理解。通过学习和实践，学习者能够较好地掌握这类商品整体图和细节图的拍摄方法与技巧。

⬢ 学习目标

知识目标：
- 掌握文具盒的拍摄要点；
- 掌握商品细节图的展示方法；
- 掌握两前侧光照明的应用方法。

能力目标：
- 能根据文具盒的特点布置好拍摄环境；
- 能正确运用两前侧光照明拍摄文具盒；
- 能清晰完整地展示文具盒的整体与细节。

素养目标：
- 通过文具盒的拍摄造型设计，树立创新意识；
- 通过文具盒的拍摄造型设计，锻炼理解美、分析美的能力，提高美学素养。

⬢ 学习导图

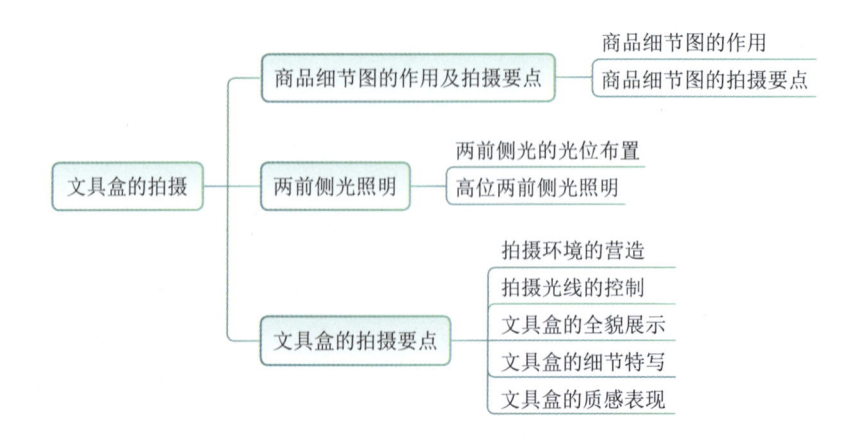

```
                            ┌── 商品细节图的作用及拍摄要点 ──┬── 商品细节图的作用
                            │                              └── 商品细节图的拍摄要点
                            │
文具盒的拍摄 ───────────────┼── 两前侧光照明 ──┬── 两前侧光的光位布置
                            │                  └── 高位两前侧光照明
                            │
                            │                    ┌── 拍摄环境的营造
                            │                    ├── 拍摄光线的控制
                            └── 文具盒的拍摄要点─┼── 文具盒的全貌展示
                                                 ├── 文具盒的细节特写
                                                 └── 文具盒的质感表现
```

新知学习

2.2.1 商品细节图的作用及拍摄要点

商品细节图是一种在电商平台上广泛使用的商品信息图片,它通常是商品局部细节的特写镜头,突出展示商品的细节特征,方便消费者清晰地了解商品的外观、质感、功能等重要信息,增强商品的吸引力,激发消费者的购买欲望。

微课视频:商品细节图的作用及拍摄要点

1. 商品细节图的作用

商品细节图在增强商品的吸引力、提升用户体验、提升品牌形象等方面发挥着重要作用,是电商平台交易不可或缺的一环。

商品细节图可以为消费者提供更多的细节信息,帮助他们更好地了解商品的特点。例如,通过细节图,消费者可以看到商品的材质特征、加工工艺等,帮助消费者判断商品的质量。高质量的细节图可以向消费者传递出商品的优质性,增强商品的吸引力,激发消费者的购买欲望。

商品细节图有助于提升消费者的购物体验。通过细节图全方位展示商品的细节,可向消费者传递更全面、细致、精准、贴心的商品信息。

商品细节图能提升商品品牌形象。经过精心设计呈现出来的商品细节图,能把商品价值精准地传递给消费者,是商家传递商品价值的重要窗口。

2. 商品细节图的拍摄要点

在拍摄商品细节图时,通常要注意以下几个要点。

(1)清晰度高。商品细节图的清晰度至关重要,只有清晰度高的细节图才能有效地展示商品的细节特征,消费者通过清晰的细节图可以更准确地观察和评估商品,增强其购买信心。

(2)光线均匀。商品细节图的拍摄要避免光线过强或过弱导致的反光和阴影。均匀的光线可以有效凸显商品的细节和特性,避免传递出不准确的商品信息。

(3)重点突出。商品细节图要确保商品细节得到充分展示,细节要素应该在图片中占据主体地位。

(4)背景简洁。商品细节图要确保背景与商品的颜色、风格相协调,避免花哨或复杂的背景图案。

(5)角度变化。要从不同角度拍摄商品。在拍摄商品细节图时,可以从多个角度展示商品,以便消费者更全面地了解商品的特点和细节。

(6)单独拍摄。商品细节图需要单独拍摄,不能在商品的整体图上进行切割。

2.2.2 两前侧光照明

文具盒和铅笔同属于吸光类小件商品,因此在拍摄时布光技巧相似,通常可采用两侧光照明的方式。但需要注意的是,两侧光照明更适用于拍摄外形扁平的小件商品,对于像文具盒这样具有一定高度的商品,使用两侧光照明可能会导致文具盒正面受光不充分。在这种情况下,可改用两前侧光照明来进行拍摄。

1. 两前侧光的光位布置

两前侧光照明是在两侧光照明的基础上调整而来的,将放置在静物台两侧的影室灯往相机的方向移动,使光线投射的方向与拍摄对象、照相机形成大约 45 度的水平角度。两前侧光照明的光位布置如图 2-12 所示。两前侧光照明可以使拍摄对象的正面受光充分,局部处于阴影之中,明暗对比明显,增强拍摄对象的立体感,突出其结构和质感,常用于拍摄具有复杂表面结构的物体。

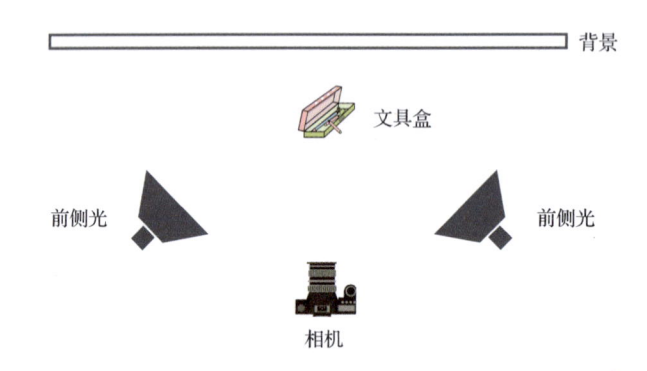

图 2-12 两前侧光照明的光位布置

在具体使用时,不能简单地将两个前侧光光源放置在拍摄对象的两前侧,还要根据具体的拍摄要求、商品特性及光源性质,对光线的角度、强度、色温等参数进行调整,确保两个光源能够产生协调的照明效果。

2. 高位两前侧光照明

若拍摄对象有一定高度,这时就需要将光源高度调高,变为高位两前侧光照明。在具体拍摄时,可将两前侧主光源的灯架升高至超过拍摄对象的高度,光线斜向下,与拍摄物体水平面形成约 45 度角。其他辅助灯的位置根据拍摄环境、拍摄对象特性及暗影部位灵活调整,这种布光方式常用于具有一定高度的商品拍摄,可以增加商品的立体感和质感。

2.2.3 文具盒的拍摄要点

文具盒是一种常见的小件商品,它的款式、图案、功能及内部结构多样。在文具盒的拍摄过程中,如何准确、完整地呈现这

微课视频:文具盒的拍摄要点

些特点非常重要，它们是消费者了解文具盒，购买文具盒的重要参考依据。

在拍摄文具盒时，需要注意以下几个要点。

1. 拍摄环境的营造

文具盒的拍摄大多在室内进行，拍摄时可以将文具盒放置在专业的静物台上，再通过搭配合适的背景来提升画面展示效果，让文具盒更具吸引力。通常为了凸显文具盒的颜色和形状，需要搭配协调的背景布或背景纸。一般情况下，可以选择简洁、纯色或渐变的背景，这样可以避免背景干扰文具盒，分散受众的注意力。

2. 拍摄光线的控制

文具盒的大部分材料属于吸光类材质，在拍摄时可以采用柔和的人造光源，尽量不使用硬光源，避免拍摄画面出现过暗或过亮的区域。在光位的布置上，常采用两前侧光或高位两前侧光照明的方式，控制图片中的明暗对比，凸显文具盒的细节特征。

3. 文具盒的全貌展示

在拍摄文具盒时，为了让消费者对文具盒有一个整体的了解，需要呈现文具盒的全貌。常见的文具盒各个面的图案不同，在拍摄时，需要对各个面的图案进行拍摄。

（1）正面拍摄。文具盒的正面通常最先吸引消费者的目光，不同的文具盒设计各异，不论哪种设计，都应当完整展示文具盒的正面。在拍摄时，将文具盒平放在静物台上，用俯拍的方式进行拍摄，俯视角度不宜过高或过低，确保能够清晰、准确地展示文具盒的整体外观特征。同时，注意光线的运用，确保文具盒的表面受光均匀，且图案、功能键等清晰可见。文具盒的正面拍摄效果图如图2-13所示。

（2）背面拍摄。文具盒的背面可采用与正面一样的拍摄方式，需注意的是，文具盒的背面同样有细节或特定的功能，也需要全面展示。文具盒的背面拍摄效果图如图2-14所示。

图2-13 文具盒的正面拍摄效果图　　　　图2-14 文具盒的背面拍摄效果图

（3）侧面拍摄。文具盒侧面的展示也是不可或缺的一部分，尤其是一些多功能文具盒，它们通常配备了卷笔器、剪刀夹、胶布台等实用的小功能配件，这些都是消费者在购买时会特别关注的。在拍摄侧面时，可以将文具盒斜放在静物台上，通过倾斜的角度来展示其侧面特征。这种拍摄方式不仅能清晰地展示文具盒的侧面轮廓，还能凸显其小功能配件的位置和形状。

4. 文具盒的细节特写

消费者除了关注文具盒的整体外观，还对文具盒的开合方式、内部结构等细节也非常关注。将文具盒功能区全部打开进行拍摄，完整展示其内部结构，如图 2-15 所示。将文具盒开合方式进行展示拍摄，如图 2-16 所示。逐一展示拍摄文具盒各项功能区细节，如卷笔器、密码锁、橡皮盒等，突出其功能性和实用性，如图 2-17 所示。

动画：商品细节图的展现

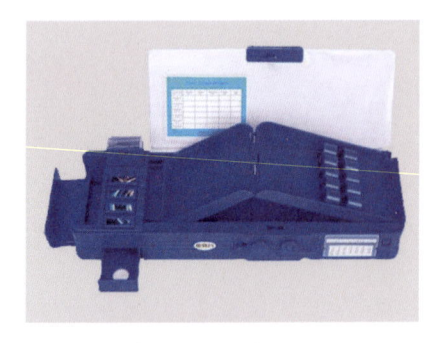

图 2-15　文具盒的内部结构展示图 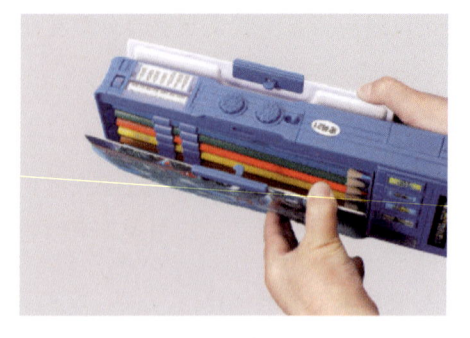　　　　图 2-16　文具盒的开合方式展示图

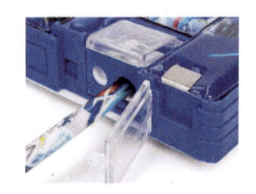

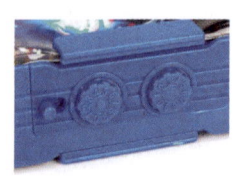

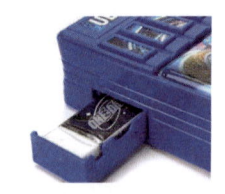

（a）卷笔器细节图　（b）密码锁细节图　（c）橡皮盒细节图　（d）滑动日历细节图

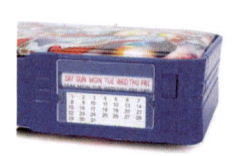

图 2-17　展示拍摄文具盒各项功能区细节

5. 文具盒的质感表现

除了全面展示文具盒的全貌和细节，在拍摄过程中还应特别注意拍摄角度的选择和光线的运用。恰当的拍摄角度可以凸显文具盒的特征，合理的光线运用可以营造文具盒的质感，增强图片的视觉冲击力。

总之，当拍摄文具盒时，结合其特点和功能，综合运用背景搭配、光线布置、拍摄角度选择、画面构图等方面的知识和技巧，可以有效地提升文具盒的拍摄质量，使其在画面中呈现出最佳的拍摄效果。

> **素养提升**
>
> **古代文具盒：文人雅士的文化印记与审美传承**
>
> 文具盒作为中国古代的传统文具之一，有着悠久的发展历史，承载着文人雅士对美的追求和对文化的尊重。通过了解古代文具盒，既可以深入理解其中蕴含的历史文化意义，更可以感受蕴含其中的历史气息和传统韵味。

项目2　文具类商品信息采集与处理

> 古代文具盒在中国历史上扮演着重要的角色，它不仅是储存文房四宝的容器，更是展示主人品位和文化修养的工具。从早期简朴的竹木文具盒到精美的漆器文具盒，每一件文具盒都蕴藏着工匠们的匠心和技艺。同时，文具盒也承载着独特的历史痕迹，透过文具盒，人们可以去感受中国古代社会的审美观念、生活方式和文化传统，提升自己对美的理解和欣赏能力。
>
> 　　古代文具盒的材质多样，包括竹木、玉石、铜器、漆器等，每种材质都有其独特的韵味和风格。
>
> 　　简朴的竹木文具盒由普通的木材或竹子制成，没有繁复的雕刻或装饰，透露着古人对简约生活的向往和珍惜。它们可能只是简单的储物容器，但在朴素中却显现出一种素雅的美感。
>
> 　　精美的漆器文具盒在外形上设计独特，充满了古代文化的符号和象征，如龙凤、寿桃、莲花等，展现出古人对吉祥和美好生活的向往。纹饰精美细致，包括各种花草图案、山水意境、诗词书法等，展现出古代文人的雅趣和审美情怀。
>
> 　　文具盒作为传统文化的一部分，承载着丰富的文化内涵和审美价值，通过拍摄和欣赏它，人们可以更好地感受到中国传统文化的博大精深。

任务实训

多功能文具盒的拍摄

一、实训要求

根据多功能文具盒这一商品的特点，以团队合作的方式对其进行室内拍摄，完成图片素材采集，具体要求如下。（编者注：为了叙述的简单化，本任务实训中的文具盒指多功能文具盒。）

（1）在任务操作过程中，学生以3～4人为一小组，分工合作，轮流进行拍摄。

（2）内容要求：文具盒的整体图要求展示全面，包括正面图、背面图和侧面图；文具盒的细节图要展示出其功能特点，每张细节图要单独拍摄，不能在整体图上进行切割。

（3）质量要求：图片清晰，色彩还原度好，构图合理。

二、实训步骤

1. 做好拍摄准备

在采集商品信息前，需要做好拍摄准备工作，具体要求如下。

实训视频：多功能文具盒的拍摄

（1）对现场进行整理，准备好适合商品信息采集的数码单反相机1台、静物台1个、影室灯2盏、三脚架1个。

（2）准备好拍摄使用的样品，如本例展示的是咔巴熊文具盒，确保样品干净、整洁、完整。

（3）准备好铅笔、橡皮擦、小剪刀、胶带等文具，作为文具盒拍摄的辅助道具。

（4）确定拍摄思路，制作好拍摄登记表，为拍摄记录做好准备。

2. 搭建商品拍摄环境

大部分文具盒像铅笔一样，属于吸光类物体。由于有一定的高度，在拍摄时常采用两前侧光或高位两前侧光照明的布光方式来搭建拍摄环境。

（1）放置好静物台后，将静物台可以活动的一端向上抬起作为拍摄时的背景，将两盏影室灯放置在静物台的左右两前侧。

（2）选择一个较亮的光源作为主光源，放置在文具盒前方左侧或右侧约45度角的位置。主光源应照亮文具盒的主要部分，以突出文具盒的形状和纹理。在文具盒的另一侧放置一个辅助光源，也位于拍摄对象前方约45度角的位置。辅助光源的作用是淡化主光源产生的阴影，使画面更加均衡统一。

（3）在拍摄前，需要对相机进行前期的检查和准备，确保能顺利完成拍摄。

3. 确定拍摄思路

文具盒是学生群体中不可或缺的一种功能型文具。消费者除了关注文具盒的外观，更在意它的内部结构及便利性。在拍摄时，应从不同的角度，以不同的构图方式展示商品的特点及细节，帮助消费者了解商品。

4. 文具盒整体图的拍摄

通常消费者在选购时首要考量的是其整体视觉效果，只有在整体设计引起兴趣后，才可能进一步探究商品的细节特征。因此，在展示文具盒时，首要步骤是提供清晰完整的整体外观图片。

（1）关于正面和背面图案的展现。为了充分展示文具盒正面和背面的设计图案，需要将文具盒置于静物台上，根据实际情况调整光源亮度和相机参数。采用垂直向下的视角拍摄，以获得全面直观的商品俯视图。鉴于该文具盒具有双面使用的特性，需要分别展示其正面和背面的设计内容，以便消费者充分了解商品全貌。文具盒的正面和背面展示图如图 2-18 所示。

（a）文具盒的正面　　　　　　　　（b）文具盒的背面

图 2-18　文具盒的正面和背面展示图

项目 2　文具类商品信息采集与处理

（2）文具盒侧面的展示。丰富的功能性附件，如卷笔器、剪刀夹、橡皮盒等，是消费者在选择时尤为重视的部分。通常，这些功能性附件会集中放置在侧面。因此，展示文具盒的侧面功能区域至关重要。侧面的展示可以根据具体展示的部位，采用更倾斜的角度进行拍摄。这种方式不仅有助于消费者全面审视文具盒的立体构造，包括侧面图案设计、开合方式等，还能更直观地揭示各附属功能组件的位置布局与实际应用功效，使消费者对文具盒的整体外观、主要性能及使用功能形成全面认识。文具盒的侧面及开合方式展示图如图 2-19 所示。

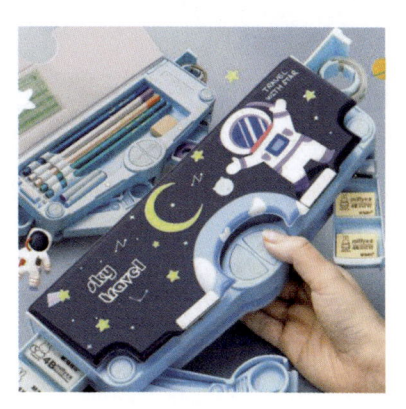

（a）文具盒的侧面　　　　　　　（b）文具盒的开合方式

图 2-19　文具盒的侧面及开合方式展示图

5. 文具盒细节图的拍摄

由于文具盒的结构比较复杂，消费者的关注点较多，因此对于细节的呈现就尤为重要。

（1）打开文具盒，将其内部结构完整展示出来。包括其双面功能设计、内部精细结构、实用的卷笔器、便捷的笔槽和剪刀夹等主要内容，如图 2-20 所示。

（2）结合具体部位，对各功能特点的细节进行深入剖析。通过将文具用品装入文具盒各功能区进行实物展示，如图 2-21 所示，可以使消费者更直观地了解每个功能区的具体作用和应用场景，从而更好地满足他们的需求。

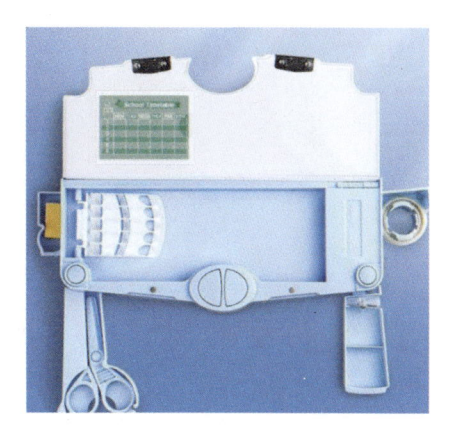

图 2-20　文具盒的内部结构展示

6. 测试与微调

在实际拍摄过程中，为了追求最佳的拍摄效果，需要持续进行光源位置与强度的测试和微调，并调整相机的不同光圈和快门组合。利用相机的实时取景功能以及观察拍摄的照片，拍摄者可以对拍摄效果进行评估，并根据需要进行持续的调整，直至最终获得满意的效果。

53

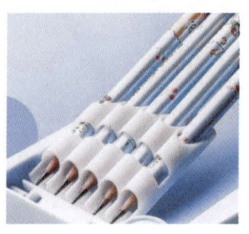

(a) 剪刀夹　　　　　(b) 橡皮盒　　　　　(c) 胶布台　　　　　(d) 铅笔槽

图 2-21　文具盒功能特点的细节展示

7. 填写拍摄登记表，完成拍摄

在拍摄完成后，要检查是否所有的图片都已采集完毕，填写好拍摄登记表，在商品局部镜头栏目里面标注清楚拍摄的具体部位，以备需要时查阅。最后整理好拍摄现场及拍摄物品和道具。

任务拓展

拍摄文具盒与铅笔的最大区别，就是文具盒需要采集一定量的细节图，才能更好地向消费者展示商品。文具盒的细节拍摄主要在于它内部结构的展示。但有些商品除了要展示细节图，还需将系列商品组合构图结合到商品的拍摄中来。现以"学生考试绘图套装文具"为采集对象，请根据其商品特点，在完成拍摄登记表的制作后进行商品拍摄，并在拍摄过程中注重组合构图和细节图的拍摄。

任务 2.3　商品图片的基本处理

通过前面任务的学习，学习者初步掌握了数码单反相机的使用方法，并采集了一定数量的商品图片。然而，采集到的部分图片存在一些瑕疵，如曝光过度、曝光不足、成像失真、模糊不清等。因此，需要使用专业的图像处理软件对图片进行优化处理，修正或消除图片的瑕疵。应用图像处理软件 Photoshop，不仅能使图片质量更趋完美，还能设计出类型丰富的商品图片。通过本任务的学习，学习者将掌握利用 Photoshop 处理图像的基本方法和技巧。

◆ 学习目标

知识目标：
- 掌握图像处理的基本操作方法；
- 掌握图像的修复与修饰、色调与色彩的调整方法；
- 掌握形状工具和文字工具的基本应用方法。

能力目标：
- 能够对图像进行基本的处理以适应电子商务网店的需求；
- 能够利用选区及其他工具对图片进行抠图、更换背景等处理；
- 能够利用形状和文字等工具进行图片设计和美化。

素养目标：
- 通过图片处理，养成精益求精的工作态度，弘扬工匠精神；
- 通过对图片的美化处理，锻炼理解美和体现美的能力。

◆ 学习导图

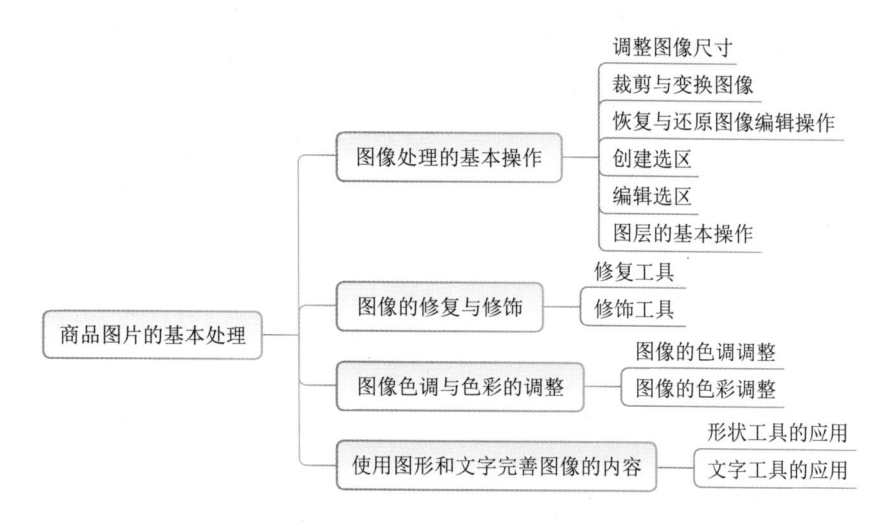

```
                                              ┌─ 调整图像尺寸
                                              ├─ 裁剪与变换图像
                            ┌─ 图像处理的基本操作 ─┼─ 恢复与还原图像编辑操作
                            │                 ├─ 创建选区
                            │                 ├─ 编辑选区
                            │                 └─ 图层的基本操作
                            │
商品图片的基本处理 ─┼─ 图像的修复与修饰 ─┬─ 修复工具
                            │                 └─ 修饰工具
                            │
                            ├─ 图像色调与色彩的调整 ─┬─ 图像的色调调整
                            │                     └─ 图像的色彩调整
                            │
                            └─ 使用图形和文字完善图像的内容 ─┬─ 形状工具的应用
                                                          └─ 文字工具的应用
```

■ 商品信息采集与处理

新知学习

2.3.1 图像处理的基本操作

1. 调整图像尺寸

调整图像尺寸包括调整图像大小和调整画布大小，主要是通过"图像"菜单中的命令完成的。下面将学习如何使用"图像大小"命令调整图像的大小，以及如何使用"画布大小"命令调整画布大小。

微课视频：图像处理的基本操作

（1）调整图像大小。图像的大小与图像像素以及分辨率有着密切关系，通过调整图像的像素和分辨率大小，可以改变图像的大小。打开需要调整的图像文件，执行"图像"→"图像大小"命令，或按【Alt+Ctrl+I】组合键，打开"图像大小"对话框，如图 2-22 所示，可以通过改变相关参数来调整图像大小。

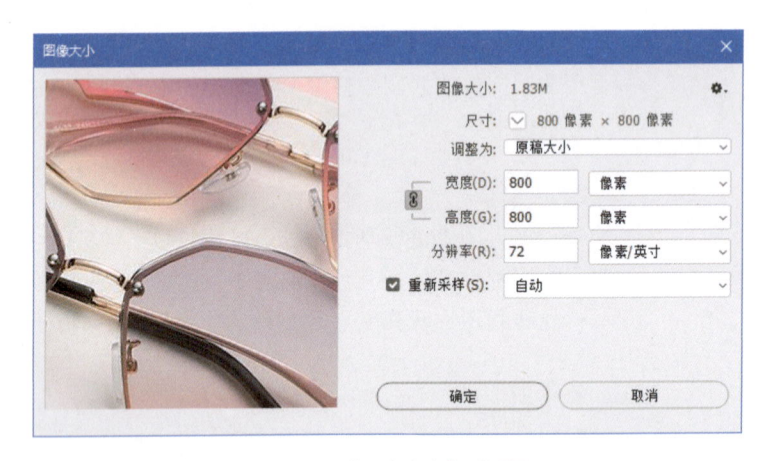

图 2-22 "图像大小"对话框

（2）调整画布大小。所谓画布，是指绘制和编辑图像的工作区域。如果希望调整画布大小，可以使用"画布大小"命令进行调整。

执行"图像"→"画布大小"命令，在弹出的"画布大小"对话框中设置各项参数，如图 2-23 所示，然后单击"确定"按钮。

2. 裁剪与变换图像

在进行图像处理时，往往需要裁剪图像，或者对图像进行某些变换与变形操作，这样才能达到商品信息采集的要求。下面将学习在 Photoshop 中对图像进行裁剪和变换的操作方法。

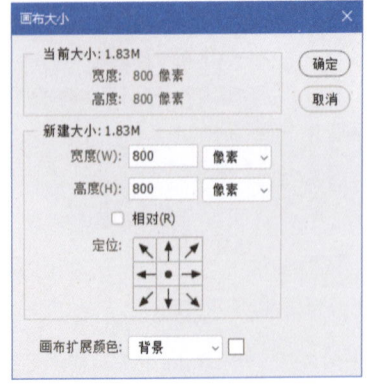

图 2-23 "画布大小"对话框

（1）裁剪图像。选中工具箱中的"裁剪工具"

将鼠标指针移动到图像中，单击即可出现一个带有 8 个控制柄的裁剪框，如图 2-24 所示。

将鼠标指针移动到控制柄上，当鼠标指针变为左右指针或上下指针等形状时，按住鼠标左键不放并拖动可以设置裁剪框的大小；将鼠标指针移动到裁剪框外，当鼠标指针变为弧形箭头形状时，按住鼠标左键不放并拖动可旋转图像；将鼠标指针移动到裁剪框内，当鼠标指针变为箭头形状时，按住鼠标左键不放并拖动可移动裁剪框内图像的位置。

图 2-24 带有 8 个控制柄的裁剪框

（2）变换图像。在编辑图像时，若图像的角度、大小不合适，可以通过变换图像来更改。执行"编辑"→"变换"命令，在打开的子菜单中显示出图像的各种变换操作，如缩放、旋转、斜切、扭曲、透视、变形、水平翻转和垂直翻转等。

3. 恢复与还原图像编辑操作

在编辑图像的过程中，难免会出现一些错误或不理想的操作，此时就需要进行编辑操作的撤销或状态还原。

（1）使用菜单命令还原。执行"编辑"→"还原"命令，可以撤销最近一次对图像所做的操作。撤销之后，执行"编辑"→"重做"命令，可以重做刚刚还原的操作。需要注意的是，由于操作的不同，菜单栏中"还原"和"重做"命令的显示略有不同。不同操作状态下的还原和重做命令如图 2-25 所示。

图 2-25 不同操作状态下的还原和重做命令

（2）使用"历史记录"面板还原。"历史记录"面板用于记录图像的操作步骤，使用"历史记录"面板可以帮助操作者恢复到之前操作中的任意一步。

执行"窗口"→"历史记录"命令，即可打开"历史记录"面板，如图 2-26 所示，选择需要还原的步骤命令即可。

图 2-26 "历史记录"面板

4. 创建选区

使用选区功能可以保护选区外的图像不受影响，只对选区内的图像进行编辑。在 Photoshop 中创建选区一般通过各种选区工具来完成，如选框工具、套索工具、魔棒工具、快速选择工具等，以及执行"选择"→"色彩范围"命令等。完成选区的创建后，还可以进行编辑选区及存储和载入选区等操作。

微课视频：选区的创建与编辑

（1）选框工具组。选框工具组用于创建矩形或椭圆选区，包括矩形选框工具 、椭圆选框工具 等。矩形选框工具选项栏如图 2-27 所示。

图 2-27 矩形选框工具选项栏

该选项栏中的各个选项的作用如下。

单击"新选区"按钮 ，可以去除旧选区，绘制新的选区。如果图像中已经存在了选区，则新建的选区会替换原有的选区。

单击"添加到选区"按钮 ，绘制的选区将和已有的选区相加从而得到新的选区。

单击"从选区减去"按钮 ，将从已有的选区减去绘制的选区得到新的选区。

单击"与选区交叉"按钮 ，绘制的选区和已有的选区相交的部分将成为新的选区。

不同选项功能的应用效果如图 2-28 所示。

（2）套索工具组。套索工具组包括套索工具 、多边形套索工具 和磁性套索工具 。利用套索工具可以在图像中绘制不规则形状的选区，从而选取不规则形状的图像。套索工具选项栏如图 2-29 所示，使用套索工具创建选区的效果如图 2-30 所示。

（a）新选区　　　　　　　　　　（b）添加到选区

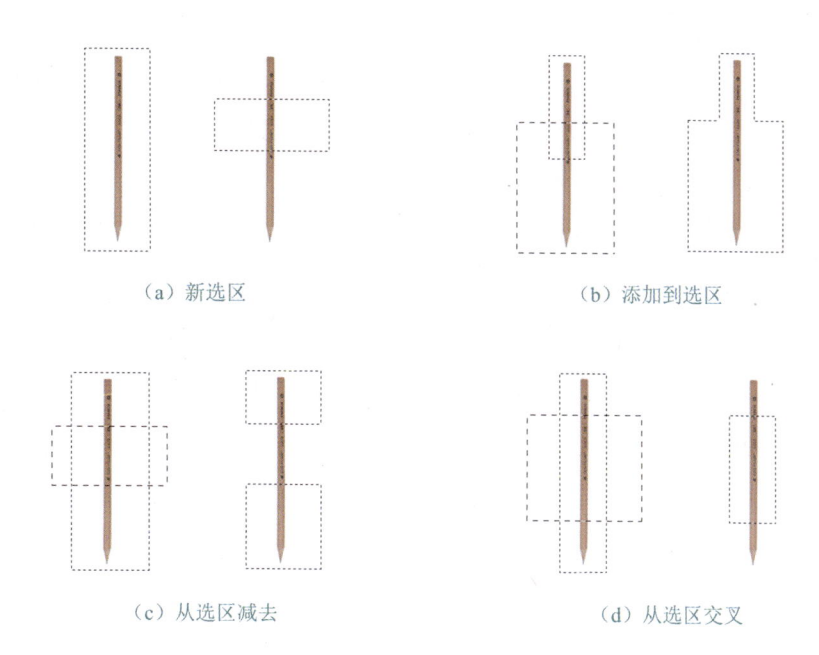

（c）从选区减去　　　　　　　　（d）从选区交叉

图 2-28　不同选项功能的应用效果

图 2-29　套索工具选项栏

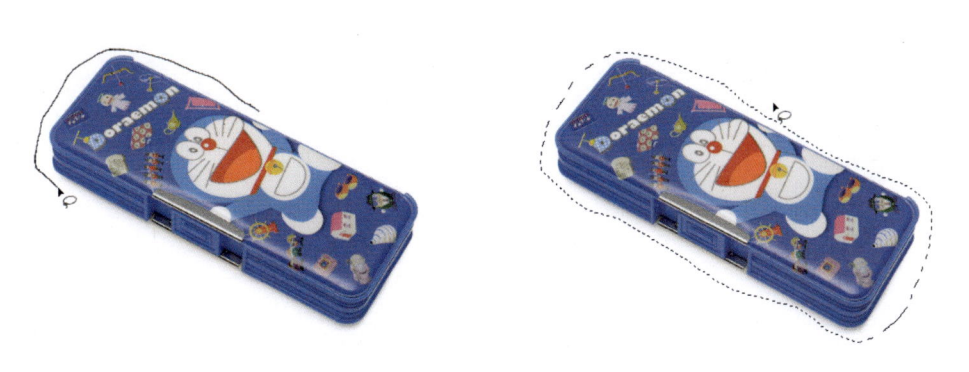

图 2-30　使用套索工具创建选区的效果

（3）魔棒工具组。魔棒工具组包括对象选择工具、快速选择工具和魔棒工具。

对象选择工具是一种功能强大的工具，可以帮助用户快速、准确地选择图像中的特定对象。在工具箱中选择"对象选择工具"，将鼠标移动到图像上，此时 Photoshop 会自动分析图像并识别场景中的不同对象。可以通过单击鼠标来选择需要编辑的对象，并对其进行各种操作，如移动、旋转、缩放、变形、调整色彩、应用滤镜等。

快速选择工具是 Photoshop 中的一种选择工具，主要用于快速选择和创建图像中的选区。这个工具的特点是可以使用画笔的方式来绘制选区轮廓，非常适合用于选择不规则形状的区域。在使用快速选择工具时,可以通过调整画笔大小、硬度和间距等属性来控制选择区域的精度和范围。此外,快速选择工具还提供了"新选区""添加到选区""从选区减去"等选项,可以方便修改和调整选区。快速选择工具选项栏如图 2-31 所示。

图 2-31 快速选择工具选项栏

利用魔棒工具可以在图像中选取某一点,然后将与这一点相同或相近颜色的区域自动添加到选区中。魔棒工具通过调整容差值来控制选区的精确度。魔棒工具选项栏如图 2-32 所示,其不同容差值情况下的使用效果如图 2-33 所示。

图 2-32 魔棒工具选项栏

(a) 容差值为 30　　　　　　　　　　(b) 容差值为 60

图 2-33 魔棒工具不同容差值情况下的使用效果

5. 编辑选区

(1) 移动选区。在图像中创建选区后,将光标放在选区中,当光标变为移动选区形状时,按下鼠标左键拖曳鼠标可移动选区。另外,按键盘上的方向键,可以将选区移动 1 个像素。按住【Shift】+方向键,可以将选区移动 10 个像素。当使用矩形选框工具或椭圆选框工具绘制选区时,在绘制过程中,按住键盘上的空格键并拖拽鼠标,可移动选区。移动选区效果如图 2-34 所示。

图 2-34 移动选区效果

（2）调整选区。当选择图像的区域后，还可以进行增加选区、减小选区、相交选区等操作。

使用快捷键调整选区：在已有选区的基础上，按住【Shift】键，可以绘制出增加的选区；按住【Alt】键，可以绘制出减小的选区；按【Shift+Alt】组合键，可以绘制出相交选区；按【Ctrl+D】组合键，可以取消选区；按【Shift+Ctrl+I】组合键，可以对当前的选区进行反向选取。

使用菜单命令调整选区：在"选择"菜单下选择"全部""取消选择"或"反选"命令，可以对图像选区进行全部选择、取消选择或反向选择操作。执行"选择"→"修改"命令，可对选区进行平滑、扩展、收缩、羽化等操作。

（3）羽化选区。"羽化"命令主要用于柔化选区的边缘，使其产生一种渐变过渡的效果，以免选区边缘过于生硬。

在菜单栏执行"选择"→"修改"→"羽化"命令，在弹出的"羽化选区"对话框中设置羽化半径的值。或者在绘制选区前，在所使用工具的选项栏中直接输入羽化半径的数值。羽化选区效果如图 2-35 所示。

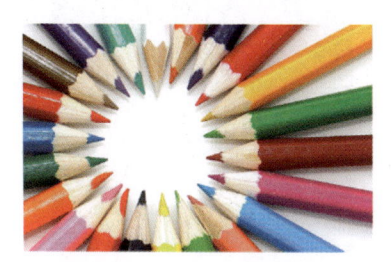

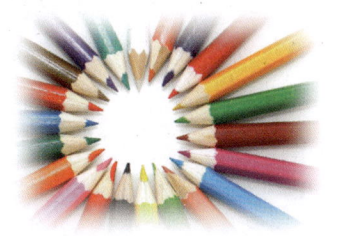

（a）羽化前效果图　　　　（b）羽化选区设定　　　　（c）羽化后效果图

图 2-35　羽化选区效果

6. 图层的基本操作

Photoshop 中的图像是由一个或多个图层组成的。图层是 Photoshop 进行图形绘制和图像处理的载体，灵活地运用图层可以提高图像处理的效率，创作出丰富多彩的图像效果。

（1）新建图层。

① 新建普通图层。新建普通图层是指在当前图像文件中创建新的空白图层，新建的图层将位于当前图层的上方。可通过以下两种方法创建。

执行"图层"→"新建"→"图层"命令，打开"新建图层"对话框，设置图层的名称、颜色、模式及不透明度，然后单击"确认"按钮。

单击"图层"面板底部的"创建新图层"按钮 ⊞，即可新建一个普通图层。

② 新建文字图层。新建文字图层的方法是在工具箱的文字工具组中选择一种文字工具，在图像中单击定位插入点，输入文字后即可得到一个文字图层，如图 2-36 所示。

动画：图像、图层和像素的关系

动画：图层的原理

图 2-36 文字图层

③ 新建填充图层。Photoshop 中有 3 种填充图层，分别是颜色填充（纯色）、渐变填充和图案填充图层。执行"图层"→"新建填充图层"命令，选择新建填充图层的类型，或者单击"图层"面板底部的"创建新的填充或调整图层"按钮 ，在弹出的菜单中选择新建的图层类型。如图 2-37 所示为创建渐变填充图层后的效果。

图 2-37 创建渐变填充图层后的效果

④ 新建形状图层。形状图层主要用于展现形状图层效果。在工具箱的形状工具组中选择一种形状工具，然后在图像中绘制形状，此时"图层"面板中将自动新建一个形状图层。如图 2-38 所示为使用矩形工具绘制图形后创建的形状图层。

⑤ 新建调整图层。调整图层主要用于精确调整图层的色彩或色调。当通过调整命令调整色彩或色调时，一次只能调整一个图层，而通过新建调整图层则可同时对多个图层上的图像进行调整。执行"图层"→"新建调整图层"命令，在弹出的菜单中选择新建调整图层的类型即可。调整图层的调整效果如图 2-39 所示。

（2）复制与删除图层。复制图层就是为已存在的图层创建图层副本，对于不需要使用的图层可以将其删除。

① 复制图层。复制图层主要有以下两种方法。

在"图层"面板中复制：在"图层"面板中选择需要复制的图层，按住鼠标左键不放将其拖动到"图层"面板底部的"创建新图层"按钮 上，释放鼠标，即可在该图层上方复制一个图层副本。

图 2-38 使用矩形工具绘制图形后创建的形状图层

图 2-39 调整图层的调整效果

通过菜单命令复制：在"图层"面板中选择需要复制的图层，执行"图层"→"复制图层"命令，打开"复制图层"对话框，输入图层名称并设置选项，单击"确定"按钮即可复制图层。

② 删除图层。删除图层有以下两种方法。

通过命令删除：在"图层"面板中选择需要删除的图层，执行"图层"→"删除"→"图层"命令，即可删除图层。

通过"图层"面板删除：在"图层"面板中选择需要删除的图层，单击"图层"面板底部的"删除图层"按钮 ，即可删除图层。

（3）合并与盖印图层。当图层过多时，合并相同属性的图层或删除多余的图层能减小文件的大小，同时便于管理。合并与盖印图层都能减小文件的大小，是图像处理中的常用操作方法。

① 合并图层相关操作。合并图层就是将两个或两个以上的图层合并到一个图层上。较复杂的图像处理完成后，一般都会产生大量的图层，从而使图像文件变大，使计算机处理速度变慢，这时可根据需要对图层进行合并，以减少图层的数量。合并图层的操作主要有以下几种。

合并图层：在"图层"面板中选择两个或两个以上需要合并的图层，执行"图层"→"合并图层"命令或按【Ctrl+E】组合键即可。

合并可见图层：执行"图层"→"合并可见图层"命令或按【Shift+Ctrl+E】组合键即可，该操作不合并隐藏的图层。

拼合图像：执行"图层"→"拼合图像"命令，可将"图层"面板中所有可见图层合并，并打开对话框询问是否丢弃隐藏的图层，同时以白色填充所有透明区域。

② 盖印图层相关操作。盖印图层是比较特殊的图层合并方法，利用它可将多个图层的内容合并到一个新的图层中，同时保留原来的图层不变。盖印图层的操作方法主要有以下几种。

向下盖印：选择一个图层，按【Ctrl+Alt+E】组合键，可将该图层盖印到下面的图层中，原图层保持不变。

盖印多个图层：选择多个图层，按【Ctrl+Alt+E】组合键，可将选择的图层盖印到一个普通图层中，原图层保持不变。

微课视频：图层的基本操作

盖印可见图层：按【Shift+Ctrl+Alt+E】组合键，可将所有可见图层中的图像盖印到一个新的图层中，原图层保持不变。

案例实训：圣诞节活动海报背景图制作

素材位置：素材文件\项目2\任务2.3\圣诞活动海报背景图制作

操作指导：圣诞活动海报背景图制作

实训视频：圣诞活动海报背景图制作

2.3.2 图像的修复与修饰

使用数码相机拍摄的照片往往都会有一些小瑕疵，这时可以通过 Photoshop 提供的修复工具来对图像进行修复，快速去除图像中有瑕疵的地方，使店铺商品图片更加美观。

1. 修复工具

拍摄照片中的瑕疵，可使用修复工具中的污点修复画笔工具、修复画笔工具和红眼工具等进行修复。

(1) 污点修复画笔工具。污点修复画笔工具主要用于快速修复图像中的斑点或小块杂物等。只需在工具箱中选择"污点修复画笔工具"，在需要修复的区域进行拖动或点击，即可进行污点的修复，其对应的工具选项栏如图 2-40 所示。

图 2-40　污点修复画笔工具选项栏

(2) 修复画笔工具。使用修复画笔工具可以从图像中取样或用图案来填充图像。如果需要修饰大片区域或需要更大程度地控制取样来源，可以选择使用修复画笔工具。选择工具箱中的"修复画笔工具"，其选项栏如图 2-41 所示。

图 2-41　修复画笔工具选项栏

选择修复画笔工具后，按住【Alt】键，此时鼠标指针变为取样形状，在图像中完好的位置单击进行取样，然后松开【Alt】键，在有污点的位置单击，即可将刚刚取样位置的图像复制到当前单击位置。如图 2-42 所示为使用修复画笔工具去除多余文字的前后对比效果图。

图 2-42　使用修复画笔工具去除多余文字的前后对比效果图

(3) 红眼工具。在夜间或光线不足的环境下拍摄时，闪光灯的光线会进入瞳孔照射到视网膜上，视网膜的血管和色素反射光线，使得光线再次反射时呈现红色，从而在照片上形成红眼效果。现在大多数数码相机都具备红眼去除功能以减轻这一问题。

利用 Photoshop 红眼工具也可以轻松去除拍摄照片时产生的红眼。选择工具箱中的"红眼工具"，其工具选项栏如图 2-43 所示。在该工具选项栏中，可以设置瞳孔大小和变暗量。

图 2-43　红眼工具选项栏

红眼工具的使用方法非常简单，只需在工具选项栏中设置参数，然后在图像红眼位置单击鼠标左键，即可修复红眼。

2. 修饰工具

在 Photoshop 中除了使用工具对图像的瑕疵进行修复，还可以使用相关工具对图像进行修饰，使图像更加完善。

（1）模糊工具。使用模糊工具可以使图像产生模糊的效果，起到柔化图像的作用。选择工具箱中的"模糊工具"，在图像中按住鼠标左键不放并拖动进行涂抹，即可模糊图像。模糊工具选项栏如图 2-44 所示，使用模糊工具前后对比效果如图 2-45 所示。

图 2-44 模糊工具选项栏

图 2-45 使用模糊工具前后对比效果

（2）锐化工具。使用锐化工具可以使图像产生清晰的效果，可以增强图像中相邻像素之间的对比。选择工具箱中的"锐化工具"，在图像中按住鼠标左键不放并拖动进行涂抹，即可锐化图像，其选项栏如图 2-46 所示。

图 2-46 锐化工具选项栏

（3）减淡工具。使用减淡工具可以增加图像的曝光度，使图像变亮。选择工具箱中的"减淡工具"，在图像中按住鼠标左键不放并拖动进行涂抹，即可进行减淡操作，其选项栏如图 2-47 所示，使用前后对比效果如图 2-48 所示。

图 2-47 减淡工具选项栏

图 2-48　使用减淡工具前后对比效果

（4）加深工具。使用加深工具可以降低图像的曝光度，变暗图像。选择工具箱中的"加深工具"，在图像中按住鼠标左键不放并拖动进行涂抹，即可进行加深操作，其选项栏如图 2-49 所示。

微课视频：图像的修复与修饰

图 2-49　加深工具选项栏

2.3.3　图像色调与色彩的调整

不同时间段拍摄的照片所对应的明暗效果不同。为了使图像效果更加接近实物，可以对图像的色调和与色彩进行调整。

1. 图像的色调调整

当对图像的明暗效果不满意时，可以通过 Photoshop 软件提供的多种色调调整命令进行调整。

（1）调整色阶。"色阶"命令是最常用的色调调整命令之一，利用此命令可以通过修改图像的暗部、中间色调和亮部来调整图像的色调范围和色彩平衡，常用于调整曝光不足或曝光过度的图像，也可用于调整图像的对比度。执行"图像"→"调整"→"色阶"命令或者直接按【Ctrl+L】组合键，即可打开"色阶"对话框。

在"色阶"对话框中，中间的直方图显示了图像的色阶信息。通常情况下，如果色阶的像素集中在左侧，说明此图像的暗调所占的区域比较多，也就是图像整体偏暗，如图 2-50 所示。如果色阶的像素集中在右侧，则说明此图像的高光所占的区域比较多，也就是图像整体偏亮，如图 2-51 所示。

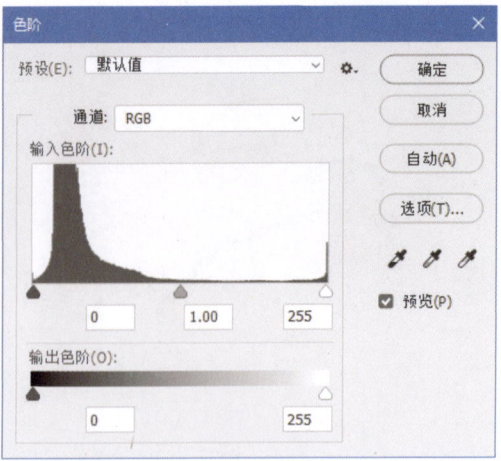

图 2-50 整体偏暗的图像

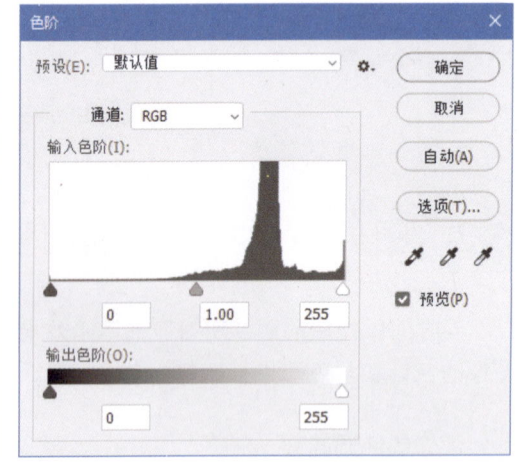

图 2-51 整体偏亮的图像

直方图下方有 3 个滑块，黑色滑块代表图像的暗部，灰色滑块代表图像的中间色调，白色滑块代表图像的亮部。可以通过拖动滑块或在滑块下的数值框中输入数值进行调整。调整暗部时，低于该值的像素将变为黑色；调整亮部时，高于该值的像素将变为白色；调整中间色调时，将改变图像的对比度。

（2）调整曲线。"曲线"命令也是最常用的色调调整命令之一，使用该命令可以在暗调到高光调这个色调范围内对图像中多个不同点的色调进行调整。执行"图像"→"调整"→"曲线"命令或按【Ctrl+M】组合键打开"曲线"对话框，在曲线上单击添加调整点，拖动调整点可调整图像的色调。利用曲线调整命令调暗图像的效果如图 2-52 所示，利用曲线调整命令调亮图像的效果图 2-53 所示。

(a)调整前

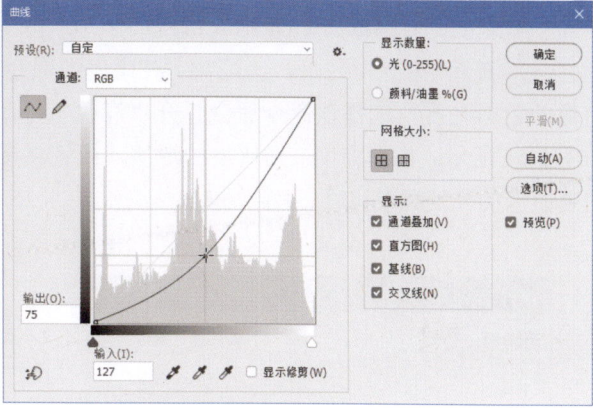

(b)调整参数

(c)调整后

图 2-52 利用曲线调整命令调暗图像的效果

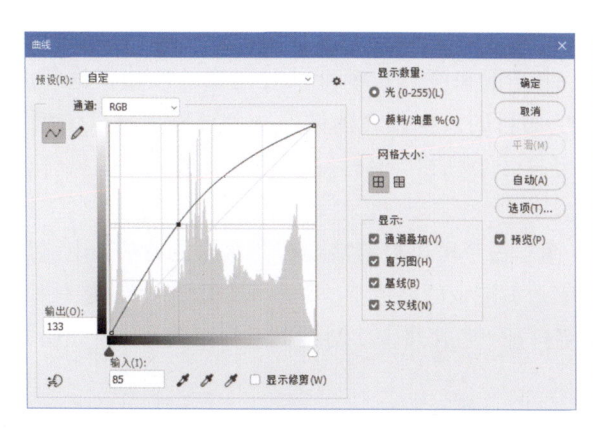

图 2-53 利用曲线调整命令调亮图像的效果

(3) 调整曝光度。使用"曝光度"命令调整"曝光度""位移"和"灰度系数校正"，可以控制图像的明亮程度，使图像变亮或变暗。执行"图像"→"调整"→"曝光度"命令，打开"曝光度"对话框，如图2-54所示。

(4) 调整亮度/对比度。"亮度/对比度"命令可以调整整个图像的色彩亮度，选择该命令后会打开"亮度/对比度"对话框，如图2-55所示。拖动亮度或对比度的滑块，或者直接输入数值可以调整图像的亮度和对比度。

微课视频：图像的色调调整

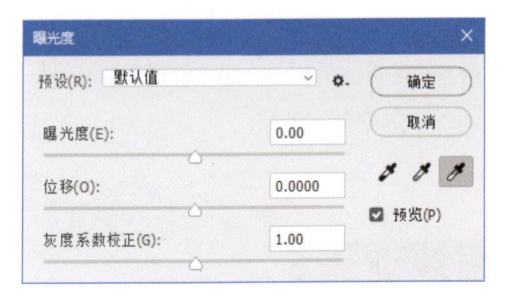

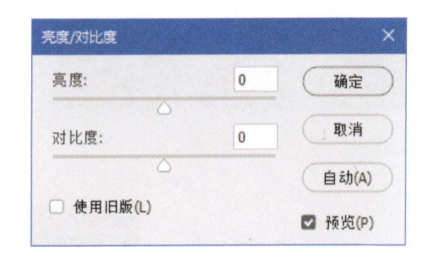

图2-54 "曝光度"对话框　　图2-55 "亮度/对比度"对话框

2. 图像的色彩调整

要想让图像达到出色的展现效果，不但需要有合理的明暗效果，还要有恰当的色彩展现，此时就需要掌握图像的色彩调整方法。调整图像的色彩主要使用"自然饱和度""色相/饱和度""色彩平衡"和"通道混合器"等命令。

微课视频：图像的色彩调整

(1) 调整自然饱和度。使用"自然饱和度"命令可调整图像色彩的饱和度，常用于在调整饱和度的同时，防止颜色过于饱和而出现溢色，比较适合用于处理人物图像。执行"图像"→"调整"→"自然饱和度"命令，打开"自然饱和度"对话框，如图2-56所示。在"自然饱和度"和"饱和度"文本框中分别输入对应的值或拖动滑块，单击"确定"按钮即可完成自然饱和度的调整。

(2) 调整色相/饱和度。使用"色相/饱和度"命令可以对图像的色相、饱和度及明度进行调整，从而达到改变图像颜色的目的。执行"图像"→"调整"→"色相/饱和度"命令或按【Ctrl+U】组合键，可打开"色相/饱和度"对话框进行相关操作，如图2-57所示。

(3) 调整色彩平衡。使用"色彩平衡"命令可以根据需要在图像原色的基础上添加其他颜色，或者通过增加某种颜色的补色来改变图像的原色彩。执行"图像"→"调整"→"色彩平衡"命令或按【Ctrl+B】组合键，可打开"色彩平衡"对话框进行相关操作，如图2-58所示。

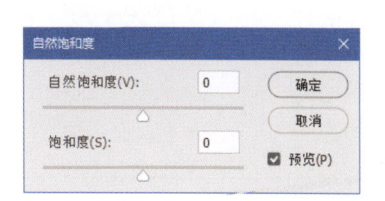

图 2-56 "自然饱和度"对话框 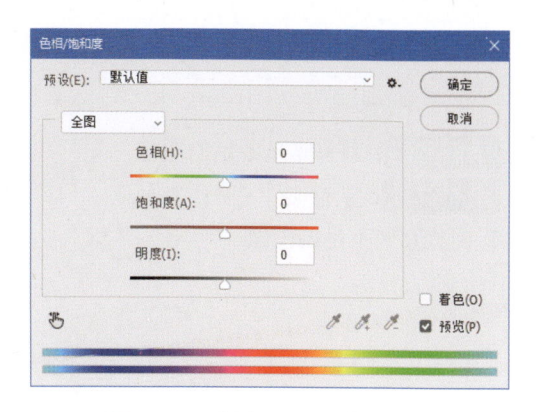　　图 2-57 "色相/饱和度"对话框

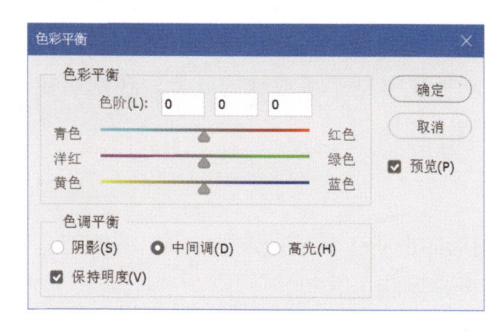

图 2-58 "色彩平衡"对话框

（4）应用"通道混合器"。图像的色彩是由各种颜色混合在一起组成的，其颜色信息都保存在通道中。"通道混合器"命令利用存储颜色信息的通道混合颜色，从而改变图像的色彩。执行"图像"→"调整"→"通道混合器"命令，弹出"通道混合器"对话框。

使用"通道混合器"调整图像色彩效果如图 2-59 所示。

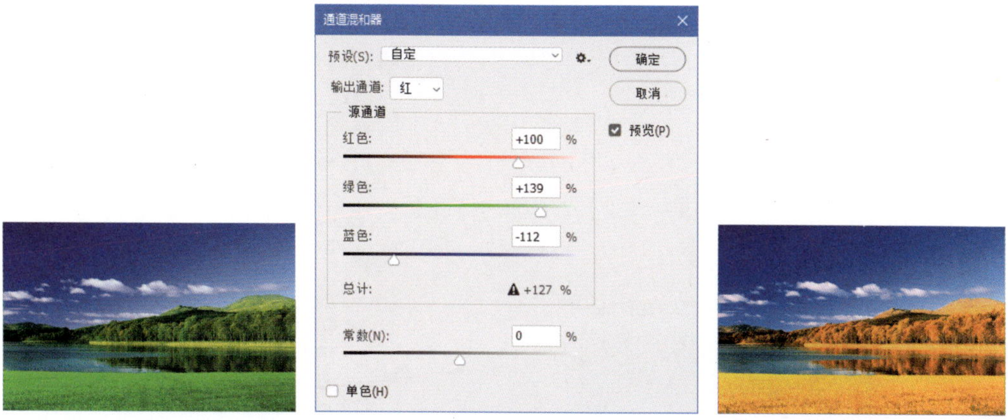

动画：颜色通道的概念

（a）调整前　　　　（b）调整参数　　　　（c）调整后

图 2-59 使用"通道混合器"调整图像色彩效果

此外，调整图像色彩还可以使用"黑白""照片滤镜""去色"等命令。

案例实训：调整曝光不足的图像
素材位置：素材文件 \ 项目 2\ 任务 2.3\ 调整曝光不足的图像

操作指导：调整曝光不足的图像

实训视频：调整曝光不足的图像

2.3.4　使用图形和文字完善图像的内容

图形和文字在图像后期处理中是不可或缺的元素。在网店视觉营销设计中恰当地使用图形和文字可以起到画龙点睛的作用。

1. 形状工具的应用

在 Photoshop 中绘制图形的形状工具包括矩形工具、椭圆工具、多边形工具、直线工具、自定形状工具等。

微课视频：形状工具的应用

（1）矩形工具。使用矩形工具可以绘制长方形和正方形。选择该工具后，直接在图像窗口中按住鼠标左键并拖动，即可绘制长方形，按住【Shift】键并拖动鼠标，可以绘制正方形。选择工具箱中的"矩形工具"，其工具选项栏如图 2-60 所示。

图 2-60　矩形工具选项栏

如图 2-61 所示为使用矩形工具并设置其属性面板参数后绘制圆角矩形的效果图。

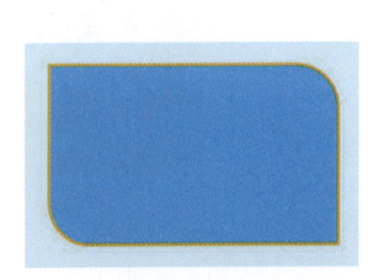

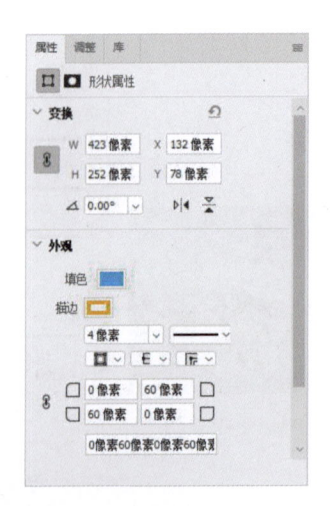

图 2-61　使用矩形工具并设置其属性面板参数后绘制圆角矩形的效果图

（2）椭圆工具。椭圆工具用于创建椭圆和圆形，其使用方法和矩形工具一样。选择"椭圆工具"后，在图像窗口中单击并拖动鼠标即可绘制。按住【Shift】键不放并绘制，或者在工具选项栏上单击"设置其他形状和路径选项"，在弹出的面板中选中"圆"选项后进行绘制，可得到圆形形状。如图 2-62 所示为应用椭圆工具绘制图形后的轮播图效果图。

图 2-62　应用椭圆工具绘制图形后的轮播图效果图

（3）多边形工具。选择工具箱中的"多边形工具"，在其工具选项栏的"边"数值框中可以设置边的数值，即多边形的边数。在"设置其他形状和路径选项"面板中设置不同的参数，可以得到不同形状的多边形，其选项栏如图 2-63 所示。

图 2-63　多边形工具选项栏

（4）直线工具。选择工具箱中的"直线工具"，在其工具选项栏中设置直线粗细的数值，可以绘制不同粗细的直线。在"设置其他形状和路径选项"面板中设置不同的参数，可以绘制不同类型的箭头形状，其选项栏及"设置其他形状和路径选项"面板如图 2-64 所示。

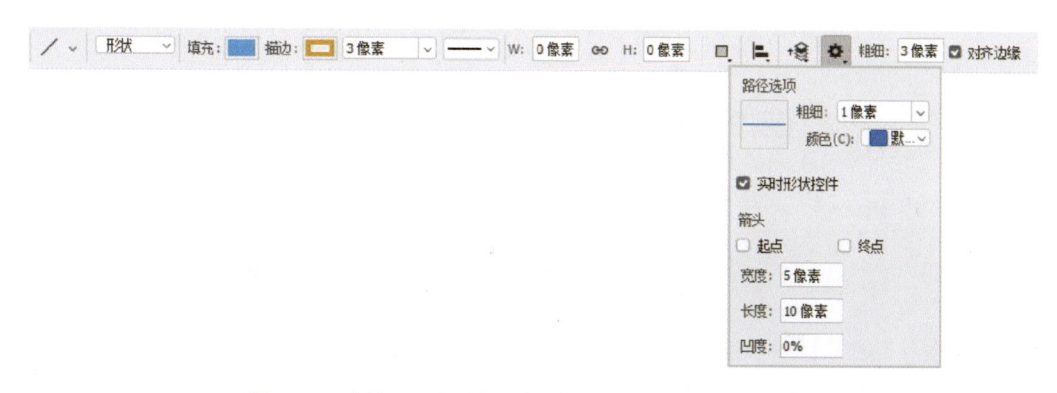

图 2-64　直线工具选项栏及"设置其他形状和路径选项"面板

（5）自定形状工具。自定形状工具用于创建自定义的形状，包括 Photoshop 预设的形状或外部载入的形状。选择"自定形状工具"后，在其工具选项栏的形状面板中选择预设的形状，如图 2-65 所示。在图像中单击并拖动鼠标即可绘制所选形状，按住【Shift】键不放并绘制，可得到长宽等比的形状。

图 2-65　自定形状工具选项栏的形状面板

如图 2-66 所示为应用各种形状工具绘制图形后的轮播图效果图。

图 2-66　应用各种形状工具绘制图形后的轮播图效果图

2. 文字工具的应用

在商品图片处理和网店视觉营销设计中，文字是一种传达信息的重要手段，它不但能够丰富商品图片的内容，起到强化主题、明确主旨的作用，还能美化商品图片，增加画面的感染力。

微课视频：文字工具的应用

（1）创建文字。在 Photoshop 中，用户可使用文字工具直接在图像中添加点文字。文字工具选项栏如图 2-67 所示。如果需要输入的文字较多，可以选择创建段落文字。此外，为了满足特殊编辑的需要，用户还可以创建变形文字或路径文字。

图 2-67　文字工具选项栏

① 创建点文字。选择工具箱中的"横排文字工具"，将鼠标指针移动到图像窗口中，

在要输入文字的位置单击鼠标左键确定插入点,然后直接输入文字即可,此时会生成一个新的文字图层。

② 创建段落文字。在输入段落文字时,可选择工具箱中的"横排文字工具" T,然后将鼠标指针移动到图像窗口中,单击鼠标左键不放并拖动,在图像窗口中绘制一个文本框,此时文本框中将出现闪烁的光标,直接输入文字即可。当在文本框中输入文字时,文字可以自动换行。段落文字文本框如图 2-68 所示。

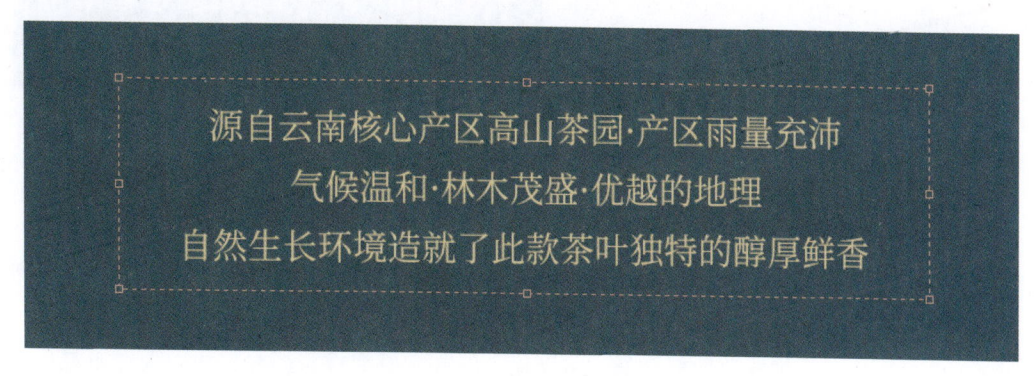

图 2-68　段落文字文本框

③ 创建路径文字。在图像处理过程中,创建路径文字可以使文字沿着路径排列,从而产生一些特殊的效果。当输入沿路径排列的文字时,需要先创建文字排列的路径,再使用文字工具在路径上输入文字。创建路径文字效果如图 2-69 所示。

图 2-69　创建路径文字效果

④ 变形文字。在 Photoshop 中,可以对创建的文字进行变形操作,从而创作出更有艺术美感的文字特效。选择文字图层,执行"文字"→"文字变形"命令,或者单击文字工具选项栏中的"创建文字变形"按钮 ⊥,即可弹出"变形文字"对话框。"变形文字"对话框及应用效果如图 2-70 所示。

(2) 点文字与段落文字的转换。为了方便排版,用户可以通过相应命令在点文字与段落文字之间相互转换。若要将点文字转换为段落文本,可选择需要转换的文字图层,在其上单击鼠标右键,在弹出的列表中选择"转换为段落文本"命令即可;若要将段落文字转换为点文字,则在弹出的列表中选择"转换为点文本"命令,即可完成转换。

(3) 字符面板和段落面板的设置。在 Photoshop 中,文字的属性可以在"字符"面板和"段落"面板中设置,包括设置文字的字号、字体、间距、段落对齐方式、段落缩进方式等。

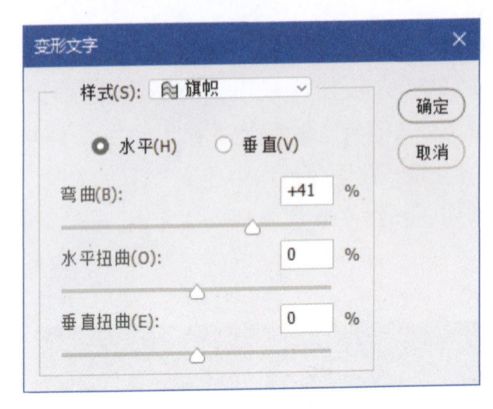

图 2-70 "变形文字"对话框及应用效果

① 字符面板。点击文字工具选项栏上的"切换字符和段落面板"按钮，或执行"窗口"→"字符"命令，打开"字符"面板，如图 2-71 所示，在其中可以对文字的字体、字号、字形、颜色、间距等进行设置，其中字体、字号、字形、颜色等同文字工具选项栏中的相应选项功能相同。

② 段落面板。使用段落面板功能，可使输入的文字更加规范，文字的排版更加美观，更加符合文字展现的需要。点击文字工具选项栏上"切换字符和段落面板"的按钮，或执行"窗口"→"段落"命令，可打开"段落"面板，如图 2-72 所示。

图 2-71 "字符"面板　　　　　图 2-72 "段落"面板

字符面板和段落面板是 Photoshop 提供的功能强大的文本编辑工具，它可以帮助用户快速、准确地调整文本样式和格式，提高设计和排版效率。

素养提升

商品图片处理：美化与真实之间的平衡艺术

在数字化时代，商品图片已成为消费者了解商品的重要窗口。一张精美的商品图片，往往能够吸引消费者的目光，激发其购买欲望。然而，一些商家为了追求视觉效果，往往过度处理商品图片。过度处理的图片可能掩盖商品的真实面貌，导致消费者产生误解，甚至引发信任危机。因此，商品图片处理需适度，既要展现商品的魅力，又要确保信息的真实性。

适度的图片处理可以提升商品的视觉效果，增强消费者的购买信心。通过对色彩、光线和角度的巧妙调整，可以突出商品的特色和优势，让商品呈现出更完美的状态，使其更加吸引人。

然而，过度的图片处理则可能带来一系列负面影响。

首先，过度处理商品图片会导致消费者对商品的期望值过高。例如，某家电商平台上售卖的一款手机，商家在图片中将其屏幕色彩处理得非常鲜艳，让消费者误以为这款手机的屏幕显示效果非常好。然而，当消费者收到商品后，发现实际的屏幕效果与图片中的有很大差距，因此产生失望和不满。这种情况下，消费者可能会投诉商家，甚至放弃在该平台购买商品。

其次，过度处理商品图片会影响消费者的购买决策。以一款护肤品为例，商家为了使其商品看起来更加神奇，将使用后的效果图处理得过于夸张。消费者在看到这样的图片后，可能会认为这款护肤品真的具有如此神奇的效果，从而决定购买。然而，实际上使用后发现效果并没有图片中的那么明显，消费者因此觉得被欺骗，对商家和商品失去信任。

最后，过度处理商品图片还会损害商家的声誉。当消费者发现商家发布的商品图片与实际商品有很大差距时，就会对商家的诚信产生怀疑。长此以往，商家的口碑和信誉将受到严重影响，从而影响其生意。

那么，如何处理商品图片才能避免上述问题呢？

首先，商家应该遵循真实原则，尽量展示商品的真实面貌。图片处理技术固然可以美化商品，但过度处理会使商品失去真实性，让消费者产生误解。商家应该在保持商品真实性的基础上，适当美化图片，让消费者对商品有更直观、准确的认识。

其次，商家应该在商品描述中明确告知消费者，图片仅供参考，实际商品可能与图片存在一定差距。这样，消费者在购买商品时就会有更合理的期望，减少因图片过度处理而产生的不满。

最后，监管部门应该加强对电商平台的监管，规范商家发布商品图片的行为。对于过度处理商品图片、误导消费者的行为，监管部门应该及时查处，保护消费者的权益。

总之，商品图片处理要适度，商家、消费者和监管部门都应承担起各自的责任，共同维护电商市场的健康发展。

任务实训

促销活动优惠券制作

一、实训目的

通过制作促销活动优惠券，掌握使用形状工具绘制优惠券图形的基本技能，并熟悉如何应用填充工具和图层样式等修饰手段来美化图像。同时,学习如何利用文字工具输入文字,并设置文字样式和效果,以深入理解文字处理在图像设计中的重要性。这些实践将有助于提高学习者在图像设计中的综合应用能力和实践操作能力。

二、实训步骤

1. 新建文件,填充背景

(1)在 Photoshop 中执行"文件"→"新建"命令,或者按【Ctrl+N】组合键,弹出"新建"对话框,如图 2-73 所示。设置画布"宽度"为"750"像素,"高度"为"600"像素,"分辨率"为"72"像素/英寸,"背景内容"为"白色",单击"确定"按钮。

实训视频:促销活动优惠券制作

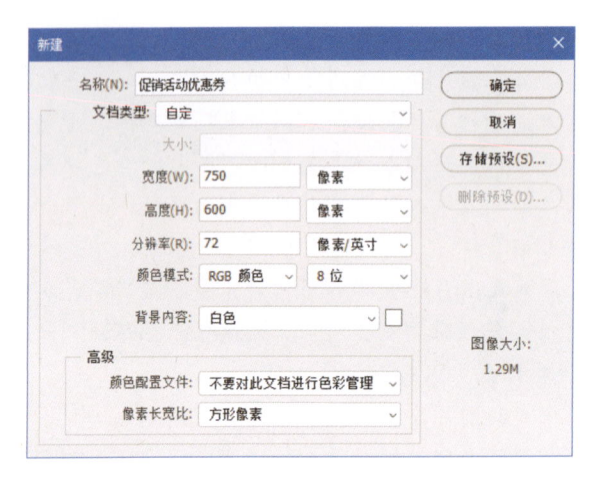

图 2-73 "新建"对话框

(2)设置前景色为 RGB(21,65,62),绘制一个矩形填满整个画布,选择矩形所在的图层,单击"图层"面板下方的"添加图层样式"按钮 fx,在弹出的菜单中选择"渐变叠加"选项,设置"混合模式"为"正常",调整不透明度,直到合适为止(这里为"22"%),设置"渐变"为 RGB(0,91,73)过渡到 RGB(143,218,212),再过渡到 RGB(0,91,73),设置"角度"为"90"度,如图 2-74 所示,单击"确定"按钮,背景图层效果图如图 2-75 所示。

(3)新建图层组,命名为"标题",然后在该图层组内新建图层,选择"横排文字工具" T,输入文字"领券购物",打开"字符"面板,设置文字"颜色"为 RGB(251,245,144),字号大小为"50"点,如图 2-76 所示。文字效果如图 2-77 所示。

2. 应用形状工具绘制优惠券图形

(1)新建图层,选择"自定形状工具" ,在其选项栏中选择工具模式为"形状",设置"填充"颜色为 RGB(251,245,144),单击"形状"右侧的下拉按钮,在弹出的下拉面板中"花饰字"栏目下选择所需的形状(说明:PS 软件版本不同,下拉面板中的栏目内容及形状可能存在差异),拖动鼠标绘制图形,然后按【Ctrl+T】组合键进行自由变换,调整形状的大小和位置。

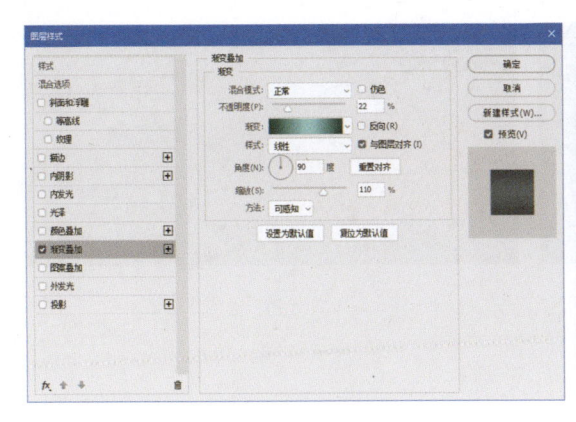

图 2-74　图层样式的"渐变叠加"选项设置面板　　　　图 2-75　背景图层效果图

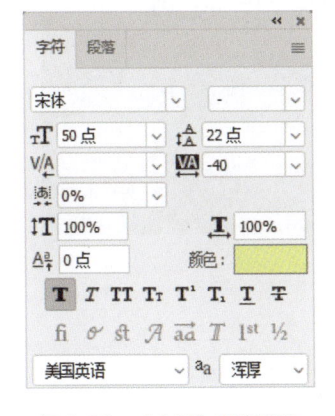

图 2-76　"字符"设置面板　　　　图 2-77　文字效果

（2）在"图层"控制面板中选中形状图层，按【Ctrl+J】复制图层，执行"编辑"→"变换路径"→"水平翻转"命令，再使用"移动工具" ，将水平翻转的图像移动到文字的另一侧，调整好位置，效果图如图 2-78 所示。

3. 应用填充工具和图层样式等对优惠券进行修饰

（1）新建图层组，命名为"优惠券 1"，然后在该图层组内新建图层，选择"矩形工具" ，在其选项栏中选择工具模式为"形状"，设置"填充"颜色为 RGB（239,4,31），绘制一个矩形，在"图层"控制面板中选中该图层，单击鼠标右键，在弹出的列表中选择"栅格化图层"命令，然后选择"椭圆选框工具" ，在矩形左侧拐角处绘制一个圆形选区，移动到合适位置，按【Delete】键删除矩形左边两个拐角，按【Ctrl+J】组合键复制图层，将复制的矩形水平翻转，向右移动到合适的位置，选中两个矩形图层，单击鼠标右键，选择"合并图层"命令，将合并的图层命名为"红色背景"，效果图如图 2-79 所示。

（2）在"图层"控制面板中选中"红色背景"图层，按【Ctrl+J】组合键复制图层，命名为"阴影"，将其移动到"红色背景"图层的下方，调整"不透明度"为"50%"，向右上方移动到合适的位置。"图层"面板如图 2-80 所示，设置阴影效果图如图 2-81 所示。

79

图 2-78 绘制自定形状的效果图　　　　　图 2-79 绘制优惠券红色背景的效果图

图 2-80 "图层"面板　　　　　　　　　图 2-81 设置阴影效果图

（3）在"图层"控制面板中选中"红色背景"图层，按【Ctrl+J】组合键复制图层，命名为"描边"，单击"图层"面板下方的"添加图层样式"按钮 fx，在弹出的菜单中选择"描边"选项，"大小"设置为"2"像素，"颜色"设置为 RGB（251,230,144），如图 2-82 所示，单击"确定"按钮，按【Ctrl+T】组合键，调整图形的大小和位置，效果图如图 2-83 所示。

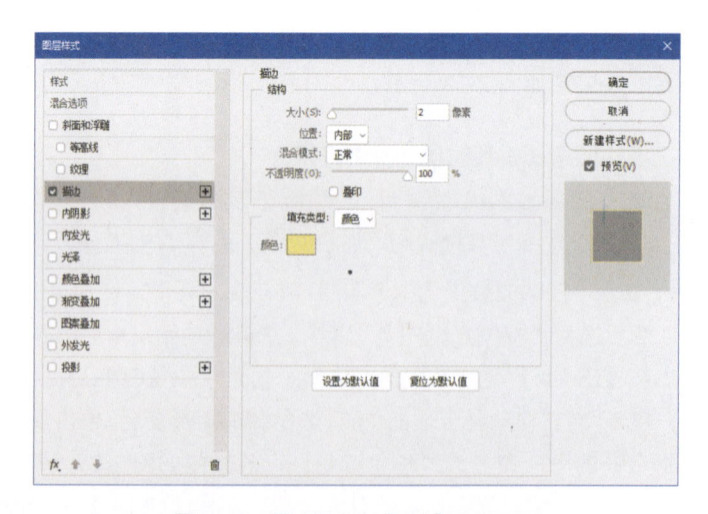

图 2-82 图层样式的"描边"设置面板

4. 利用文字工具输入文字，调整文字样式和效果

（1）新建图层，打开"字符"面板，设置文字的"颜色"为 RGB（255,255,255），字号大小为"24 点"，输入符号"¥"，再设置字号大小为"68 点"，输入文字"20"，接着选择"直线工具" ∕ 绘制一条竖直的直线，最后设置字号大小为"17 点"，输入其他文字，效果图如图 2-84 所示。

图 2-83　设置"描边"效果图 　　　　　　图 2-84　设置优惠券内容的效果图

（2）新建图层，选择"矩形工具" ▭ ，在其选项栏中，设置"填充"颜色为 RGB（239,4,31），"半径"为"9"像素，绘制一个圆角矩形，将图层命名为"按钮"，单击"图层"面板下方的"添加图层样式"按钮 fx ，在弹出的菜单中选择"斜面和浮雕"选项，设置"大小"为"7"像素，"角度"为"90"度，"高度"为"30"度，如图 2-85 所示。再单击"外发光"选项，设置"混合模式"为"滤色"，"不透明度"为"35"%，发光颜色为 RGB（255,255,255），"大小"为"7"像素，如图 2-86 所示，单击"确定"按钮。

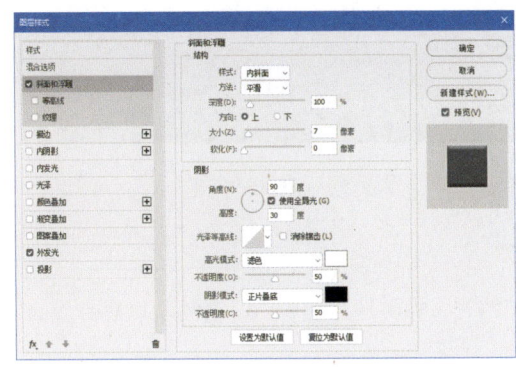

图 2-85　图层样式的"斜面和浮雕"设置面板 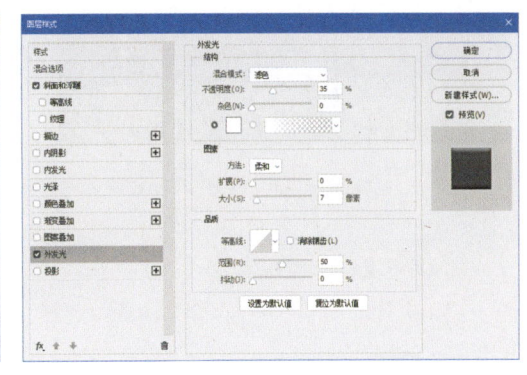　　　图 2-86　图层样式的"外发光"设置面板

（3）选择"横排文字工具" T ，打开"字符"面板，设置文字"颜色"为白色，字号大小为"17 点"，输入文字"立即领券＞"，按钮效果图如图 2-87 所示。

5. 复制和修改相同类型优惠券，调整位置

（1）在"图层"控制面板中选中"优惠券 1"图层组，按【Ctrl+J】组合键复制图层组，命名为"优惠券 2"，向右移动到合适的位置，修改文字内容。"优惠券 2"效果图如图 2-88 所示。

图 2-87　按钮效果图　　　　　　　　图 2-88　"优惠券 2"效果图

（2）在"图层"控制面板中选中"优惠券 1""优惠券 2"两个图层组，按【Ctrl+J】组合键复制图层组，分别命名为"优惠券 3"和"优惠券 4"，向下移动到合适的位置，修改文字内容。"优惠券 3""优惠券 4"效果图如图 2-89 所示。

（3）在图层的最上方新建图层，输入优惠券最下方的文字的内容，设置文字的大小和颜色，调整到合适的位置。选择"裁剪工具"　，裁剪图像，将图像多余的区域去除，最终效果图如图 2-90 所示。

图 2-89　"优惠券 3""优惠券 4"效果图　　　　图 2-90　最终效果图

6. 保存文件，完成制作

（1）执行"文件"→"存储"命令，选择存储路径，将文件存储为"促销活动优惠券 .psd"文件。

（2）执行"文件"→"导出"→"导出为"命令，将文件导出为"促销活动优惠券 .jpg"文件，完成制作。

三、实训总结

在"促销活动优惠券制作"实训过程中，综合应用了各种形状工具来进行图形绘制，应用了文字工具进行文字排版设计，同时对颜色的使用也提出了较高的要求。

在网店视觉营销设计类的任务中，不但要掌握各种工具的灵活运用，还需要通过合理的设计和布局，制作出既美观又有吸引力的作品，吸引消费者的注意力。

任务拓展

滤镜是 Photoshop 中最有吸引力的功能之一，用户可以通过使用滤镜修饰图像。Photoshop 提供了多种滤镜，不仅可以帮助用户制作图像的各种特效，还能模拟素描、油画、水彩等绘画效果。

请学习滤镜的使用方法，制作一张万花筒效果图像。原图像如图 2-91 所示，参考效果图如图 2-92 所示。

图 2-91　原图像　　　　　　　　　　　图 2-92　参考效果图

项目测试

一、单选题

1. 最适合拍摄像铅笔这类体积较小的商品的布光方式是（　　）。
   A. 两侧光　　　B. 两前侧光　　　C. 顺光　　　D. 逆光
2. 在 Photoshop 中，以下工具选项栏包含"容差"的是（　　）。
   A. 画笔工具　　B. 渐变填充工具　C. 魔棒工具　D. 钢笔工具
3. 当展示文具盒的内部结构时，不需要的道具是（　　）。
   A. 尺子　　　　B. 铅笔　　　　C. 橡皮擦　　D. 零钱包
4. 在 Photoshop 中，执行"曲线"命令的快捷键是（　　）。
   A. Ctrl+M　　　B. Ctrl+L　　　C. Ctrl+O　　D. Ctrl+N
5. 在 Photoshop 中编辑图像时，使用减淡工具可以达到（　　）的目的。
   A. 使图像中的某些区域变暗　　　　B. 删除图像中的某些像素
   C. 使图像中的某些区域变亮　　　　D. 使图像中某些区域的饱和度增加

二、多选题

1. 要对商品的构图进行设计，可以从（　　）等方面去考虑。
   A. 商品摆放的角度　　　　　　　　B. 商品外形的二次设计
   C. 背景的搭配　　　　　　　　　　D. 表里一致、多角度地展示

2. 商品细节图一般要展示的细节特征是（　　）。
   A. 商品的价格　　　　　　　　B. 商品的构造
   C. 商品的包装　　　　　　　　D. 商品的使用功能
3. Photoshop 软件提供的图层合并方式有（　　）。
   A. 合并可见图层　　　　　　　B. 向下合并
   C. 合并链接图层　　　　　　　D. 拼合图层
4. 文具盒的整体图可以采集的角度有（　　）。
   A. 正面整体图　　　　　　　　B. 背面整体图
   C. 侧面整体图　　　　　　　　D. 内部结构整体图
5. 在 Photoshop 中，使用"色阶"命令能够调节图像的（　　）。
   A. 高光调　　　B. 暗调　　　C. 中间调　　　D. 色彩

三、简答题

1. 采集商品信息前，为什么需要填制拍摄登记表？拍摄登记表的主要内容有哪些？
2. 在 Photoshop 中，工具箱中用于创建选区的工具主要有哪些？
3. 简述在多功能文具盒的拍摄中，适合作为细节图拍摄的部位。

PROJECT 项目 3

箱包类商品信息采集与处理

项目简介

箱包是比较常见的一类日用商品，其种类丰富、材质多样。由于不同质地的箱包，其特性也不尽相同，因此本项目选取皮包、行李箱为代表进行商品信息采集与处理。箱包类商品信息采集主要讲解拍摄背景选择、布光方式、皮包填充与造型摆放、反光控制、整体图与细节图的拍摄、拍摄器材的使用等知识技能点；商品信息处理则详细介绍店铺轮播图的设计风格和配色、排版设计以及文案设计等知识技能点。通过本项目的学习，学习者能够进行箱包类商品的拍摄，并制作符合主流电商平台规范、视觉效果美观、营销属性显著的店铺轮播图。

- 任务 3.1　皮包的拍摄
- 任务 3.2　行李箱的拍摄
- 任务 3.3　店铺轮播图设计与制作

任务 3.1 皮包的拍摄

在日常生活中，皮包的款式多样，材质各异。要体现其在不同场景下的氛围以及质感，拍摄技巧十分重要。本任务的目标是拍摄常见的女式皮包，需要在室内环境下，结合适当的填充和造型摆放技巧以及整体和细节拍摄的要点，完成皮包整体图和细节图的拍摄，从而准确呈现皮包的质感、色彩、形状及品牌价值，激发消费者的购买欲望。

◆ **学习目标**

知识目标：
- 掌握皮包的拍摄环境搭建方法；
- 掌握皮包的填充与造型摆放技巧；
- 掌握皮包的整体和细节拍摄要点。

能力目标：
- 能完成皮包拍摄背景和布光方式的选择、填充与造型摆放设计；
- 能进行皮包的整体图和细节图的拍摄和优化处理。

素养目标：
- 通过皮包的拍摄，规范摄影器材的使用，树立规范意识；
- 通过任务实践，提高沟通表达能力，树立团队协作意识。

◆ **学习导图**

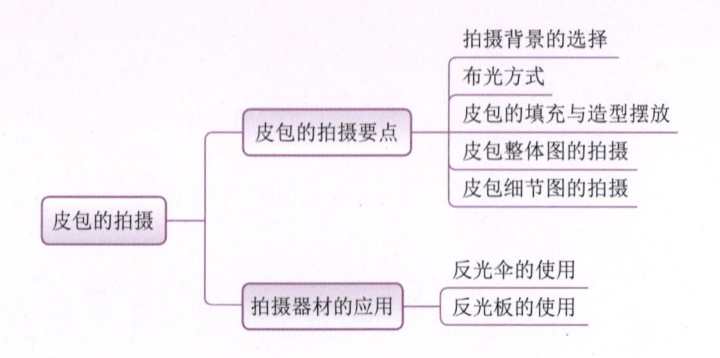

```
                          ┌─ 拍摄背景的选择
                          ├─ 布光方式
              ┌─ 皮包的拍摄要点 ─┼─ 皮包的填充与造型摆放
              │                 ├─ 皮包整体图的拍摄
              │                 └─ 皮包细节图的拍摄
  皮包的拍摄 ──┤
              │                 ┌─ 反光伞的使用
              └─ 拍摄器材的应用 ─┴─ 反光板的使用
```

> 新知学习

3.1.1　皮包的拍摄要点

皮包作为体现个人品味与风格的重要配饰,在拍摄过程中需要把握好拍摄背景的选择、布光方式,以及皮包的填充与造型摆放、整体图与细节图的拍摄等要点,以确保皮包的独特质感和美感得以充分展现。

1. 拍摄背景的选择

皮包的拍摄背景要保持干净简洁,避免分散消费者对皮包的注意力。常见的做法是采用纯色背景,如白色或灰色,以突出皮包自身的颜色和质感。如果需要展示皮包的使用场景,可以选择与其风格相符的生活化场景,但注意场景不要过于杂乱。

2. 布光方式

在拍摄皮包这类商品时,只有采用正确的布光方式,才能有效凸显其质感、色彩及细节特征。

(1)主光源设置。在拍摄皮包时,主光源通常选择较为硬朗的光源,以便创造出鲜明的阴影和高光区域,为皮包赋予更多的层次感。在皮包两前侧放置两盏影室灯作为主光源,光源高度略高于皮包,这样使得拍摄画面能呈现出皮包的立体感和边缘的轮廓线条。

(2)辅助光源布置。在拍摄皮包时,除了采用两前侧光照明,通常还需添加顶部照明作为辅助光源,以减少皮包顶部阴影。顶部照明,也被称为顶光照明,是指光线来自拍摄对象的正上方的照明。这种照明方式可以照亮皮包顶部的细节,尤其是当皮包具有特殊的顶部设计或立体结构时,这种布光方式可以凸显皮包的细节和空间感。在实际操作中,也可以根据实际情况,将顶部光源进行小角度前倾或后倾,这样常常能够确保皮包顶部区域光线充足,还能照亮皮包的侧面及内部区域,展现皮包的整体工艺和特色。

皮包拍摄的布光方式如图3-1所示。

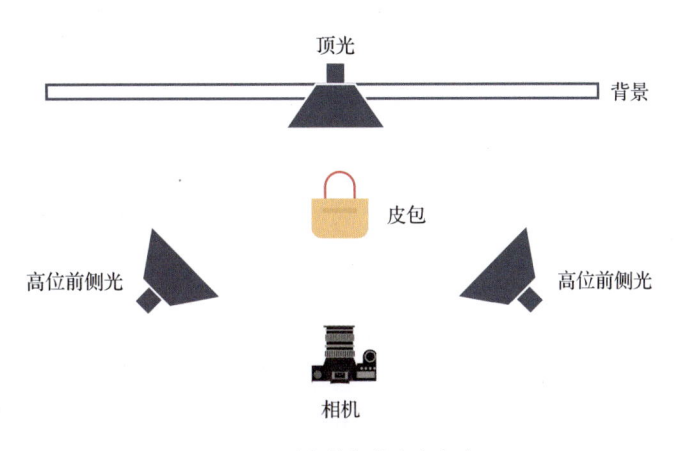

图3-1　皮包拍摄的布光方式

对于光位的布置，需要根据皮包的特性和预期的拍摄效果进行灵活多变的调整。这需要不断地实践和尝试，通过反复试拍，才能确保作品展现出最佳的视觉效果。

3. 皮包的填充与造型摆放

在拍摄皮包之前，先要对皮包进行整理，保证其整洁无瑕，特别是皮包的提手和带子部分，需要摆放整齐。此外，为了呈现皮包的造型和立体感，需要在皮包内部放置填充物，以起到支撑和塑形的作用。这样不仅能够提升皮包的拍摄效果，更能吸引消费者的目光。

微课视频：皮包的填充与造型摆放

（1）皮包的填充。填充物的选择以及填充方式对塑造皮包的形态很重要。常见的填充物体有柔软且可塑性强的泡沫塑料、海绵、织物、气垫等。不宜采用坚硬、有锐角的物体进行填充，如书本、木块等。在填充时，要根据皮包本身的材质特性及应用场景选用合适的填充物。填充物的用量要合适，若填充物过量，可能会导致皮包过度膨胀变形，失去原有的设计美感；填充物不足则不能提供有效的支撑，皮包会呈现凹陷或扁平的状态。因此，最佳的填充效果是皮包能够保持其原始的设计轮廓和立体形状，同时避免因填充物的压力而变形。另外，填充物应当均匀分布在整个皮包内部，避免出现局部区域集中或空缺的情况，尤其需要注意皮包的转角部位，这些位置适当的填充能够有效提升皮包的整体塑形效果。皮包填充前后效果对比如图 3-2 所示。

（a）填充前　　　　　　　　　　　　（b）填充后

图 3-2　皮包填充前后效果对比

（2）皮包的造型摆放。在皮包拍摄中，造型摆放对于皮包的立体感和材质感的展现非常关键。在拍摄过程中，可利用辅助工具，如支架、皮包座、支撑架、S 形挂钩等，对填充好的皮包进行细致的造型摆放。这样做是为了确保皮包在倾斜或立式摆放时保持稳定，防止因重力的作用而发生变形或倾倒。摆放角度则需要根据皮包的形状、大小及外形特征来进行选择。细致的摆放和调整有助于拍摄出皮包所具有的立体感和材质质感，从而呈现出最佳的拍摄效果。

在造型摆放方面，除了直接展示皮包，还可以巧妙地运用与皮包风格相匹配的时尚品进行搭配，例如，选择与皮包风格相协调的衣物、鞋子、帽子和首饰等。此外，与皮包使用场景紧密相关的道具，如杂志、笔记本、化妆品和雨伞等，也可以与皮包一同进行搭配造型。这些合理的搭配元素不仅能够凸显皮包的主体地位，还能直观地展示皮包与整体穿搭之间的和谐关系。通过这样的展示方式，可以为消费者营造富有生活气息和故事性的场景，从而激发他们的购买欲望。皮包的造型摆放效果图如图 3-3 所示。

(a) 搭配花朵　　　　　　　　　(b) 搭配鞋子　　　　　　　　　(c) 搭配饰物

图 3-3　皮包的造型摆放效果图

4. 皮包整体图的拍摄

消费者在选购皮包时，最先关注的往往是皮包的款式、颜色等整体形象。这时皮包的整体图展示效果就非常关键。皮包整体图拍摄需要注意以下几个方面。

（1）保持皮包的整洁无瑕，展现其原有的光泽和质感。在拍摄之前，需要对皮包进行详细的检查和整理。任何微小的划痕、污渍或折痕都可能影响消费者对商品质量的看法。在整理过程中，应使用适当的道具，如软布、防尘袋等来保护皮包。

（2）选择合适的背景，烘托皮包的设计特色，使之成为视觉焦点。拍摄背景应简洁，与皮包色调和谐，可以是纯色的背景、纹理细腻清晰的桌面，或者是精心布置的生活场景等，营造既符合品牌调性又不喧宾夺主的氛围。

（3）多角度拍摄，全面呈现皮包的特点。在正面图的拍摄中，需要清晰地展示出皮包的主要设计元素，例如 Logo、拉链、扣件及装饰细节等，以便消费者能够一眼识别出品牌的特征和款式的特色。背面图的拍摄要着重展示皮包的背面结构、口袋布局及装饰细节，这有助于消费者了解皮包的功能性和实用性。侧面图的拍摄则要强调皮包的厚度、弧度及开口方式等细节，从而传达出皮包的立体形态和独特设计。而底部图片的拍摄需要展示出皮包底部的材质、支撑脚或金属配件等细节，并展示其竖立时的稳定性，这对于某些手提包或旅行包尤为重要。从不同角度拍摄的皮包整体效果图如图 3-4 所示。

(a) 正面图　　　　　　(b) 背面图　　　　　　(c) 侧面图　　　　　　(d) 底部图

图 3-4　从不同角度拍摄的皮包整体效果图

5. 皮包细节图的拍摄

消费者在选购皮包时，会关注多个方面的细节，包括皮包的外观、实用性、便捷性和耐用性等。为了清晰地展示这些特点，通常使用细节图来呈现。这些细节图主要展示皮包的材质、工艺、内部结构和容量大小等。

微课视频：皮包的细节拍摄要点

（1）皮包的材质展示。皮包的品质直接决定了其市场价格和商业前景，同时也影响着品牌的形象和消费者的信任。因此，在拍摄皮包时，需要高度关注皮质独特性质和品质的表现。在拍摄过程中，可采用特写镜头精确地捕捉和展现出皮质的光泽感、表面的微小细节，以及它独特的纹理结构。如图 3-5 所示，通过特写镜头，皮包的材质细节得到了充分的展示。此外，利用侧光能够凸显皮面的光泽，进一步强调皮质的质感。值得注意的是，由于不同的皮包可能具有不同的皮质特性，因此在拍摄过程中需要灵活应对，以适应各种变化。最终的目标是以真实、吸引人的方式展示皮包的特点，从而吸引消费者的注意。

图 3-5　皮包材质细节展示效果图

（2）皮包的工艺展示。皮包款式多样，并且每一款的设计细节都独具特色。消费者在选择皮包时，会重点关注皮包的各项功能配件的细节。因此，在拍摄时，需要紧密结合皮包的款式特点，全面展示其设计细节和品质特性。通常，通过观察皮包的拉链、搭扣、肩带及车缝线等细节部分，消费者可以对皮包的质量水平做出判断。如图 3-6 所示展示了皮包的工艺细节，消费者可以通过观察图中针脚的均匀分布、走线的笔直流畅，以及是否存在加固区域等细节，来评估皮包的工艺水准和预期使用寿命。

（a）搭扣的结构展示　　（b）肩带设计展示　　（c）车缝线的工艺展示

图 3-6　皮包的工艺细节展示效果图

（3）皮包的内部结构展示。皮包的内部结构信息是消费者购买皮包的重要参考依据，在拍摄时应详细采集皮包的内袋、拉锁等内部结构。如图3-7所示为皮包的内部结构展示效果图,让消费者直观地了解皮包的空间结构、储物容量等实用属性。在拍摄过程中,常采用硬光源对皮包内部进行充分照明,以达到清晰呈现皮包内部结构细节特征的效果。

(4) 皮包的容量大小展示。消费者可以通过观察皮包的内部结构图来初步评估其容量大

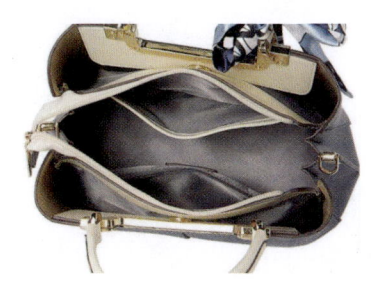

图3-7　皮包的内部结构展示效果图

小。但是,由于缺少参照物,这种评估可能并不准确。为了更直观和生动地展示皮包内部空间的实际容量分配,以及分隔区域的合理性,可以在拍摄过程中引入常见的日常生活用品作为参照物。如图3-8所示将皮包与可以容纳的雨伞、手机等日常用品一起展示,通过这种对比拍摄的方式,可为消费者提供尺寸参考,使其能够更准确地了解皮包的容量大小,从而提升他们的购物体验,并增加购买该皮包的意愿。

(a) 皮包的容量展示　　　　　　　　　　(b) 皮包的实物对比展示

图3-8　皮包的尺寸参考效果图

3.1.2　拍摄器材的应用

在拍摄皮包时,为了凸显皮包的立体感与光泽感,除常用的相机、静物台、三脚架以及影室灯等基本的拍摄器材外,还会用到反光伞及反光板等器材。

1. 反光伞的使用

反光伞是一种常见的摄影灯光附件,如图3-9所示。它的主要作用是将光源发出的光线反射到拍摄对象上,以达到补光、柔化光线、改变光线方向和增强光影层次的目的。反光伞外观和普通伞一样,伞的内面是常见的银白色或金黄色的反光涂料,伞面几乎不透光。反光伞通常与闪光灯配合使用,需要一个灯架来支撑。在安装反光伞的过程中,先要将闪光灯安装在灯架上,利用伞座或特定连接部件将反光伞固定在灯架上,然后调整闪光灯的

角度，使光线能够完全照射到反光伞的内侧，通过调整反光伞的角度以及反光伞与闪光灯之间的距离，可以改变光线的方向和产生的阴影效果。

在拍摄皮包类商品时，反光伞可以用于营造理想的光影效果，突出皮包的纹理、光泽和立体感。在人像摄影中，利用反光伞可以获得更自然、平滑的照明效果。反光伞是一种灵活性很强的拍摄工具，它的运用需要结合具体的拍摄场景和创意目标，不断调整伞的位置、角度及与光源的距离，从而实现最佳的画面效果。

图3-9 反光伞

2. 反光板的使用

反光板是一种常用于照明的辅助工具。经过它反射的光线显得相对自然且柔和，这有助于填补阴影、平衡曝光，并增强拍摄对象的三维立体感。反光板有多种表面材质，常见的颜色有白色、银色、金色和黑色等。不同颜色的反光板在补光效果上存在差异：白色反光板可以提供柔和且中性的光线，适合于日常补光需求；银色反光板能反射出更强且更冷的光线，适用于强烈阳光下的快速补光；金色反光板能带来暖色调的补光，尤其在日落时分或需要营造暖色调氛围的拍摄中，能增强拍摄对象的温暖感；黑色反光板可用于吸收或阻挡不需要的光线，有助于减少杂乱的反光。在使用反光板时，需要通过观察光线在拍摄对象上的效果，不断调整反光板的角度，直至达到理想的效果。

素养提升

团队协作：提升商品信息采集效率与质量的基本保障

在商品信息采集过程中，采集任务通常是由团队来完成的。团队分工合作、高效协同是圆满完成采集任务的保障。那么，在采集过程中如何才能进行有效的团队协作呢？通常要把握以下几个要点。

（1）目标明确。团队成员理解并清楚任务目标。

（2）沟通顺畅。团队成员主动沟通，积极反馈，互相讨论，沟通及时有效。

（3）氛围良好。团队成员间彼此尊重，彼此信任，相互鼓励支持，有良好的氛围。

（4）分工合理。制订科学的任务计划，任务分解合理，成员职责清晰。

（5）优化改进。及时总结采集任务的经验教训，持续优化采集方法和流程。

团队协作是确保拍摄效果与效率的关键因素之一，不仅可以提高采集效率、减少错误，还能增强团队凝聚力、创造力，确保采集任务顺利完成。

项目 3　箱包类商品信息采集与处理

任务实训

女式皮包的拍摄

一、实训要求

根据商品信息采集的需要，掌握皮包拍摄的相关知识，完成女式皮包的室内拍摄，具体要求如下。（编者注：为了叙述的简单化，本任务实训中的皮包指女式皮包。）

（1）在任务操作过程中，学生以 3～4 人为一小组，轮流进行拍摄。

（2）皮包的整体图要求塑形得当，造型摆放合理，要充分展现皮包的立体感。能彰显皮包的质感、光泽效果。

（3）细节图要能体现皮包的品质、光泽感和纹理细节，彰显皮包的特色和卖点。

（4）在拍摄过程中，注意团队合作和拍摄器材的规范使用，以及室内环境的维护。

二、实训步骤

1. 拍摄前的准备工作

在采集商品信息前，需要做好拍摄准备工作，具体要求如下。

（1）对现场进行整理，准备好数码单反相机 1 台、三脚架 2 个、静物台 1 个、影室灯 3 盏、顶灯架 1 个、反光板 1 个、白色背景布 1 张、废旧报纸若干。

实训视频：女式皮包的拍摄

（2）准备好拍摄使用的女式皮包 1 个，检查样品的完整性。

2. 搭建商品拍摄环境

将静物台放置在拍摄区域，在静物台的两前侧各放置 1 盏影室灯，调高光源位置形成高位两前侧光。在静物台的后方放置顶灯架，安装好影室灯形成顶光照明。这种布光方式可以使光源均匀分布在皮包的表面，有效减少皮包立面可能产生的阴影。将数码单反相机放置在皮包的正前方，通过三脚架调整至合适的位置。拍摄环境布置如图 3-10 所示。

图 3-10　拍摄环境布置

3. 确定拍摄思路

本次拍摄对象是一款设计时尚、色彩鲜艳的女式皮包，它采用头层牛皮制作，工艺精细，拍摄工作需要着重展现皮包的质感和光泽。

对于整体图的拍摄，需要从多个角度捕捉皮包的形态，包括正面、侧面、背面和底部等。此外，还需要拍摄一些细节图，比如皮包的标志、缝线、配饰、拎手等，以展示其独特的设计和精细的制作工艺。

同时，还需要拍摄皮包的内部结构，以展示其内部细节、材质和容量等信息。为了更准确地展示皮包的功能和容量尺寸，可以使用面巾纸、钱包和手机等道具进行对比拍摄。

4. 取景拍摄皮包的整体图

在 M 模式下，动态调整数码单反相机的 ISO、光圈、快门等参数，从正面、背面、侧面及底部等不同角度拍摄皮包的整体图，展现皮包的全貌，如图 3-11 所示为从不同角度拍摄的皮包整体图。

（a）正面图 　　　　　　　　　　（b）背面图

（c）侧面图 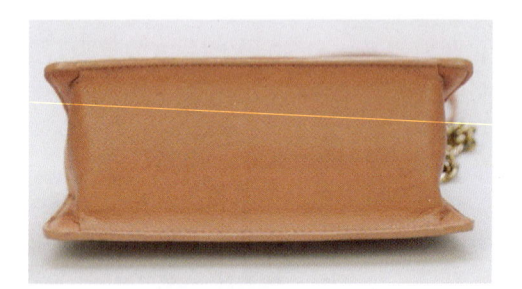　　　　　　　　　　（d）底部图

图 3-11　从不同角度拍摄的皮包整体图

此外，在拍摄皮包时，如果光线不足，可以使用反光板进行补光，如图 3-12 所示为使用反光板进行补光的场景。

5. 取景拍摄皮包的细节图

在完成了皮包的整体图拍摄后，接下来的步骤是进行皮包的细节图拍摄。在拍摄过程中，拍摄者需要系好相机挂带，手持相机或者借助三脚架进行拍摄。对于不同材质和款式的皮包，拍摄方法会有所不同。当拍摄皮包的配饰和拉链时，应该从侧面进行拍摄，以避免镜面成像对画面的干扰。对于皮包的材料纹理和缝纫等细节，拍摄者需要保持相机与细节部位垂直，并使用特写镜头进行拍摄，以精准捕捉纹理和走线的细微之处。这样的拍摄方式能够凸显皮包精致细腻的特点。皮包细节图拍摄示例如图 3-13 所示。

图 3-12　使用反光板进行补光的场景

（a）皮包的走线做工　　　　（b）皮包的尺寸参考　　　　（c）皮包的内部结构

图 3-13　皮包细节图拍摄示例

6. 重复步骤 4、步骤 5 以达到最佳效果

在拍摄时，动态调整数码单反相机参数、光源位置及反光板角度等，同时根据皮包特点及拍摄环境，对拍摄角度、拍摄距离进行优化调整，直至拍摄出最佳画面效果。

7. 填写拍摄登记表，完成拍摄

在完成拍摄任务后，仔细填写拍摄登记表，确保信息的完整与准确。同时，积极整理拍摄现场，妥善归置所有拍摄物品和道具，确保场地整洁有序。此外，及时对拍摄过程进行回顾和总结，客观分析其中的优点与不足，以便从中吸取经验教训。

任务拓展

相较于女式皮包，牛皮双肩背包的设计构造更为繁复。请借鉴女式皮包的拍摄技巧，拍摄一组展现牛皮双肩背包全貌及细节的图片。确保整体图中包含背包的正面、侧面、底部及背面视图。在细节图中，重点展示拉链、扣子和缝线等部分，彰显牛皮双肩背包的工艺水平和品质特点。

任务 3.2　行李箱的拍摄

行李箱是日常出行中常见的日用商品，款式多样，材质各异。表面具有反光涂层的行李箱是一种常见的反光类物体，其拍摄方法与一般的吸光类物体的拍摄方法有所不同，需要特别关注对反光的控制和把握。本任务以行李箱为拍摄对象，详细介绍常见反光类物体的基本特性和拍摄要点等知识，通过任务学习，拍摄者能在室内顺利完成行李箱的整体图和细节图的拍摄。

⬢ 学习目标

知识目标：
- 掌握反光类物体的特征；
- 掌握反光类物体的拍摄要点；
- 掌握行李箱的拍摄要点。

能力目标：
- 能在拍摄过程中根据反光类物体的特性进行布光；
- 能在拍摄过程中有效控制反光；
- 能根据行李箱的特点，展现商品整体及细节拍摄效果。

素养目标：
- 通过摄影器材的规范使用，树立设备使用的规范意识；
- 通过对行李箱拍摄造型的设计以及拍摄效果的不断优化，树立创新意识，弘扬精益求精的工匠精神。

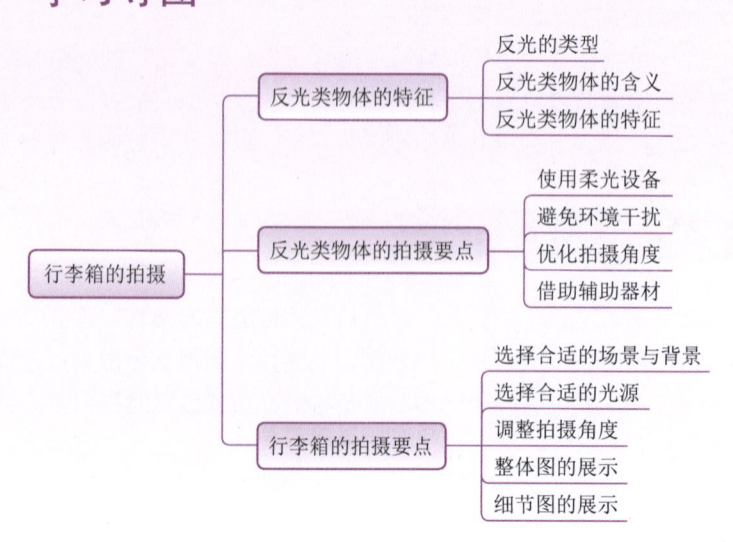

◆ 学习导图

```
                          ┌─ 反光的类型
            ┌─ 反光类物体的特征 ─┼─ 反光类物体的含义
            │                 └─ 反光类物体的特征
            │
            │                  ┌─ 使用柔光设备
            │                  ├─ 避免环境干扰
行李箱的拍摄 ─┼─ 反光类物体的拍摄要点 ─┼─ 优化拍摄角度
            │                  └─ 借助辅助器材
            │
            │                  ┌─ 选择合适的场景与背景
            │                  ├─ 选择合适的光源
            └─ 行李箱的拍摄要点 ─┼─ 调整拍摄角度
                               ├─ 整体图的展示
                               └─ 细节图的展示
```

新知学习

3.2.1 反光类物体的特征

反光类物体的反光性是其主要特征,它能使光线发生反射,使物体表面看起来更明亮或显眼。这种反射可能是镜面反射,也可能是漫反射,主要取决于物体表面的材质和处理方式。只有了解了物体表面的反射性质,才能够更好地控制光线,避免曝光过度或曝光不足,从而有效地捕捉物体的细节和色彩。

1. 反光的类型

在采集反光类物体信息的过程中,有效控制反光是一个关键要素。反光主要有镜面反射和漫反射两种,主要区别体现在反射方式和效果上。

(1)镜面反射。当光线照射到光洁的反光类物体表面时,光线会被平行地反射回去,这种反射称为镜面反射,也称为直接反射,如图3-14所示。当我们在室内对这类物体进行商品信息采集时,需要特别注意避免镜面反射的光线进入相机镜头。因为镜面反射的光线非常强烈,可能会在图像上形成一片明亮的亮点,从而严重影响采集的图像质量。

(2)漫反射。当光线投射到粗糙表面时,光线不会以特定角度反射,而是无规则地散射到各个方向,这种反射称为漫反射,如图3-15所示。这种现象在生活中极为常见,比如当阳光洒在地面、墙面或树木等物体上时,它们所展现出的柔和亮度就是漫反射的结果。白纸无论从哪个角度看都是白色,也是因为其表面粗糙,使得光线得以发生漫反射。与镜面反射相比,漫反射不会形成刺眼的光束,而是使光线均匀分布,为物体带来柔和自然的外观。

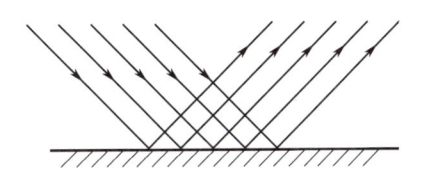

图 3-14 镜面反射示意图   图 3-15 漫反射示意图

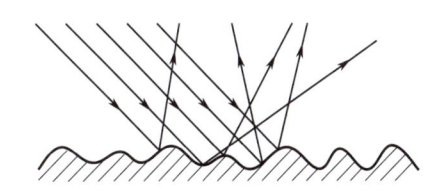

2. 反光类物体的含义

几乎所有材质的物体表面都会反射光,只是反光程度有所不同。物体表面的特性决定了其具体的反光程度。反光类物体指的是那些表面光洁平滑,反射强烈,能够产生镜面反射的物体。这类物体包括全反光体和半反光体两类。

动画:反光类物体的含义

全反光体是指那些表面光洁度极高,能够反射大部分或全部光线的物体,如图3-16所示。在拍摄时它们能够映照拍摄台周围的物体,如银器、不锈钢器皿和极亮的油漆表面等。

半反光体则是指那些表面光洁度较高,能够反射部分入射光线的物体,如图 3-17 所示。虽然它们的表面不如全反光体那么光亮,但仍然能够反射照明光线和周围物体,如普通油漆表面、有光洁度的金属、抛光的皮革、上蜡的地板和木器、光亮的塑料制品等。

图 3-16 全反光体物体

图 3-17 半反光体物体

3. 反光类物体的特征

反光类物体凭借自身独特的光学性能,为生活增添了许多美丽与实用的元素。无论是装饰还是使用,这些反光类物体都是我们日常生活中不可或缺的一部分。反光类物体的特征主要有以下几点。

(1)表面光泽度高。反光类物体表面通常被打磨得非常光滑,能有效地反射光线,呈现出明亮的表面光泽,如镜子、不锈钢餐具、抛光的金属表面等。这些物体表面经过精心打磨或抛光,呈现出极高的光泽度。

(2)反射率高。这类物体具有高反射率,能有效地反射入射光线,而不是吸收光线。常见的高反射率材料有金属、制作镜子的玻璃等。

(3)会产生镜像效果。入射光线能够在反光表面形成较清晰的反射像,产生镜像效果。如镜子、汽车车身、湖泊水面等光滑反射面。

3.2.2　反光类物体的拍摄要点

反光类物体相较于吸光类物体的拍摄更具挑战性。在拍摄过程中,需要细致地规划光源布局,以确保能够精准控制反射和高光效果。为了提升拍摄效果,还需要选择合适的背景和辅助器材,才能精准地呈现出拍摄对象的形态和质感。

微课视频:反光类物体的拍摄要点

1. 使用柔光设备

在拍摄反光类物体时,特别需要注意光源的选择和使用。硬光和直射光由于其强烈和直接的特性,容易在反光类物体的表面形成强烈的光斑和反射,这往往会干扰到物体的真实表现,使得拍摄效果不理想。因此,对于反光类物体的拍摄,推荐采用软光和散射光作为主要光源。通过使用柔光箱、柔光布等辅助工具,可以有效地柔化光线。这样的光源通常具备更大的照射面积、光线柔和且均匀、显著降低反光现象、使得拍摄出的物体更加真实自然。

2. 避免环境干扰

由于反光类物体容易映照周围的环境，拍摄环境尽量选择周围空间宽阔、无杂物、简单整洁、环境反射光较弱的地方，否则周围环境的杂物会被反射到拍摄对象上，影响拍摄效果。此外，还可在拍摄时拉远光源与商品之间的距离，使光源在传播的过程中迅速扩散，从而减少反光现象。

3. 优化拍摄角度

为了控制反光，除了使用柔光照明，还需要持续调整相机的位置和拍摄角度，直至找到一个合适的角度，既能凸显物体的特色，又能最大限度地减少强烈的反光。此外，拍摄者还应适时地移动灯位和调整灯箱的照明角度。通常情况下，从物体的上方或侧下方较低的位置进行拍摄，有助于降低反光的干扰。

4. 借助辅助器材

在拍摄反光类物体时，通常会采用反光板、黑色卡纸和偏振镜等辅助器材来有效控制反光。其中，反光板的主要作用是将强烈的光线柔化，进而减少或消除拍摄对象的反光现象。而偏振镜则能够过滤掉杂光和反光面的光线，通过旋转其调节环，使透过偏振镜的光线更加清晰，还原拍摄对象的真实色彩并消除反光。在拍摄实践中，偏振镜常用于消除或减弱非金属表面的强烈反光，从而有效去除或减少光斑。

若单独使用反光板或偏振镜仍无法有效减少或消除拍摄对象的反光现象，还可以尝试同时使用反光板和偏振镜，这样可以进一步降低拍摄对象的反光现象。此外，还可以利用倒影板、黑色卡纸等辅助拍摄道具来拍摄反光类物体，以展现出所需的效果，更好地凸显出反光类物体的质感。

3.2.3 行李箱的拍摄要点

由于部分行李箱表面是反光类材质，所以在拍摄这一类行李箱时，为了捕捉其真实质感并减少反光带来的干扰，需要注意以下几点。

1. 选择合适的场景与背景

若选取的拍摄场景暴露在强烈的阳光下，可能会导致拍摄对象产生刺眼的反光，这种反光现象会干扰画面的清晰度，进而破坏图片的整体效果。所以应该选择在宽敞、明亮且周围环境简洁的场地进行拍摄，避免环境对行李箱拍摄效果造成影响。

2. 选择合适的光源

反光类材质的行李箱表面会产生镜面反射，因此需要选择柔和且均匀的光源，如在影室灯上加装柔光箱或使用反光板。这样可以避免在行李箱表面产生强烈的反射光斑，影响拍摄效果。

在拍摄时还需要注意控制光线方向，通过调整光源的位置和角度，可以控制光线在行李箱表面的反射方向。一般来说，将光源放置在行李箱的前侧面或上方，可以让光线更加均匀地照射在行李箱表面，减少反射光斑的产生。

3. 调整拍摄角度

在拍摄反光类材质的行李箱时，为了达到更理想的视觉效果，需要灵活运用创造力和拍摄技巧。这要求拍摄者不仅要关注行李箱本身的特色，还要全面考虑环境光线、相机设置及拍摄角度等多个因素。

一个有效的方法是调整相机的拍摄位置。通过精心调整，拍摄者能够逐步确定最佳的拍摄位置，从而充分凸显行李箱的特点和质感。

此外，为了最大限度地减少反光，拍摄者还需灵活调整拍摄角度。除平拍外，从高处俯拍、从低处仰拍或从侧面拍摄等不同的视角，都有助于找到最佳的视觉效果。这些多样的视角不仅能展示行李箱的多面性，还能为消费者带来全新的视觉体验。

4. 整体图的展示

对于消费者来说，行李箱的款式、颜色、质量、结构布局、容量大小等都是需要关注的信息。拍摄时，应从行李箱的正面、背面、侧面、顶部及底部等各个角度进行拍摄，确保消费者能全方位地了解行李箱的整体外观设计，如图 3-18 所示为从不同角度拍摄的行李箱整体图。

（a）正面展示图 　　　（b）侧面展示图 　　　（c）背面展示图

图 3-18　从不同角度拍摄的行李箱整体图

5. 细节图的展示

通过展示行李箱的整体图，消费者可以获取其款式、色彩、尺寸等基本信息。然而，要促成消费者的购买决策，仅仅掌握这些整体信息是不够的。消费者还需要深入了解商品的细节与质量，以确保所购买的行李箱能够满足他们的实际需求。

为了给消费者提供更为全面的信息，需要特别关注行李箱的细节拍摄。从优质的材质到精致的构造，每一个细节都需经过精心捕捉和展示，以确保所拍摄的图像能够充分展现商品的特色和魅力。比如，拉链的耐用性和顺滑度，扣环的稳固性和便捷性，手柄的舒适度和可调节性，以及轮子的耐用性和滚动顺畅度等。这些细节不仅展现了行李箱的品质和工艺，也为消费者的实际使用提供了参考。

同时，还需要展示行李箱的内部结构，以凸显其收纳功能和实用性。宽敞的内部空间、合理的隔层设计、便捷的收纳袋及实用的挂钩等细节，都使行李箱能轻松应对各种收纳需求。

除此之外，如果行李箱具备特殊功能，如防水、防刮或防盗等，也需要拍摄相应的细节来展示其独特性和优势。这些功能可以增加行李箱的实用性和安全性，满足消费者对高品质旅行体验的追求。

最后，通过拍摄行李箱的使用体验，如轮子滚动、手柄提拉等，向消费者展示其使用的便捷性和舒适度。

行李箱的细节拍摄展示图如图 3-19 所示。

（a）手提手柄 　　　　　　（b）万向轮 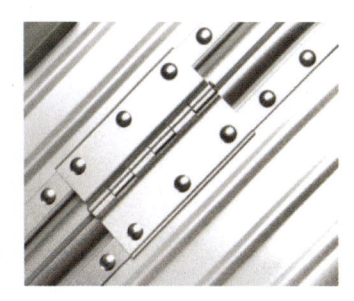　　　　　　（c）排铰链

（d）密码锁 　　　　　　（e）内衬设计 　　　　　　（f）内部展示

图 3-19　行李箱的细节拍摄展示图

> **素养提升**
>
> **创意拍摄：摄影师的"个性签名"**
>
> 摄影师通过创意拍摄展示自己独特的视觉风格和艺术理解，这样的作品往往能够体现摄影师的个性和创造力，就像一个独特的个性签名。这种方式不仅能帮助摄影

师脱颖而出，还能为受众带来独特的视觉体验和深刻的情感共鸣。一名摄影师只有不断地提升自身的综合素养，才能更好地拍摄出有创意的作品。

（1）不断学习，拓宽视野。研究分析各类优秀的摄影作品，了解不同的拍摄技巧、构图方法、潮流趋势及后期处理的技术方法，打开思路，吸取灵感，不断充实提高自己的审美能力。

（2）观察生活，积累灵感。仔细观察生活中的点滴细节，寻找独特的拍摄题材。无论是平凡的人和事，还是自然风光，都可以成为创意拍摄的素材。

（3）敢于尝试，挑战自我。打破常规，多动手实践，不拘泥于传统拍摄手法，敢于尝试不同的拍摄方式和技术，发现平常不易察觉的美，创造出独特的视觉效果。

（4）持之以恒，厚积薄发。创意拍摄并非一蹴而就，需要长时间的实践和经验积累。只有不断地拍摄、思考、总结，才能逐步提升自己的创意拍摄素养。

创意拍摄作为摄影师的"个性签名"，不仅代表了他们的技术能力，更是他们视觉故事讲述能力的体现。创意拍摄不只是技术的展示，更是摄影师内心世界与创造力的外化，每一幅作品都是摄影师个性的深刻印记。

任务实训

拉杆行李箱的拍摄

一、实训要求

根据拉杆行李箱的特点，结合反光类商品的拍摄方法和技巧，完成拉杆行李箱室内图片素材采集，具体要求如下。（编者注：为了叙述的简单化，本任务实训中的行李箱指拉杆行李箱。）

（1）当拍摄整体图时，要从正面、背面、侧面等不同的角度展示行李箱的整体外观，体现出商品的外形特征和质感。

（2）当拍摄细节图时，要求每个细节部位单独拍摄，能很好地体现行李箱的材质、构造、功能、品质等。

（3）在任务操作过程中，学生以3～4人为一小组，分工合作，轮流进行拍摄。

二、实训步骤

1. 做好拍摄准备工作

在拍摄行李箱前，需要做好拍摄准备工作，具体要求如下。

（1）对拍摄现场进行整理。准备好数码单反相机1台、背景架1套、纯色背景布1块、影室灯3盏、三脚架1个、反光板2个。

（2）准备好拍摄使用的行李箱样品，确保样品整洁完整，无刮痕。

实训视频：拉杆行李箱的拍摄

2. 布光和调整拍摄角度

行李箱体积较大,一般情况下不适合放在静物台上拍摄。本任务中,可直接将其放在铺放了纯色背景布的地板上进行拍摄。布光采用高位两前侧光与顶光照明相结合的方式进行。行李箱的拍摄布光方式如图 3-20 所示。

图 3-20　行李箱的拍摄布光方式

3. 行李箱整体图的拍摄

将行李箱水平或垂直放置于中心区域,确保其无倾斜或扭曲。分别从正面、背面、左侧、右侧、顶部和底部等各个角度进行拍摄。

在拍摄的过程中,要动态观察取景框,观察箱体表面是否存在强烈反光。可通过微调箱体角度、光源角度或相机位置来消除反光。拍摄行李箱的正面效果图如图 3-21 所示。

图 3-21　拍摄行李箱的正面效果图

4. 行李箱细节图的拍摄

在完成行李箱整体图的多角度拍摄后,可以利用类似的拍摄方法来拍摄其细节图。在细节图的拍摄过程中,要依据实际的光线状况灵活地调整灯光的位置和拍摄角度。为了突出展示行李箱的细节,应选择近距离的拍摄方式,如拍摄拉链、吊牌、万向轮、拉杆和密码锁等关键部位。这样的拍摄方式旨在展现行李箱的精细工艺和卓越品质。

当拍摄拉链部位时,应通过高清的图片来凸显其坚固耐用的特性。对于吊牌,需要确保能够清晰地展示其文字和独特的设计风格,从而体现出品牌的特色。

在拍摄万向轮时,要展示其承重能力和耐磨性。对于拉杆部位,可以通过不同角度的拍摄,展示其高度调节的灵活性和稳固性。密码锁也是关键细节之一,要清晰展示其操作便捷、安全可靠的特点。

此外,还要拍摄行李箱的内部细节,如分隔袋、挂钩、弹性带等,这些都是消费者想要了解的。通过精心拍摄和展示这些细节,可以让消费者更全面地了解行李箱的功能和品质,从而为其购买决策提供参考。

行李箱部分细节拍摄效果图如图 3-22 所示。

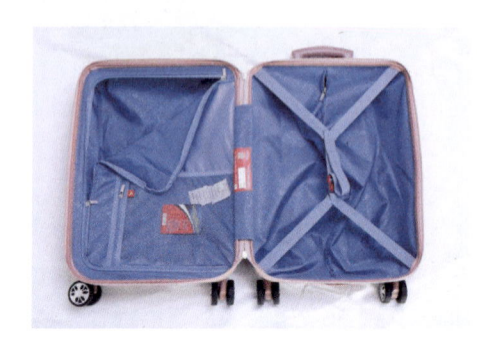

(a)行李箱的万向轮细节展示　　(b)行李箱的内部结构细节展示

图 3-22　行李箱部分细节拍摄效果图

5. 微调与反复拍摄,以求最佳效果

在拍摄时,需要动态调整相机的 ISO、光圈、快门等参数,动态调整光源位置和反光板等辅助器材的位置,同时根据商品特点及拍摄环境对拍摄角度、拍摄物距和焦距进行微调,多次反复拍摄,以达到最佳拍摄效果。

6. 填写拍摄登记表,完成拍摄

在拍摄任务完成后,仔细填写拍摄登记表,确保信息的完整与准确。同时,积极整理拍摄现场,妥善归置所有拍摄物品和道具,确保场地整洁有序。除此之外,还要分析拍摄过程中的优点与不足,为今后的拍摄任务提供经验与借鉴。

任务拓展

选择一款行李箱,以小组为单位进行生活化场景拍摄。在拍摄过程中注意拍摄器材的运用。拍摄图片包含行李箱的整体图与细节图。整体图要拍摄其在实际生活场景中的使用效果,让消费者对行李箱的外观和使用环境有全面的了解;细节图要突出展现行李箱的材质、制作工艺及独特的功能特点。

任务 3.3　店铺轮播图设计与制作

店铺轮播图，作为网店不可或缺的组成部分，承担着展示商品、促销活动等关键信息的重任。其设计制作过程，不仅要求视觉效果具有吸引力，更需确保对品牌价值、商品特色等核心信息的精准传达。在此过程中，必须充分考虑消费心理、用户习惯、色彩效应及创意元素等要素，以确保信息的有效传递。本任务详细介绍店铺轮播图的设计风格和配色、排版设计、文案设计的方法与技巧。经过学习后，学习者能够独立完成店铺轮播图的设计与制作。

◆ ## 学习目标

知识目标：
- 熟悉轮播图的设计风格，掌握轮播图的配色方法；
- 掌握轮播图的排版设计方法；
- 掌握轮播图的文案设计方法。

能力目标：
- 能够结合店铺定位与商品特点设计轮播图的风格及配色，并进行排版设计；
- 能够对轮播图进行恰当的文案设计。

素养目标：
- 通过轮播图设计与制作，养成认真细致的工作态度，树立创新意识，弘扬精益求精的工匠精神；
- 通过轮播图设计与制作，提高对美的鉴赏能力和审美情趣。

◆ ## 学习导图

店铺轮播图设计与制作
- 轮播图的设计风格和配色
  - 轮播图的设计风格
  - 轮播图的配色
- 轮播图的排版设计
  - 排版遵循的原则
  - 轮播图设计的常见版式
- 轮播图的文案设计
  - 字体类型和适用场景
  - 轮播图的文案设计方法

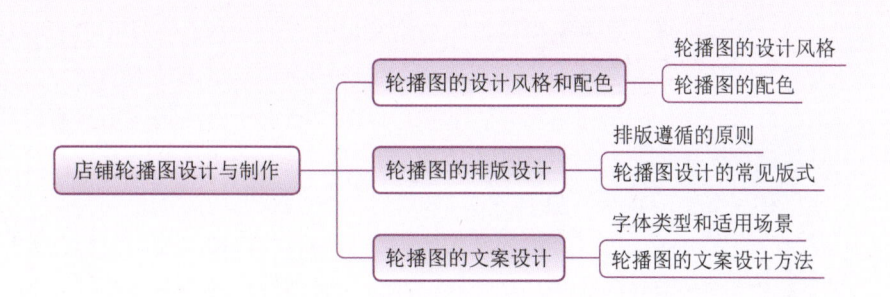

新知学习

3.3.1 轮播图的设计风格和配色

轮播图是以循环播放的方式展示在店铺页面的一系列图片,用于展现店铺的最新商品、促销活动、品牌形象等重要信息,旨在吸引消费者的注意力并引导他们进一步浏览或购买。在电商平台上,店铺轮播图尤为常见,它们通常位于店铺首页的显眼位置,成为顾客进入店铺后首先接触到的视觉元素。通过精美的设计和吸引人的内容,店铺轮播图能够有效地提升店铺的形象和知名度,并增加顾客的购买意愿和转化率。

1. 轮播图的设计风格

轮播图的设计风格各异,这主要受到品牌或活动的定位、目标受众及希望传达的信息和情感的影响。为了有效地吸引消费者的注意力,提升品牌形象,并促进信息的传递和接收,在设计前需要充分了解设计需求,从而确定轮播图设计的风格。常用的轮播图设计风格有以下几种。

微课视频:轮播图的设计风格

(1)时尚风格。时尚风格轮播图常常采用鲜艳、富有活力的色彩,注重排版的新颖性和独特性,采用非对称布局、倾斜角度或个性化的字体样式等手法,使整体设计更具时尚感和个性化。时尚风格轮播图通常会展示时尚的商品、模特或场景,以展现品牌的时尚定位,如图 3-23 所示。

图 3-23 时尚风格轮播图

(2)复古风格。复古风格轮播图通常采用复古的元素、字体和色彩设计。在色彩的选择上,复古风格轮播图倾向于使用柔和、温暖的色调营造出怀旧的感觉,还可利用色彩的对比,来增强图片的层次感和复古韵味。同时,复古风格注重运用具有时代感的元素,如旧时的风景、建筑、人物或具有历史感的物品、复古的字体、图案等,使得轮播图更具复古特色和故事感,如图 3-24 所示。

(3)清新风格。清新风格轮播图的特点是清新、自然、简约,整体氛围宁静、平和。图片采用明亮、柔和的色彩,如浅绿、淡蓝、米白等,营造出清新、自然的氛围。此外,还通常运用自然元素，如花草、树木、天空、云彩等，来增强轮播图的自然气息，让人感到舒适和愉悦，如图 3-25 所示。

图 3-24　复古风格轮播图

图 3-25　清新风格轮播图

（4）炫酷风格。炫酷风格轮播图以独特、醒目和充满动感为主要特点，常常采用大胆、鲜明的色彩，如深紫、亮银、荧光绿等，通过对比和碰撞，形成强烈的视觉冲击力，营造出一种充满活力和时尚感的氛围，如图 3-26 所示。

图 3-26　炫酷风格轮播图

（5）节日促销风格。节日促销风格轮播图通过富有节日特色的视觉元素和引人入胜的促销内容，吸引目标受众的注意并激发其购买欲望。这种风格的轮播图画面饱满、留白很少，色彩的使用比较丰富，其中红色、黄色、紫色所占比例偏多，如图 3-27 所示。

（6）可爱甜美风格。可爱甜美风格轮播图以柔和的色调、甜美的图形元素和可爱的字体为特点，营造出轻松、愉悦和充满童趣的视觉感受。在色彩运用上，通常选择粉色、浅蓝、淡紫等柔和且温暖的色调作为主色，这些色彩能够给人带来宁静、舒适和愉悦的感觉；在图形元素方面，该类轮播图会运用甜美、可爱的图形传递出甜美、温馨的情感；在字体设计上，该类轮播图通常采用圆润、甜美的字体，这些字体能够与整体设计风格相协调，增强轮播图的可爱感和甜美氛围。可爱甜美风格轮播图如图 3-28 所示。

图 3-27 节日促销风格轮播图

图 3-28 可爱甜美风格轮播图

此外，轮播图还有高冷风格、文艺素雅风格、现代简约风格、未来科技风格等，这些多样化的风格使得轮播图在网店视觉设计中具有极高的灵活性和适应性，可以根据网店的主题和风格进行选择，打造出独具特色的视觉效果，为顾客带来全新的购物体验，并有效提升店铺的点击率和转化率。

2. 轮播图的配色

轮播图的配色是指在轮播图设计中所使用的各种颜色的组合和搭配方式。配色的选择直接影响了轮播图的视觉效果和情感传达。在设计轮播图时通过色彩的运用，能够增强视觉冲击力、吸引用户注意力，并有效地传达信息和情感，让用户在短时间内有点击的欲望，进而提升购买意愿。轮播图的配色主要分为协调的配色和强调的配色两种。

微课视频：轮播图的配色

（1）协调的配色。对于轮播图设计而言，要形成明确的主题，信息的有效传达与内容的易于理解是最重要的，在设计中采用协调的配色能帮助达到以上目的。协调的配色方式主要有以下三种：

① 色相一致的配色。色相一致的配色是指在设计中使用的一系列颜色在色调、明度和饱和度上保持协调。在同一色相中，利用明度和纯度的变化，微妙地去展现各个部分，同时要尽量使轮播图与整体店铺的色相一致或相近，从而创造出和谐统一的视觉效果。色相一致的配色效果图如图 3-29 所示。

图 3-29　色相一致的配色效果图

② 明度一致的配色。明度是指颜色的明暗程度，通过调整不同颜色的明度，可以使它们在视觉上保持统一，避免过于刺眼或过于黯淡。明度一致的配色，即使是缤纷的色彩也能让设计达到整体平衡。在轮播图设计中，确保明度一致的配色有助于保持整体视觉效果的平衡与和谐。

③ 纯度一致的配色。纯度指的是色彩的鲜艳程度或饱和度，通过控制不同色彩的纯度，可以营造出和谐而富有层次感的视觉效果。色彩的纯度对人们的心理影响较大，高纯度的配色能让人感觉刺激、振奋，而低纯度的配色让人感觉朴素、稳重。在轮播图设计中，实现纯度一致的配色能够确保整体视觉效果的协调性和统一性，吸引用户注意力，并有效传达信息。纯度一致的配色效果图如图 3-30 所示。

图 3-30　纯度一致的配色效果图

（2）强调的配色。强调的配色是指用色彩强调想要突出的内容或视觉元素，其余的部分保持色彩的协调。也就是说，强调的配色是强调突出某一部分的配色方法。强调的配色方式主要有以下四种。

① 色相对比的配色。色相对比的配色所形成的画面通常具有艳丽感，并有强烈的视觉冲击力。如图 3-31 所示的图片中，画面以红色与蓝色两组补色进行色相对比，巧妙地使用灰色来平衡画面中的色彩关系。采用较少的色相可以让画面看起来十分醒目，能有效地进行广告信息的宣传。需要注意的是，将互补色组合时，尽量少选用其他色彩，这样才更能强调其对比效果。

② 明度对比的配色。明度对比的配色是一种在设计中常用的技巧，它通过在色彩中运用不同明度的对比，创造出层次感和视觉冲击力。由于人的眼睛对色彩明度的变化较为敏感，

因此在运用色彩进行轮播图设计时，拉大色彩的明度差异是重要的设计准则。较大明度的对比可以有效吸引用户注意力，提升整体视觉效果。明度对比的配色效果图如图3-32所示。

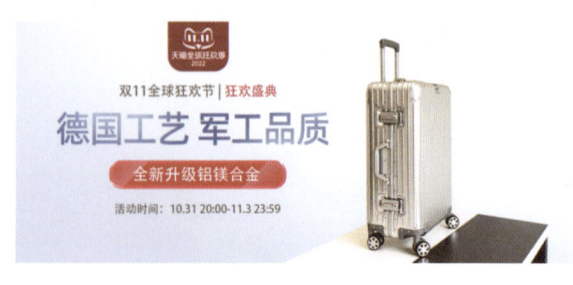

图3-31　色相对比的配色效果图

图3-32　明度对比的配色效果图

③ 纯度对比的配色。人们的目光往往容易驻留在艳丽的色彩上，若想强调轮播图的重要之处，就可使用高纯度的色彩，吸引并引导消费者的视线。在应用高纯度色彩的时候，应先降低其他部分的色彩纯度或将其他部分的色彩设置成单一色调，例如，可将主体颜色和背景纯度形成鲜明对比。纯度对比的配色效果图如图3-33所示。

图3-33　纯度对比的配色效果图

④ 色彩面积对比的配色。在设计轮播图的过程中，既要考虑如何选择色彩，也要思考应该如何配置这些色彩的面积。一般来说，借助面积对比的强调法则，放大某一色彩的面积能让人感受到设计作品的强烈魅力。色彩面积对比的配色效果图如图3-34所示。

图3-34　色彩面积对比的配色效果图

3.3.2 轮播图的排版设计

轮播图的排版设计是指对轮播图内的文字、图片、图形等可视化信息元素的布局和排列方式进行精心规划和设计。例如，在版面布局上调整不同元素的位置、大小，使轮播图在视觉上更加美观、清晰，从而有效地传达信息，吸引用户的注意力。在轮播图排版设计过程中，要掌握其主要原则与常见版式。

微课视频：轮播图的排版设计

1. 排版遵循的原则

（1）对齐原则。轮播图文字的对齐应遵循常见的对齐原则，如左对齐、右对齐或居中对齐。左对齐可以使内容更加整洁有序，右对齐更具设计感，而居中对齐则显得更为正式和庄重。保持各元素的对齐可以使轮播图的排版更加和谐、美观，方便用户快速移动视线，快速捕捉到最重要的信息。文字左对齐排版效果图如图 3-35 所示。

图 3-35　文字左对齐排版效果图

（2）聚拢原则。轮播图排版的聚拢原则主要强调元素之间的紧凑性和关联性。轮播图中的各个元素，如图片、文字、按钮等，应该相对集中地放置，避免过于分散。这样可以增强整体的视觉焦点，使用户更容易聚焦于主要信息。如果轮播图中包含多种元素类型，应按逻辑关系进行分组，将版面分成几个区域，相关元素聚在同一区域，形成统一且引人注目的视觉效果。

（3）留白原则。轮播图排版的留白原则指在版面上留出一定的空白，使主要元素在空白背景的衬托下更加突出，通过合理分配空白区域的位置和大小，减少页面的压迫感，避免过多元素和信息堆积。留白还可以通过设计特定的空白路径或区域引导读者视线。适度留白使得轮播图更加简洁、大方、易于辨识，进而提升轮播图美感。留白排版效果图如图 3-36 所示。

（4）降噪原则。轮播图排版的降噪原则是指通过减少不必要的视觉干扰，使用户能够更快速、更准确地获取关键信息。画面中的颜色过多、文字过长、图形过繁都是分散读者注意力的"噪声"。在设计时应简化并合理使用相关元素，使整体设计更加简洁明了，恰到好处地表现出所要传递给消费者的信息。降噪排版效果图如图 3-37 所示。

图 3-36　留白排版效果图

图 3-37　降噪排版效果图

（5）对比原则。轮播图排版的对比原则主要是通过元素的差异性和对立性来突出主题、增强视觉效果。可以通过色彩对比增加视觉冲击力，通过元素大小的对比形成层次感，通过字体的对比突出关键信息等，从而加大不同元素的视觉差异。这样既增加了页面的感染力，又方便引导用户将注意力集中于某一子区域。对比排版效果图如图 3-38 所示。

图 3-38　对比排版效果图

2. 轮播图设计的常见版式

轮播图的布局设计多种多样，主要根据具体的展示需求和内容特点进行设计。以下是一些常见的轮播图布局设计方式。

（1）两栏式。两栏式轮播图页面被明确地划分为两个并排展示的栏目，每个栏目通常占据整个页面一半的展示空间。这种设计版式通常左边放置文字内容，右边放置图片，或者相反，左边展示图片，右边展示文字。这种布局方式旨在让消费者能够同时浏览到两个相关或对比的内容，快速展示和切换不同的信息，从而有效地吸引消费者的注意力。两栏式轮播图排版及效果图如图 3-39 所示。

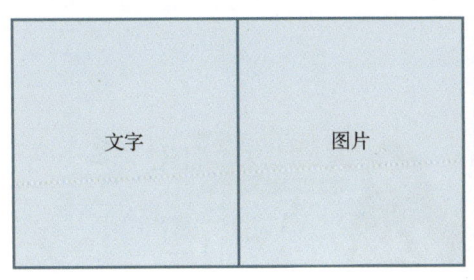

图 3-39　两栏式轮播图排版及效果图

（2）上下式。上下式轮播图与常见的水平结构轮播图不同，其内容在垂直方向上依次展示。这种版式的特点是上面放文字、下面放图，或者上面放图、下面放文字，将焦点放在垂直方向的切换上，形成上下滚动的视觉效果，使得用户能够上下浏览不同的内容，为用户提供一种直观、高效的浏览体验。上下式轮播图排版及效果图如图 3-40 所示。

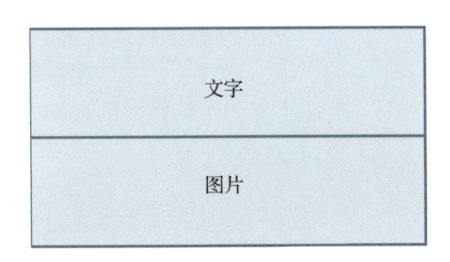

图 3-40　上下式轮播图排版及效果图

（3）三栏式。三栏式轮播图布局通常指的是在轮播图的展示区域内，将内容在横向上划分为三个栏目进行展示。这种版式一般在中间放置文字，左右两边放置图片，版面具有对称感，有助于在有限的展示空间内清晰地呈现多种内容，保持整体布局的清晰和有序。三栏式轮播图排版及效果图如图 3-41 所示。

（4）组合式。组合式轮播图是一种综合性的轮播图展示方式，可以包括水平、垂直、多栏布局等多种形式。这种版式一般在一边放上模特或商品图片，另一边分成上下两部分，分别放置文字或图片，也可根据具体需求进行灵活的组合和布局。通过多种轮播图设计形式融合在一起，可以创造出更为丰富、多样化和具有吸引力的视觉效果。组合式轮播图排版及效果图如图 3-42 所示。

图 3-41 三栏式轮播图排版及效果图

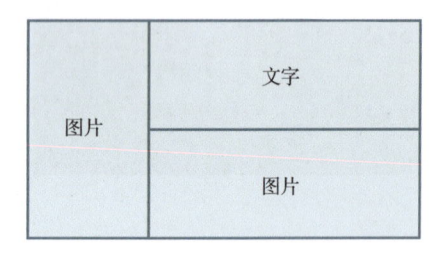

图 3-42 组合式轮播图排版及效果图

3.3.3 轮播图的文案设计

轮播图的文案设计是指通过有吸引力的内容、恰当的字体、和谐的配色、清晰的文字排版等进行轮播图文字部分的设计。一个有趣、有吸引力的文案能够迅速抓住用户的眼球，激发他们的好奇心和兴趣，引导他们进一步了解商品或服务。在设计与制作轮播图的过程中，轮播图字体类型的选择和文案的设计方法尤其重要。

1. 字体类型和适用场景

（1）衬线字体。衬线字体是一种在文字笔画开头、末端或拐角处增加笔画或修饰的字体。这些额外的笔画被称为"衬线"，它们使字体看起来更加优美、有力、清晰，如图 3-43 所示。衬线字体的笔画具有不同的粗细程度，线条流畅且结构鲜明，因此在视觉上非常吸引人。这种字体特别适合于表达艺术、古典、品质感以及传统感强烈的主题。采用衬线字体的轮播图如图 3-44 所示。

（2）非衬线字体。非衬线字体，也称为无衬线体，是一类没有装饰线条的字体。非衬线字体笔画效果粗细均匀，整体呈现出一种简洁明了和现代的视觉效果，适用性很强。随着用户在移动端和小屏幕上的阅读体验日益增加，非衬线字体已被广泛应用于各种场景，尤其在轮播图设计中，这种字体得到了广泛的采用。非衬线字体如图 3-45 所示。

2. 轮播图的文案设计方法

（1）精准定位买家需求，提炼重要信息。为了打造引人注目的轮播图文案，首要前提是精准识别目标买家群体。设计者需要站在用户的角度，深入思考商品或服务的独特之处，提炼出最吸引人的卖点和要点，确保文案中的文字信息直接回应买家的需求，这是制作出色轮播图文案以及制定高效营销策略的核心环节。

图 3-43　衬线字体

图 3-44　采用衬线字体的轮播图

图 3-45　非衬线字体

（2）突出文案标题，清晰展现层级关系。轮播图文案设计应该突出标题，并且清晰地展示层级，以便吸引消费者的注意力并引导他们理解文案的主要内容。设计内容主要包括主标题、副标题及引导行为词。主标题应该简短而直接，用精练的语言概括主题，迅速传达轮播图的核心信息；副标题则为主标题提供进一步的解释或补充，帮助消费者更好地理解轮播图的内容；引导行为词则进一步介绍卖点，以吸消费者的眼球。此外，在文案中，主标题、副标题和引导行为词的文字大小应逐步减小，同时文字的颜色醒目程度也应逐渐降低。轮播图的文案层级展现效果如图 3-46 所示。

图 3-46　轮播图的文案层级展现效果

（3）灵活采用不同的对齐方案。在轮播图文案设计中，不同的对齐方式能够产生不同的视觉效果。人们的阅读习惯是从左向右的，采用左对齐的方式可以使文案呈现整洁、有序的效果，这也是一种常用的对齐方式；而右对齐则能够打破常规，将视觉中心右移，产生独特的视觉效果；居中对齐可以使文案在视觉上更加平衡和稳定；两端对齐则可以使文案在左右两侧都保持整齐，形成规整的视觉效果；不规则对齐更具创意和个性，但处理不好则会显得杂乱。在文案设计过程中，可根据版面特点灵活采用不同的对齐方案。轮播图文案居中对齐的效果图如图 3-47 所示。

图 3-47　轮播图文案居中对齐的效果图

（4）巧用中英文混排。中英文混排可以丰富轮播图的视觉层次，使画面更加多样化和有趣，创造出独特的视觉效果。在进行轮播图设计时，通常可以提取人名、标题关键词等转化为英文辅助排版。例如，当主标题很短时加入英文，能够增加轮播图的信息量。进行中英文混排时，要注意字体与颜色的和谐性，避免过于刺眼或难以辨认。轮播图中英文混排的效果图如图 3-48 所示。

图 3-48　轮播图中英文混排的效果图

（5）不同大小、粗细和颜色混排。进行轮播图设计时，为提升文案的层次感，可以根据标题中文字的重要程度，对文字大小、粗细和颜色进行区分和混排。主标题通常采用较大的文字以凸显其重要性，而副标题或辅助文字则使用较小的文字来保持整体布局的和谐。

同时，通过粗体字来强调关键信息，通过细体字提供辅助说明，使信息层次更加分明。在颜色运用上，选择与品牌或主题相协调的颜色作为主色调，并巧妙地加入对比色或点缀色，以增加视觉冲击力。此外，在设计过程中，还应弱化相对次要的信息，同时强化重要的卖点、优惠幅度等，以确保信息传达的有效性和吸引力。不同大小、粗细和颜色混排的文案效果图如图3-49所示。

图3-49　不同大小、粗细和颜色混排的文案效果图

（6）字距与行距设计。文案字距与行距的合理设计可以提升轮播图的视觉效果和阅读体验。在进行字距调整时要把握好度，既不要太平均而显得死板，也不要差距太大而显得分散。在进行行距调整时，一般情况下段内距离要小于段落间距离，主标题与其他内容的距离最大。字距与行距设计效果图如图3-50所示。

图3-50　字距与行距设计效果图

> **素养提升**
>
> ### 新体验：融入生活美学的电商视觉设计
>
> 生活美学与电商的结合，是一种新的审美趋势和商业模式。它将生活美学理念融入电商平台运营之中，为电商平台带来全新的视觉审美体验。在这种模式下，视觉设计不再仅仅是展示商品，更是传递生活美学理念、提升消费者购物体验的重要载体。生活美学与电商的结合主要体现在以下几个方面。

（1）商品设计与品味。生活美学注重细节、美感和品味，这种理念可以融入商品的设计过程中。从商品外观、材质、包装等方面着手，打造更具艺术感和品质的商品，吸引更多追求生活品味的消费者。

（2）品牌形象与传播。生活美学强调情感共鸣和独特性，可以帮助电商建立独特的品牌形象。通过传播生活美学的理念，品牌可以与消费者建立更深层次的情感连接，提升品牌忠诚度和美誉度。

（3）营销策略与体验。将生活美学融入电商的营销策略中，打造更具艺术感和文化内涵的营销活动，吸引消费者的注意。此外，注重用户体验的个性化设计和服务也是生活美学与电商结合的重要方面，以满足消费者对美的追求和个性化需求。

（4）社交互动与用户参与。生活美学强调与他人的分享和互动，这一理念可被应用于电商平台的社交功能和用户参与活动中。通过引导用户分享生活美学的体验、交流购物心得，可以增强用户的参与感和社交互动，提升用户黏性和忠诚度。

（5）创新与持续发展。生活美学与电商的结合不仅可以提升消费者购物体验，还可以推动电商行业的创新和发展。不断探索生活美学与电商的结合点，挖掘新的商机和创新模式，有助于电商行业保持竞争力并持续发展。

生活美学与电商的结合为电商视觉设计带来了更多的想象空间，为打造更具吸引力、竞争力的购物平台，提升消费者的购物体验提供了新思路、新视角。

任务实训

店铺轮播图设计与制作

一、实训目的

通过设计与制作店铺轮播图，深入理解并掌握如何根据店铺定位和商品特性进行配色和版式布局，从而提升轮播图的设计能力。在设计与制作过程中结合文案和图形进行精心编排，制作出色彩协调、版面均衡、层次分明的轮播图，有助于提升店铺形象和商品吸引力。

二、实训要求

在已拍摄的行李箱图片素材的基础上，结合消费者浏览习惯以及购物平台对轮播图的规格要求，进行店铺轮播图的设计与制作，凸显店铺商品的特点和活动的吸引力，具体要求如下。

（1）尺寸要求：轮播图大小为1920像素×600像素，分辨率为72像素/英寸。

（2）内容要求：内容简洁明了，主题突出，促销信息明确且有吸引力。

（3）设计要求：轮播图整体风格要与商品协调，版式选择合理，配色和谐，文案简明且有吸引力，排版美观。

三、店铺轮播图设计思路

本次店铺轮播图设计旨在提升消费者对店铺活动和商品的关注度，主要通过以下四个方面展开。

（1）选择店铺有代表性的玫瑰金色拉杆行李箱作为商品展示，其简洁大方的设计和清新自然的颜色，充分展示店铺的清新、简约风格，以吸引消费者的目光。

（2）版式设计采用两栏式布局，左侧展示图片，右侧呈现促销文字，信息分类清晰，重点突出，版面平衡。背景设计选用带底纹且富有质感的图案，彰显品质。同时，在版面左上角与右下角加入鲜花、树叶等自然元素，增强版面的平衡感和丰富性。

（3）文字设计方面，采用与背景和商品颜色相协调的橙、黄、黄绿配色，文字和谐融入版面。字体的选择富有艺术感且易于辨识，凸显设计感。采用中文主标题搭配英文副标题的排版方式，丰富设计元素，提升视觉效果。居中对齐使文案在视觉上更加平衡稳定，吸引消费者视线至版面中心。

（4）在图片下方详细列出活动力度、活动时间等关键信息，方便消费者了解活动详情。通过调整字号大小、字体颜色和排版等方式，使文字与图片背景形成对比，提高文字辨识度和阅读体验，进一步引导消费者参与促销活动。

四、实训步骤

1. 新建文件

在 Photoshop 中执行"文件"→"新建"命令或按【Ctrl+N】组合键，弹出"新建"对话框，如图 3-51 所示。设置画布"宽度"和"高度"分别为"1920"像素和"600"像素，"分辨率"为"72"像素/英寸，"背景内容"为"白色"，然后单击"确定"按钮。

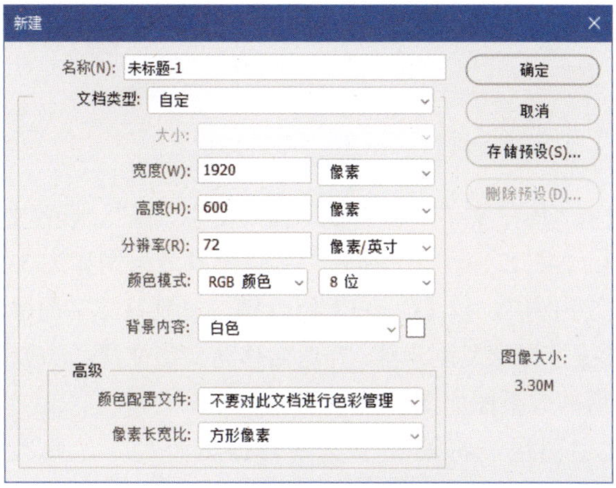

实训视频：店铺轮播图设计与制作

图 3-51 "新建"对话框

2. 导入背景素材图片

执行"文件"→"打开"命令或按【Ctrl+O】组合键，打开"素材文件\项目3\任务3.3\店铺轮播图设计与制作\背景.jpg"文件，选择"移动工具" ，将"背景"图层拖动到画布中，并调整至合适位置。导入完成后的效果图如图3-52所示。

图3-52 导入完成后的效果图

3. 制作英文副标题

新建图层，选择"横排文字工具" ，输入文字"SPRING HOT"，设置文字的字体为"Monotype Corsiva"，文字大小为"90点"，文字"颜色"为黑色，并将文字移动至页面合适位置。英文副标题文字设置及效果图如图3-53所示。

图3-53 英文副标题文字设置及效果图

4. 制作主标题

（1）新建图层，选择"横排文字工具" ，输入文字"春"，设置文字大小为"180点"，文字"颜色"为RGB（243,121,0）。主标题文字设置及效果图如图3-54所示。

（2）选中"春"文字图层，按【Ctrl+J】组合键，复制该文字图层，移动复制后的文字并调整位置。重复以上文字图层复制步骤，并适当移动文字位置，形成错落有致的排列效果。复制并调整文字图层后的效果图如图3-55所示。

（3）选中对应文字图层，将第二个文字修改为"夏"，修改其"颜色"为RGB（129,170,59）；将第三个文字修改为"旅"，修改其"颜色"为RGB（75,75,75）；将四个文字修改为"游"，修改其"颜色"为RGB（255,185,35）；将第五个文字修改为"季"，修改其"颜色"为 RGB（75,75,75）。按住【Shift】键同时选中五个文字图层，将字体修改为"华文隶书"，微调文字位置与大小。主标题设置完成后的效果图如图 3-56 所示。

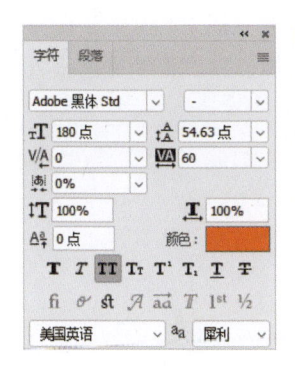

图 3-54　主标题文字设置及效果图

图 3-55　复制并调整文字图层后的效果图

图 3-56　主标题设置完成后的效果图

5. 制作活动内容和时间文案

（1）新建图层，按【Ctrl+O】组合键，打开"素材文件\项目 3\任务 3.3\店铺轮播图设计与制作\促销区背景.jpg"文件，并对素材图像进行处理，删除白色背景部分。选择"移动工具" ，将促销区背景图像拖动到画布中，并调整至合适位置。

（2）新建图层，输入文字"全场低至5折起"，设置字体为"微软雅黑"，文字大小为"50点"，文字"颜色"为白色。

（3）新建图层，输入文字"活动时间：2023.4.10—2023.5.10"，设置字体为"华文隶书"，文字大小为"30点"，文字"颜色"为黑色，并将文字移动到合适的位置。促销文字设置完成后的效果图如图3-57所示。

图3-57　促销文字设置完成后的效果图

6. 导入并调整商品图片

新建图层，按【Ctrl+O】组合键，打开"素材文件\项目3\任务3.3\店铺轮播图设计与制作\行李箱.png"文件，选择"移动工具" ，将行李箱素材拖动到画布中，并调整至合适位置。最终效果图如图3-58所示。

图3-58　最终效果图

7. 保存文件，完成制作

（1）执行"文件"→"保存"命令，保存文件。

（2）执行"文件"→"导出"→"导出为"命令，设置文件参数，单击"导出"按钮，导出jpg格式文件，完成制作。

五、实训总结

在实训过程中,主要应用了文字工具进行文字排版设计。在制作主标题内容时,采取了复制文字图层,再对文字图层进行内容修改的方式,保证了文字大小、字体的统一性,同时也提高了制作效率。在颜色设计时,根据整体版面效果选择清新自然的色调,充分体现了店铺清新、简约的特色。

一个好的轮播图设计考验的是设计者的综合设计能力,既有文字排版、色彩管理等能力掌控的要求,又有字体设计、装饰修饰等考验细节把控能力的要求。因此,在网店视觉营销设计类任务中,需要不断学习、勤于思考,注重实际操作,这样才能制作出更多优秀的作品。

任务拓展

以"双十一"促销为背景,结合普通款女式皮包的特点,自定义风格,设计制作一张富有创意的女式皮包轮播图。要求内容符合相关广告法规和平台规则的要求,主题突出,排版美观,画面具有较强的视觉冲击力。

项目测试

一、单选题

1. 在拍摄皮包时,常采用的光位是(   )。
   A. 两前侧光照明   B. 逆光
   C. 高位两前侧光 + 顶光照明   D. 两侧光照明
2. 能够在物体表面清晰照射出周围景物的反射属于(   )。
   A. 眩光   B. 直接反射
   C. 漫反射   D. 光晕
3. 促销类轮播图需要突出的信息是(   )。
   A. 折扣 / 价格   B. 商品功能
   C. 包邮   D. 时间
4. 关于轮播图设计下面说法错误的是(   )。
   A. 画面排版严谨
   B. 促销轮播图上可以放多重主题信息,促销信息越多越能吸引人点击
   C. 在轮播图中一张海报的文字颜色最好不要超过 3 种
   D. 按信息的重要程度进行层级的分类和排版
5. 下列商品中,(   )属于反光类物体。
   A. 木料制品   B. 橡胶制品
   C. 布艺商品   D. 不锈钢制品

二、多选题

1. 在拍摄皮包的整体图时，通常拍摄的角度有（　　）。
   A. 正面　　　　　B. 背面　　　　　C. 侧面　　　　　D. 底部
2. 皮包的细节拍摄部位主要包括（　　）。
   A. 提把拎手　　　B. 拉链缝线　　　C. 肩带　　　　　D. 底部细节
3. 在拍摄反光类物体时，对反光的控制可行的方式有（　　）。
   A. 改变商品摆放的角度　　　　　B. 降低影室灯功率
   C. 拉远影室灯与商品间的距离　　D. 改变相机位置
4. 在轮播图设计中，强调的配色设计方式主要有（　　）。
   A. 色相对比　　　　　　　　　　B. 明度对比
   C. 纯度对比　　　　　　　　　　D. 色彩面积对比
5. 在商品信息采集中，按物体对光线的作用性质，将物体分为（　　）类物体。
   A. 吸光　　　　　B. 反光　　　　　C. 透明　　　　　D. 滤光

三、简答题

1. 在拍摄皮包时应该如何控制色差？
2. 轮播图设计中排版应遵循的五个原则是什么？
3. 拍摄反光类物体时应该如何控制反光？

PROJECT

项目

4

化妆品类商品信息采集与处理

项目简介

本项目的内容是化妆品类商品信息的采集与处理，选取的拍摄对象是生活中深受女士欢迎的口红和香水。由于口红的颜色丰富多变，外形也各具特色，因此在拍摄时，一方面需特别关注环境光对口红颜色的影响，以确保色彩的准确呈现；另一方面，还需避免口红外壳反光影响商品质感的体现。而香水瓶身往往造型别致、晶莹剔透，拍摄时需重点捕捉其通透性，展现出其独特的质感。完成商品信息采集后，接下来的任务是设计与制作商品主图，这要求学习者能够熟练运用图像处理软件对图片素材进行精细处理，以制作出既美观又符合商品特性的主图。

- 任务 4.1　口红的拍摄
- 任务 4.2　香水的拍摄
- 任务 4.3　商品主图设计与制作

任务 4.1　口红的拍摄

口红是化妆品的典型代表，也是爱美人士常备的生活用品。在电商平台上，精美的口红图片不仅能凸显口红的特点和卖点，还能吸引消费者的目光，为店铺带来更多的流量。由于大多数口红外壳光洁反光，是典型的反光类物体，本任务介绍反光类物体与化妆品类商品的拍摄方法与技巧，以帮助学习者完成口红图片的拍摄。

◆ 学习目标

知识目标：
- 掌握化妆品类商品的拍摄要点；
- 掌握柔光棚、黑色卡纸等拍摄工具的使用方法；
- 掌握口红整体图和细节图的拍摄要点。

能力目标：
- 能通过口红的摆放组合完成整体图和细节图的拍摄；
- 能根据口红的特点进行布光、拍摄场景布置、拍摄构图等，展现出商品细节，营造情境氛围，突出拍摄效果。

素养目标：
- 通过口红的拍摄，规范使用摄影器材，养成规范化作业的职业习惯，树立设备使用的规范意识；
- 通过对口红拍摄造型的设计及拍摄效果的优化，树立创新意识，弘扬精益求精的工匠精神。

◆ 学习导图

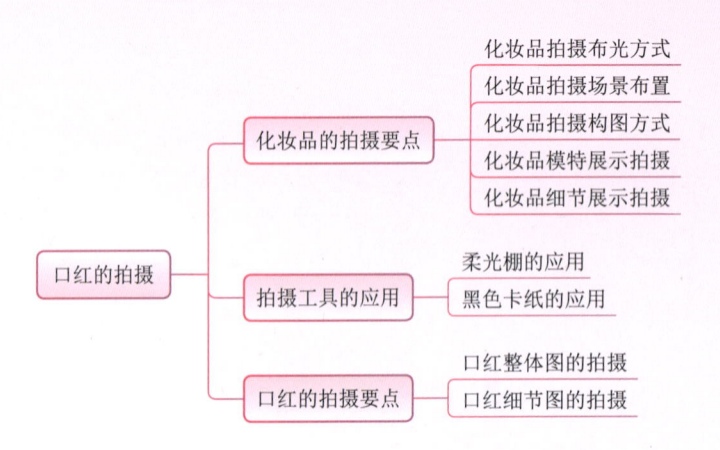

口红的拍摄
- 化妆品的拍摄要点
  - 化妆品拍摄布光方式
  - 化妆品拍摄场景布置
  - 化妆品拍摄构图方式
  - 化妆品模特展示拍摄
  - 化妆品细节展示拍摄
- 拍摄工具的应用
  - 柔光棚的应用
  - 黑色卡纸的应用
- 口红的拍摄要点
  - 口红整体图的拍摄
  - 口红细节图的拍摄

新知学习

4.1.1 化妆品的拍摄要点

化妆品种类繁多,且许多商品具有反光特性。在拍摄该类商品时,只有掌握正确的拍摄要点,才能展现化妆品的独特魅力。

微课视频:化妆品的拍摄要点

1. 化妆品拍摄布光方式

因自然光变化较大,光线可控制性差,所以在拍摄化妆品时,通常使用室内人造光源。由于硬光会在化妆品的包装、外壳或瓶身上产生强烈的反光,影响商品质感展现,所以化妆品拍摄通常会使用柔和均匀的软光来减少阴影,以呈现化妆品质感。

在布光方式上,通常采用高位两前侧或对角线布光的方式。有时,为了达到更理想的拍摄效果,还会加入一些修饰灯光来丰富画面的层次感和视觉效果。

(1)高位两前侧布光。在化妆品拍摄中,高位两前侧布光是一种常见的布光方式,它能够为商品提供柔和且均匀的照明,突出商品的细节和质感。将化妆品放置在静物台上,在左前方约45度和右前方约45度方向各布置一盏影室灯,调整灯光使其处于较高的角度,以便更好地照亮商品。在实际拍摄时,可以根据需要调整光比,让化妆品呈现更加立体的视觉效果。有时候也会在化妆品前面放置黑色卡纸,在商品表面形成映射暗条纹,增加商品表面的层次感。高位两前侧布光方式如图4-1所示。

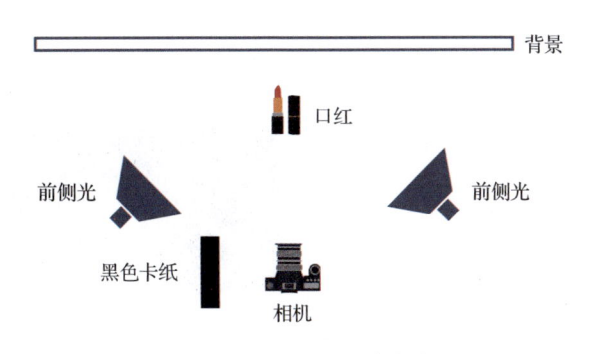

图 4-1 高位两前侧布光方式

(2)对角线布光方式。在化妆品拍摄中,采用对角线布光方式能够有效展现商品的质感和立体感。这种布光方式是将主光源置于拍摄对象水平面的对角线一端,斜向照射物体,并在对角线的另一端使用反光板补光,如图4-2所示。这种布光方式有助于商品受光均匀、呈现自然效果。然而,当需要展示化妆品的细腻质感和均匀色彩时,对角线布光并不适用,这是因为对角线布光可能会导致阴影和不均匀的光线分布,从而影响化妆品的整体表现效果。

(3)单侧布光方式。在进行化妆品拍摄时,有时为了体现商品的明暗对比,还可以采

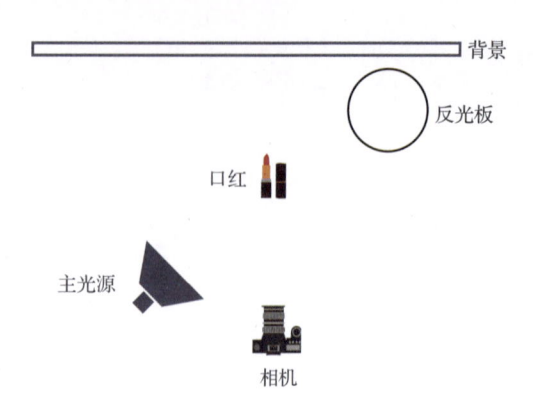

图4-2 对角线布光方式

用单侧布光的方式。这种布光方式，光线的照射方向与拍摄的方向成90度，从而使得拍摄对象的一侧处于明亮的照明中，而另一侧则处于阴影中。可以形成独特的光影效果，营造出强烈的神秘感和立体感。在使用单侧布光时，需要注意亮部和暗部的曝光控制，以确保整体画面的和谐与统一。

2. 化妆品拍摄场景布置

化妆品的造型多样、色彩绚烂、材质各异，特点鲜明且极具特色。在拍摄过程中需要从背景布置、造型摆放等方面来精心设计，突出化妆品的特性和美感，提升消费者的购买欲望。

（1）拍摄背景。化妆品的拍摄背景有多种选择，如单色、彩色、图案及生活场景等。单色背景，如使用白色背景能较好地突出商品，增加商品的明亮度和通透感。合适的彩色或图案背景，可为商品创造独特的视觉体验。但要注意避免背景色彩和图案过于抢眼，分散消费者的注意力。彩色背景拍摄效果图如图4-3所示。

（2）造型摆放。化妆品，特别是套系化妆品，因其款式多样、色彩丰富、高度大小各异，在摆放时应凸显商品的层次感。可以采用疏密排列对比的方法，营造视觉效果，吸引消费者的目光。套系化妆品造型摆放拍摄效果图如图4-4所示。在单品拍摄时，可以通过添加与单品风格匹配的装饰品来美化画面，如精美的花朵、华丽的绸缎或优雅的珍珠饰品等。这些装饰品不仅可以为画面增添元素，还能有效吸引消费者的注意力，提升商品的吸引力。

图4-3 彩色背景拍摄效果图

图4-4 套系化妆品造型摆放拍摄效果图

3. 化妆品拍摄构图方式

在化妆品拍摄中，构图决定了整个画面的结构与布局，影响整个画面的视觉效果与表现力。在拍摄时，需要结合拍摄角度来选择合适的构图方式，以寻找最能展示商品特点和吸引力的拍摄方式。

（1）构图方式。化妆品的拍摄构图方式多样，但构图的核心原则是突出主题。在处理主体、陪衬与环境的关系时，应确保整体画面的简洁、完整、生动与稳定。具体在拍摄时可以根据想要达到的效果来决定具体的构图方式。在进行化妆品单品拍摄时，要凸显主体，通常会采用中心构图的方式，如图4-5所示为化妆品中心构图拍摄效果图。而在拍摄套装化妆品时，则要考虑使用对称构图或对角线构图等方式，以呈现更加富有动态感的视觉效果，如图4-6所示为化妆品对角线构图拍摄效果图。

图 4-5　化妆品中心构图拍摄效果图

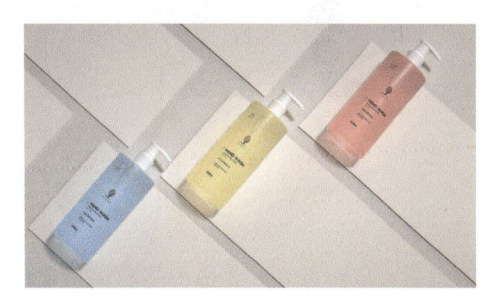

图 4-6　化妆品对角线构图拍摄效果图

（2）拍摄角度。在拍摄化妆品时，通常会采用俯拍和平拍两种拍摄角度。俯拍可以展现化妆品的全貌和整体感，商品的轮廓、形状和比例大小一览无余，消费者可以很清晰地了解商品的整体外观，以及各部分之间的关系和比例，如图4-7所示为化妆品俯拍效果图；平拍则是与商品保持水平视角的拍摄方式，可以更加真实地呈现商品的正面特点和外观，通过平拍，可以营造出一种贴近受众、自然亲切的视觉体验，提升商品的亲和力，如图4-8所示为化妆品平拍效果图。

图 4-7　化妆品俯拍效果图

图 4-8　化妆品平拍效果图

在化妆品拍摄过程中，需要根据商品的特点和拍摄需求来选择合适的拍摄角度。对于一些需要展示整体外观和细节特征的商品，采用俯拍方式，将相机置于商品的上方，根据商品的形状和尺寸，选择合适的拍摄距离和高度，确保商品在画面中占据适当的比例，可以尝试不同的拍摄角度和构图方式，以呈现商品的不同面貌和细节；对于正面外观较为独特、包装精美的商品，可以采用平拍的方式，将相机与商品置于同一水平线上，确保商品在画面中保持水平，以突出商品的特点。

4. 化妆品模特展示拍摄

为了生动展现化妆品的显著功效和正确使用方法，常常需要专业模特进行展示拍摄，借助模特的魅力展示，将化妆品的效果生动、直观地呈现给消费者。这种拍摄方式不仅能展示商品的亮点，吸引消费者的目光，而且通过专业模特的示范，还能让消费者清楚地了解商品的实际功效与使用方法，有效地塑造品牌形象，提升品牌知名度。如图 4-9 所示为化妆品的模特展示拍摄效果图。

图 4-9　化妆品的模特展示拍摄效果图

5. 化妆品细节展示拍摄

在拍摄化妆品时，对细节的展现是不可或缺的一环。这些细节图不仅能让消费者对商品有更深入的了解，还能凸显商品的品质、功能和特性。为了让消费者充分了解商品的外观、质地、颜色及使用方法，需要确保拍摄的细节图细节清晰。这样，消费者就能根据细节展示做出更明智的购买决策。

4.1.2　拍摄工具的应用

在化妆品拍摄中，拍摄工具的合理使用可以增强拍摄的质量、效果及视觉冲击力，确保最终呈现出精美且引人注目的图片。下面介绍两种在化妆品拍摄中常用的拍摄工具及其应用。

1. 柔光棚的应用

柔光棚，作为一种专为小型物体拍摄设计的工具，特别适用于首饰、化妆品、小型金属制品及皮具等商品的拍摄。在使用时，将物体放置在柔光棚内，能够有效避免外界环境的反射光干扰，使拍摄画面整洁不杂乱。对于反光类物体，尤其是小型物体，柔光棚能够确保光线充足、均匀且柔和地照射在拍摄对象上，使画面自然和谐。

常见的柔光棚主要有两种：一种是布柔光棚，如图 4-10 所示；另一种是小型内置灯光摄影棚，如图 4-11 所示。

（1）布柔光棚。布柔光棚采用可折叠设计，方便携带和使用，主要由高弹性支架与白布组成，支架用来支撑整个棚体，白布则对整个棚体进行覆盖，形成一个相对独立、整洁、不受干扰的拍摄空间。同时，布柔光棚的棚面采用了开口设计，方便在拍摄时通过开口将镜头伸入棚内，在拍摄反光度比较高的物体时避免周围环境物体映照到拍摄对象上。

项目 4　化妆品类商品信息采集与处理

图 4-10　布柔光棚

图 4-11　小型内置灯光摄影棚

在拍摄过程中，为了获得理想的照明效果，布柔光棚往往需要与其他人造光源协同工作。如三基色影室灯和 LED 影室灯等。当拍摄时，光线通过柔光布均匀地扩散到拍摄场景中，使光线更加柔和、自然。这种扩散作用不仅避免了强烈的光线干扰，还能有效减少反光和阴影的产生。因此，拍摄出来的画面更加清晰、细腻，色彩也更加真实、饱满。布柔光棚搭配专业影室灯的方法如图 4-12 所示。

（2）小型内置灯光摄影棚。小型内置灯光摄影棚外观呈方形，采用可折叠的便携设计，一般

图 4-12　布柔光棚搭配专业影室灯的方法

在顶部和侧面设计开口，由棚体、钢管、灯板三大部分组成。棚体是小型内置灯摄影棚的主要组成部分，外层一般为黑色，内层为高反光材料，可折叠；钢管则在摄影棚展开时用来支撑整个棚体，从而形成一个完整的外观结构；灯板里的 LED 灯珠或灯带是棚内的主要光线来源，分为单色和多种可变色温，可根据具体拍摄需求进行选择。

在使用小型内置灯光摄影棚拍摄时，其内部的高反光材料能够将光线反射并散射，消除了光线中的硬光和明显的阴影，使得光线更为均匀。同时，柔光棚的多面体结构可以使光线从多个方向照射到拍摄对象表面，避免单一光源产生的阴影和光斑，确保拍摄效果的细腻和真实。

2. 黑色卡纸的应用

黑色卡纸在反光类物体拍摄中是一种常用的辅助工具，能有效帮助拍摄者控制光线和调整画面效果。黑色卡纸如图 4-13 所示。

在拍摄过程中，将黑色卡纸放置在需要增强阴影或减少亮部细节的区域，可以用于精细调整画面的明暗对比，使整体画面更为和谐并凸显层次感。此外，黑色卡纸因其遮光特性能够阻挡不必要的光线，防止过多的光线照射到拍摄对象上，有助于拍摄时更好地控制光线的强度和方向，防止画面出现过曝的情况。在拍摄静物时，黑色卡纸还能作为背景使用，使画面中主体突出，同时创造出深邃的背景效果，进一步增强画面的层次感和立体感。

在拍摄化妆品,特别是那些外壳或瓶身采用反光材质的化妆品时,若将化妆品置于柔光棚中,会因周围拍摄环境单调、缺乏丰富的光影变化而导致商品的立体感和质感显得不足。为了改进这一问题,在拍摄过程中可以巧妙地运用黑色卡纸来改变映射效果。特别是对于那些立体面不太明显的反光类物体,如柱形或球形物体,使用黑色卡纸进行映射处理可以在物体的表面形成一条醒目的黑边。这种黑边的存在,可以在视觉上有效地提升物体的立体感,使得画面更加鲜活、真实。拍摄口红使用黑色卡纸的效果图如图 4-14 所示。

图 4-13　黑色卡纸　　　　　　　　图 4-14　拍摄口红使用黑色卡纸的效果图

在拍摄化妆品时,除了使用柔光棚与黑色卡纸,还可以使用黑色背景布与黑色亚克力板等作为商品拍摄背景,以凸显商品的质感。同时,还可以搭配其他道具与商品呼应,进一步增强画面的美感。

微课视频:拍摄工具的应用

4.1.3　口红的拍摄要点

口红,作为一种广受消费者欢迎的化妆品类商品,在电子商务平台上的竞争尤为激烈。为了在众多品牌中独树一帜,拍摄出卓越品质的商品图片尤为关键。这些图片不仅要具备视觉吸引力,还需准确传递商品信息。在拍摄口红时,拍摄者需要重点关注整体图与细节图的呈现。整体图要全面展示口红的外观和包装,而细节图则要展示口红的质地、色泽等核心特征,为消费者提供更为详尽的商品信息,让他们能够全面了解并做出明智的购买决策。

微课视频:口红的拍摄要点

1. 口红整体图的拍摄

口红的整体图主要是向消费者展示口红的形状、大小及包装设计等。在拍摄时要确保口红成为画面的焦点,避免其他元素分散消费者的注意力。在拍摄过程中,可灵活运用多支口红组合的拍摄方式,通过不同的摆放和组合,创造出富有创意和视觉冲击力的画面,以吸引消费者的目光,展现商品特色和品牌价值。

(1)单支口红的拍摄。在拍摄单支口红时,可以选择一个简洁纯净的背景,以充分突出口红的主体地位。有时为了给消费者提供更加真实的使用体验,也可以尝试融入更多生活化场景的元素。例如,为了展示口红的使用状态,可以将口红盖旋开,并将其放置在一旁,再将口红膏体轻轻旋出至合适长度,以便展示其颜色和质地。单支口红造型效果图如图 4-15 所示。

(2)多支口红组合的拍摄。对多支口红进行组合拍摄,可以灵活采用多种布局和呈现方式,包括整齐排列、错落摆放、搭配其他装饰元素等。

整齐排列组合拍摄。在多支口红组合拍摄过程中,可将口红整齐地排成一排,这种组合拍摄方式布局简洁,有利于展示口红的设计风格与膏体的系列色彩、质地,结合不同的拍摄角度,可拍摄出视觉冲击力较强的商品图片。

错落摆放组合拍摄。在多支口红错落摆放组合拍摄过程中,用灵活多变的方式将口红重新摆放与排列,能增强画面的美感和创意。例如,部分直立摆放展示口红的整体形态,部分横放在桌面展示口红的侧面细节,让消费者能够清晰地看到口红膏体的颜色、材质和形状。

搭配其他装饰元素组合拍摄。有时为了让画面更加生动有趣,可以搭配相关装饰元素进行拍摄,丰富画面内容,增加视觉层次感。例如,在白色背景板上将口红膏体涂抹成有创意的图案,展示出口红的真实颜色,再将口红与图案组合拍摄。此外,还可以将口红与花朵、缎带、香水等物品进行组合搭配,营造出一种时尚、优雅或浪漫的氛围。多支口红与装饰元素组合造型效果图如图 4-16 所示。

通过这些多样化的组合呈现方式,不仅能从多方面展示口红的特点,还能够吸引消费者的目光,激发他们的购买欲望。

图 4-15　单支口红造型效果图　　　　图 4-16　多支口红与装饰元素组合造型效果图

2. 口红细节图的拍摄

消费者在购物过程中,通常会先浏览商品的整体外观来获取商品的初步印象,接下来会通过查看商品的细节图更深入地了解商品。以口红为例,当消费者对口红的整体外观有了初步了解后,便希望更详细地了解口红的局部细节,如外壳的样式和材质、膏体的质感和颜色、口红的试色效果等。因此,对于商家来说,为消费者提供清晰、高质量的商品细节图至关重要。

(1)口红局部细节的拍摄。在拍摄时,可打开口红盖并旋出膏体,将主体平放在桌面或斜躺在其他口红上,口红盖子放在一旁,展示口红 Logo 等商品信息。如图 4-17 所示为口红局部细节的拍摄效果图。此外，还可以考虑使用与膏体相似的背景作衬托，展示膏体的质地、色号等特征，如图 4-18 所示为与膏体相似背景的拍摄效果图。

图 4-17　口红局部细节的拍摄效果图

图 4-18　与膏体相似背景的拍摄效果图

（2）口红色号展示的拍摄。由于口红色号种类较多，可通过拍摄口红色号图的方式进行展示。在拍摄时，可将口红色号巧妙地组合在一张图片中，通过创意的摆放方式，如直线排列、交错排列、圆形排列或前后排列等，来呈现口红色号的丰富性。这样的展示不仅便于消费者进行色号之间的对比和筛选，同时也增加了购物的趣味性和便捷性。口红色号膏体圆形排列效果图如图 4-19 所示。

（3）口红模特试色的拍摄。在进行口红模特试色拍摄时，首先，要注意模特的唇部护理，要确保口红颜色能够均匀涂抹在模特的唇部，并展现出最佳的唇妆效果；其次，拍摄的照片要清晰，最好能捕捉到唇部的纹理，以体现真实的使用效果。如图 4-20 所示为口红模特试色唇部的拍摄效果图。此外，还可以考虑加入模特的涂抹动作元素，提高画面的代入感，如图 4-21 所示为口红模特试色生活化的拍摄效果图。

图 4-19　口红色号膏体圆形排列效果图

图 4-20　口红模特试色唇部的拍摄效果图

图 4-21　口红模特试色生活化的拍摄效果图

项目4 化妆品类商品信息采集与处理

> **素养提升**
>
> **创新意识：商品图片拍摄的重要内驱动力**
>
> 商品图片拍摄是电商视觉营销中的重要环节，它直接影响着商品的展示效果和买家的购买决策，而创新意识在商品图片拍摄中也十分重要。创新的拍摄方法，可以让商品图片更生动、更有趣、更具吸引力。商品图片拍摄创新可以从多个方面进行尝试和探索。
>
> （1）探索新的拍摄手法。不拘泥于传统，从不同的工具、设备、角度、构图、布光等方面思考探索商品图片的拍摄。
>
> （2）发掘新的拍摄主题。尝试发掘一些新的、独特的主题，通过探索新颖的拍摄主题，为商品拍摄注入更多的故事性和情感元素，吸引不同群体的关注，提升商品的品牌价值和吸引力。
>
> （3）结合其他艺术形式。尝试将拍摄与其他艺术形式相结合，创造出独特的图片，为商品图片拍摄增添更多层次和独特性。
>
> （4）尝试不同的后期处理风格。尝试不同的后期处理风格，为商品图片赋予不同的风格和氛围，展现出多样化的创意和表现力，吸引更多消费者的目光。
>
> （5）不断学习和交流。商品拍摄是不断发展和更新的，要保持对新技术和新理念的关注，不断提升个人能力，拓宽视野，为持续提升拍摄技术奠定基础。
>
> 创新意识是商品图片拍摄过程中的重要灵感来源之一，也是不断发展和进步的重要驱动力。创新意识的培养是一个不断累积的过程，只有不断学习和实践，才能拍摄出具有独特魅力和价值的商品图片。

任务实训

口红的拍摄

一、实训要求

根据化妆品类商品信息采集的要求和口红的拍摄要点，完成口红的拍摄，具体要求如下。

（1）在任务操作过程中，学生以3～4人为一小组，分工合作，轮流进行拍摄。

（2）内容要求：拍摄图片包含完整的口红整体图、细节图。

（3）质量要求：图片清晰、口红细节特征表现明显、质感及氛围效果突出。

二、实训步骤

1. 拍摄前的准备工作

在拍摄前，需要做好拍摄准备工作，具体要求如下。

（1）对现场进行整理，准备好数码单反相机1台、静物台1个、影室灯2盏、三脚架1个、反光板1个、清洁布2块、黑色卡纸2张、白色手套1双。

实训视频：口红的拍摄

(2)准备好拍摄使用的口红样品,戴上手套使用清洁布将样品擦拭干净。

(3)根据口红的颜色,搭配相应颜色及图案的背景纸。

2. 搭建商品拍摄环境

(1)将静物台放置在拍摄位。

(2)放置好静物台后,光位布置采用高位两前侧光布光方式。将两盏影室灯,分别放置在口红的两前侧约45度角方向,调高光源至合适位置,使口红受光均匀。

(3)数码单反相机架设在静物台的正前方,高度和拍摄视角可动态调整。

3. 单支口红的拍摄

在拍摄单支口红时,拍摄构图和质感营造可以灵活设计。例如,平拍口红,可将口红直立摆放在静物台上,使用黑色卡纸在口红外壳表面映射黑色条纹,营造口红质感。如图4-22所示为单支口红造型拍摄效果图。也可以采用将口红膏体旋出,口红盖平放一侧的构图方式进行俯拍,以展示口红的特点。如图4-23所示为单支口红膏体造型拍摄效果图。

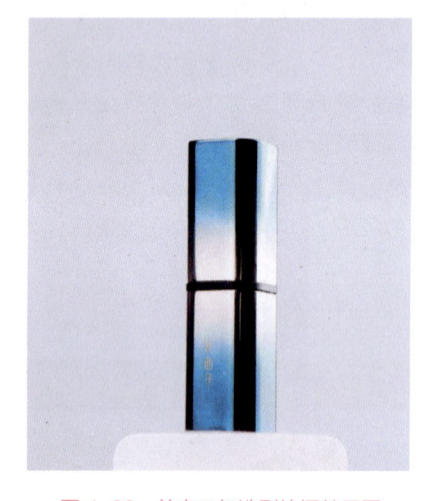

图4-22 单支口红造型拍摄效果图　　图4-23 单支口红膏体造型拍摄效果图

4. 多支口红的拍摄

在进行多支口红的拍摄时,不同的造型直接影响拍摄画面的效果。拍摄者可根据实际情况,进行多支口红组合造型的设计,以下是几种常见的组合造型。

(1)重点突出口红外壳。可将一支口红直立摆放,另一支横放在静物台上,两支口红呈一定夹角,拍摄时可以考虑从前侧角度取景,如图4-24所示为突出口红外壳的造型拍摄效果图。

(2)突出口红膏体。将一支口红去掉盖子,旋出膏体,另一支保留完整外壳,如图4-25所示为突出口红膏体的造型拍摄效果图。

(3)突出口红与外包装的搭配。在静物台上摆放1～2支口红,再将口红的外包装与口红进行造型搭配,对商品进行全方位展示,如图4-26所示为突出口红与外包装的搭配造型拍摄效果图。

图 4-24 突出口红外壳的造型拍摄效果图 　　　图 4-25 突出口红膏体的造型拍摄效果图

5. 口红膏体的拍摄

在拍摄时，可以将口红放在与其色调匹配的背景前，对口红膏体的纹理、Logo 等细节进行拍摄。在本例中，使用静物台的塑料台板作为背景进行口红膏体的拍摄。

6. 填写拍摄登记表，完成拍摄

在拍摄完成后，完善拍摄登记表，整理好拍摄现场及拍摄物品和道具，并进行总结与反馈，分析拍摄过程中的优点与不足，为今后的拍摄任务提供经验与借鉴。

图 4-26　突出口红与外包装的搭配造型拍摄效果图

任务拓展

化妆品类商品种类繁多，除了广受欢迎的口红，还有众多护肤品类商品，如保湿水乳、润肤霜、眼霜等套装商品。请选择一款具有代表性的护肤品套装作为拍摄对象，小组合作拍摄商品的整体图，展示套装的整体外观和包装设计，同时还要拍摄细节图，突出商品的质感和特色。在拍摄过程中要注意套系商品的造型摆放和构图，尝试创意拍摄手法，通过合适的拍摄角度和光线运用，让商品图片更具吸引力。

任务 4.2　香水的拍摄

香水芬芳的气息和精美的瓶身承载着独特的商品魅力和个性，它是人们生活中常用的具有代表性的化妆品，也是主流电商平台上常见的商品。本任务以香水为拍摄对象，在充分结合香水特点的前提下，应用透明类物体的拍摄要点完成香水的素材图片拍摄。学习者通过本任务的学习，能够完整地掌握透明类物体的拍摄方法和技巧。

◆ 学习目标

知识目标：
- 掌握透明类物体的拍摄要点；
- 熟悉透明类物体拍摄常用工具的使用方法；
- 掌握香水拍摄常用的构图方法。

能力目标：
- 能完成透明类物体明亮背景和深暗背景的拍摄布光；
- 能根据香水的特点完成合理的构图设计；
- 能在拍摄过程中合理应用拍摄工具，营造香水的通透感，展现商品特色。

素养目标：
- 通过香水拍摄造型的设计及香水通透感的营造，树立创新意识，弘扬精益求精的工匠精神；
- 通过拍摄情景的设计、香水通透感的营造，提高感受美、鉴赏美的能力。

◆ 学习导图

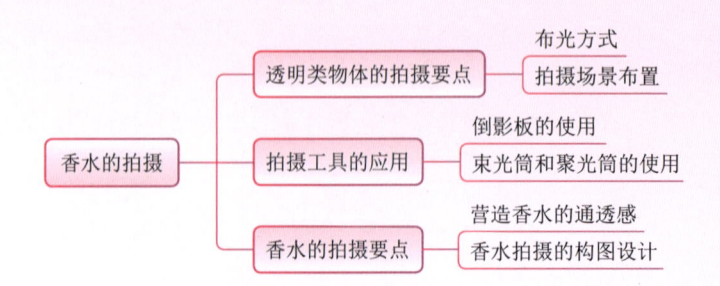

香水的拍摄
- 透明类物体的拍摄要点
  - 布光方式
  - 拍摄场景布置
- 拍摄工具的应用
  - 倒影板的使用
  - 束光筒和聚光筒的使用
- 香水的拍摄要点
  - 营造香水的通透感
  - 香水拍摄的构图设计

> 新知学习

4.2.1　透明类物体的拍摄要点

透明类物体的特点是光线能穿透物体内部，使人们能够看见内部细节及背后的景象。透明类物体的典型代表有玻璃制品、水晶器皿及部分塑料制品等。当拍摄这些透明类物体时，营造透明质感非常重要，这样才能更好地突出商品的高透光性、清晰的纹理和纯净的质感，增强视觉效果并提升品牌形象。

微课视频：透明类物体的拍摄要点

1. 布光方式

前面学习的吸光类物体和反光类物体的拍摄通常采用侧光或前侧光的照明方式，但在拍摄透明类物体时，这些布光方式的效果往往不尽如人意。为了凸显透明类物体的清澈质感和明确的边界，常采用逆光的布光方式。

在采用逆光布光方式时，将光源放置在透明物体背后，使光线穿透物体并进入相机镜头，形成明亮的线条或区域，而物体的边缘则会因为光线的折射而产生暗部，形成明暗对比，凸显物体的轮廓和边缘。在逆光布光时选择不同的背景，产生的效果也会有较大差别。如图 4-27 所示为深暗背景布光方式，将比透明物体稍大一些的黑色卡纸放置在透明物体的正后方，光线从后方照射到透明物体上，形成深暗背景亮线条的画面效果，如图 4-28 所示。

图 4-27　深暗背景布光方式　　图 4-28　深暗背景亮线条的拍摄效果图

此外，还可采用明亮背景布光方式。将浅色背景放置在透明物体正后方，或者利用白色静物台的一端作为浅色背景，光源从后方照射到透明物体上，将两张黑色卡纸分别放置于透明物体的两后侧，遮挡多余的光线，如图 4-29 所示。这种布光方式能在透明物体上产生清晰的暗边缘，明亮背景暗线条的拍摄效果图如图 4-30 所示。

图 4-29　明亮背景布光方式　　　　图 4-30　明亮背景暗线条拍摄效果图

在拍摄透明类物体时，要根据透明物体的形态、材质及拍摄要求，动态控制好光线的方向、分布和强弱，布光方式可以灵活多变，以营造出不同的光影效果。

动画：透明类物体拍摄的布光方式

2. 拍摄场景布置

当拍摄玻璃器皿、水晶饰品、塑料制品等透明或半透明物体时，通常需要精心设计拍摄场景，运用特定技巧来充分展现其独特的质感、形状及功能特性。

（1）选择合适的背景。在拍摄透明类物体时，常用的背景有纯色背景和复合背景两种。

纯色背景。纯色背景为画面营造出清爽和纯粹的视觉效果，典型的纯色背景为白色背景和黑色背景。白色背景通过反射光线，使透明物体的通透性得到很好的体现，能为整个画面带来一种明亮和清新的感觉，凸显出一种精致而高雅的风格；黑色背景通过形成强烈的对比，使透明物体在画面中更加突出，呈现出很好的质感，这种背景能够赋予透明物体高贵而神秘的特点，使其在画面中独具魅力。

复合背景。复合背景通过在拍摄场景中融入各种颜色和饰物，为透明物体增添更多的元素和细节。复合背景的选择要根据具体商品的特点而定，可展现出活泼、甜美、清冷或清新等不同的风格。在拍摄过程中，可以根据商品的特性和拍摄需求，灵活选择适合的背景，以凸显商品的独特魅力。

（2）添加有色液体或道具。在拍摄过程中，向透明容器内注入与商品风格及品牌调性相协调的有色液体，有助于凸显透明容器的轮廓和内部结构。例如，将有色香水置于香水瓶内，与外部的瓶身相互映衬，可以形成引人注目的双重轮廓，进一步彰显香水瓶的独特设计，使画面内容更为丰富多彩，如图 4-31 所示。此外，结合透明物体的实际特点，巧妙地添加相关道具，例如，在玻璃杯中融入冰块、柠檬片或吸管等元素，能够营造出实际使用的场景，为画面增添生活气息，从而吸引消费者的目光，加入有色液体与冰块的玻璃杯效果图如图 4-32 所示。

图 4-31　有色香水置于香水瓶内的效果图　　　　图 4-32　加入有色液体与冰块的玻璃杯效果图

4.2.2　拍摄工具的应用

由于透明类物体的特殊光学性质,拍摄时常常面临诸多挑战,如光线穿透、反射、折射,以及内部结构与色彩的复杂表现等。为了凸显透明物体的特性和营造通透感,拍摄者在拍摄过程中通常会借助各种拍摄工具来调整光线、控制反光与折射,并优化背景,以实现预期的视觉效果。

1. 倒影板的使用

倒影板在静物拍摄、商品拍摄等需要强化物体反射效果的专业拍摄场景中得到了广泛的应用。它主要由高反射率的材料制成,例如抛光的亚克力、玻璃或特殊金属涂层板材等。这些材料具备优异的镜面度和平整度,能够有效捕捉并反射光线,产生清晰、鲜明的倒影。亚克力材料因其轻便、抗碎裂及易清洁等特性,成为了倒影板的常用材料。倒影板的颜色主要有黑色和白色两种,如图 4-33 所示。

（a）黑色亚克力倒影板　　　　（b）白色亚克力倒影板

图 4-33　黑色亚克力板与白色亚克力板

黑色倒影板能产生深邃、高对比度的倒影,有助于营造出拍摄对象的高贵、奢华感;

白色倒影板产生的倒影相对较柔和，色调明亮，给人一种优雅、纯净的印象。尽管白色倒影可能不如黑色倒影那么明显，但它能够更好地与大部分浅色或明亮背景融合。黑色倒影板和白色倒影板的使用效果对比图如图4-34所示。

（a）使用黑色倒影板拍摄的效果图 　　　（b）使用白色倒影板拍摄的效果图

图4-34　黑色倒影板和白色倒影板的使用效果对比图

在拍摄时，通常将倒影板放置在水平的拍摄台或桌面上，再将拍摄对象放置在倒影板上。为了捕捉到物体的倒影，相机需要与倒影板形成一定的夹角。拍摄者需要精心调整拍摄角度和光线条件，以获得理想的倒影效果。为了避免倒影板上出现不必要的干扰元素，可以使用遮挡物或调整拍摄场景，确保倒影清晰且主体突出。

需要注意的是，由于倒影板的材质特性，它容易吸附灰尘和静电。为了保证其表面清洁，建议在使用前后戴上手套，并用毛刷轻轻拂去灰尘，避免留下指纹。在拍摄过程中，还需要防止划痕或刮花，以免影响拍摄效果。

2. 束光筒和聚光筒的使用

在拍摄透明类物体时，使用束光筒和聚光筒可以帮助改善成像效果。束光筒可以减小光源的照射范围，使光线集中，有助于增强透明物体边缘的轮廓感；聚光筒可以通过聚焦光线，使得光线更加集中地照射到透明物体上，从而突出透明物体的内部结构和细节。束光筒如图4-35所示。

束光筒和聚光筒都能够实现光线的集中和控制，但其工作原理和应用场景有所不同，在实际拍摄过程中要根据具体情况进行选择，以达到最佳拍摄效果。

图4-35　束光筒

4.2.3 香水的拍摄要点

香水是一种常见的化妆品，浓郁芬芳的气息是其突出的特点。然而，在电子商务交易过程中，消费者很难直接通过嗅觉感受其香气，主要依赖于图片和文字来感知其魅力。因此，香水图片的拍摄和呈现变得尤为关键。这些图片不仅是商品信息的载体，更是激发消费者兴趣、传递商品特色的重要工具。

当拍摄香水时，需要关注通透感的营造和构图的设计。由于香水通常装在透明的玻璃瓶内，所以拍摄的重点是如何营造其通透感。

1. 营造香水的通透感

香水的拍摄比平常的商品拍摄更为复杂，因为它不仅要展示香水的外形特征和商品特性，还需要凸显香水瓶的通透感。在拍摄过程中，通常选择使用逆光作为主要光源。当光线从香水瓶的背后投射时，由于逆光的照射，瓶身会显得格外晶莹剔透。此外，逆光还能在香水瓶边缘形成一道轮廓，从而赋予商品更加立体和生动的视觉效果。

当采用逆光照明时，一般有两种布光方式，即深暗背景布光和明亮背景布光。在拍摄香水过程中，无论选择哪种布光方式，在光位布置完成后，都要不断进行调整，以取得最佳拍摄效果。在拍摄过程中，需要注意以下三个关键问题。

（1）逆光光线过强会对拍摄效果产生不良影响。为了解决这一问题，通常采取的措施是将硬光源转变为柔光源。这可以通过在影室灯上装备柔光箱或在主光前添加一层半透明背景板来实现。这些调整能够使光线更加柔和均匀，有效避免逆光导致的曝光过度，进而使香水玻璃瓶及其内部的液体展现出更为自然的透明感。

（2）香水的正面细节表现存在不足，整体效果偏暗。为了解决这一问题，可以采用两种常见的方法：第一，在香水的前方或前侧方使用反光板或增加辅助光源进行补光，这样做的目的是降低背景光与香水正面之间的光比，使香水的正面细节能够得到更好地展现，加装辅助光源的光位布置如图 4-36 所示，通过增加反光板或辅助光源，可以有效提高香水正面的亮度，使其细节更加突出，整体效果也更为明亮；第二，使用数码单反相机的局部测光模式，局部测光也被称为区域测光，其测光范围仅限于画面的中央部分，并不覆盖整个场景，在拍摄过程中，当拍摄对象与背景之间存在显著的光影对比，并且拍摄对象在画面中占据的比例较小时，局部测光模式成为最佳选择。使用局部测光模式，可以帮助拍摄对象得到适当的曝光，减少背景光的干扰。

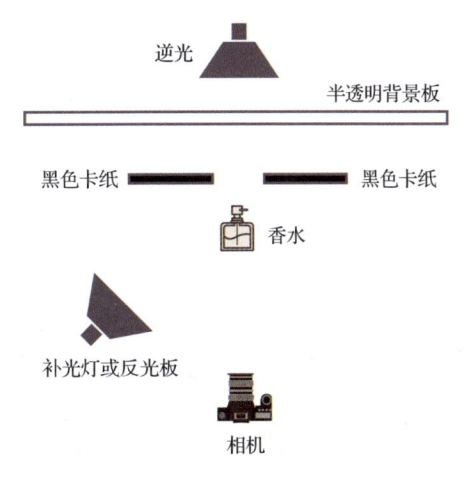

图 4-36 加装辅助光源的光位布置

（3）香水的质感和通透性并未得到很好的展现。为了改善这一情况，可以选择束光筒作为主要光源。束光筒的特点是把光线集中成一束，减小光源的照射面积，使得光源照射强度大、层次丰富。在实际拍摄过程中，束光筒经常被用于透明物体的主光源。束光筒使用前后对比效果图如图 4-37 所示。

图 4-37　束光筒使用前后对比效果图

2. 香水拍摄的构图设计

当拍摄香水时，构图决定了图片的布局与基调，影响图片的拍摄效果，从而直接影响消费者的体验，进而影响转化率。因此，香水的拍摄构图十分关键，拍摄时好的构图应该主次分明、画面具有平衡感、色彩搭配合理。通常香水的构图设计可以从以下三个方面进行考虑。

（1）单瓶香水不同拍摄角度构图。单瓶香水的拍摄构图并不复杂，拍摄时主要通过多角度捕捉瓶身及内部液体的特点来展现其魅力。这包括正面、侧面和背面等方位的拍摄。常采用中心构图法进行构图，以突出香水瓶的特色，并使香水瓶成为画面的视觉中心。同时，还可以运用平拍、俯拍等不同的拍摄角度，为受众带来不同的视觉感受。单瓶香水的平拍效果图如图 4-38 所示，单瓶香水的俯拍效果图如图 4-39 所示。

图 4-38　单瓶香水的平拍效果图 　　　　图 4-39　单瓶香水的俯拍效果图

此外，为了丰富拍摄元素，提升画面的饱满度和视觉效果，当拍摄单瓶香水时，可以

巧妙地加入书本、花朵等装饰品。还可以根据每款香水的独特颜色和形状，灵活地挑选和搭配与之相协调的物品，从而营造出更具吸引力的画面。单瓶香水搭配装饰物的拍摄效果图如图 4-40 所示。

(a) 搭配书本拍摄效果图　　　(b) 搭配花朵拍摄效果图　　　(c) 搭配绸带拍摄效果图

图 4-40　单瓶香水搭配装饰物的拍摄效果图

(2) 香水与包装盒组合构图。在香水的视觉营销设计中，外包装盒扮演了重要角色。它不仅承载了品牌标识、商品描述和商品特色等关键信息，还通过其独特的设计，传递了品牌的形象和价值。在拍摄香水时，仅仅拍摄香水瓶本身往往无法全面展现商品的魅力。因此，为了向消费者提供更为详尽的商品信息，并提升商品的整体吸引力，常常将香水外包装盒也纳入拍摄之中。

在实际拍摄过程中，通常采用两种常见的构图方式。一种是前后摆放构图，将香水瓶置于前景，包装盒置于背景，以清晰地展示商品的外观和包装设计，同时也为消费者带来商品的层次感，使他们更好地了解商品的整体形象，如图 4-41 所示为香水瓶与外包装盒前后摆放构图拍摄效果图；另一种则是并排摆放构图，将香水瓶和包装盒放在同一水平线上，以便直观地展示商品的尺寸和比例，同时也便于消费者对比香水瓶与包装盒的设计风格和细节特点。

(3) 多瓶香水组合构图。多瓶香水组合构图是一种常用的拍摄构图方式，即将多款香水摆放在一起，以展示商品的多样性及适用场景。与单瓶香水构图不同，这种方法不仅凸显了商品的主体地位，还能让消费者直观地比较不同的香氛款式，更好地选择适合自己的香水。在拍摄过程中，可巧妙搭配同系列商品，进一步吸引消费者的注意力，对其他商品产生良好的引流效果。多瓶香水组合构图拍摄效果图如图 4-42 所示。

图 4-41　香水瓶与外包装盒前后摆放构图拍摄效果图　　　图 4-42　多瓶香水组合构图拍摄效果图

当进行香水拍摄时,拍摄者可以根据实际需求灵活地选择以上构图方式。同一款香水也可以采用多种构图方式来拍摄,这样可以使拍摄出的图片更加丰富多样。多样化的图片形式为后期在电子商务平台展示香水,制作主图和详情页等提供更多的选择。

微课视频:香水与包装盒的展示构图设计

素养提升

精益求精:优秀拍摄人员的必备素养

精益求精是优秀拍摄人员必备的素养之一,它代表了对自身工作的不懈追求和不断提升的态度,常常表现在以下一些方面。

(1)热爱拍摄。对拍摄充满热情和热爱,乐于投入时间和精力提升自己的拍摄技术和水平。

(2)自我要求。不断以高标准挑战自己,追求卓越,不满足于当前水平,不断追求进步。

(3)批判性思维。对自己的作品进行客观评价和批判性分析,找出不足并持续改进。

(4)持续学习。持续学习新的拍摄技术、理念和行业动态,不断充实自己,保持行业敏锐度。

(5)专注细节。关注画面中的每一个元素,精益求精地打磨作品,力求完美。

(6)耐心和毅力。面对挑战保持耐心和毅力,不轻言放弃,持之以恒地追求自己的目标。

(7)接受反馈。善于接受建议和反馈,从中吸取经验教训,不断完善自己的摄影技能。

(8)自我激励。保持积极的心态和自我激励,不断给自己设定新的目标和挑战,持续前行。

精益求精的过程是一个不断追求完美、持续提升的过程。精益求精是优秀拍摄人员不可或缺的素养,是创作优秀图片、持续提升自我、实现个人价值追求以及职业目标的核心素养之一。

任务实训

香水的拍摄

一、实训要求

结合香水的特点,在室内完成香水的图片素材采集,具体要求如下。

(1)在任务操作过程中,学生以3~4人为一小组,分工合作,轮流进行拍摄。

（2）内容要求：完成香水的室内信息采集，主要包含单瓶香水的拍摄及多瓶香水的组合拍摄。

（3）质量要求：图片素材清晰，展示香水瓶身的通透性以及香水液体的质感，要求原创。

二、实训步骤

1. 拍摄前的准备工作

在采集商品信息前，需要做好拍摄前的准备工作，具体要求如下。

（1）对现场进行整理，每组准备好适合商品信息采集的数码单反相机1台、静物台1个、影室灯2盏、三脚架1个、黑色卡纸2张、白色手套1副、倒影板1个、聚光筒1个、反光板1个。

（2）准备好拍摄使用的香水样品，检查样品的完整性。

2. 搭建商品拍摄环境

首先，将静物台放置在拍摄位置，然后将香水放置在静物台上，将1盏影室灯放置在香水的正后方，高度与香水的摆放高度基本一致，将另一盏影室灯放置在静物台前侧，结合环境光线，初步调整好光源的亮度及色温。

其次，搭建明亮背景和深暗背景。当搭建明亮背景时，将两张黑色卡纸分别放置于香水的两后侧，光线通过两张黑色卡纸中间的空隙照射到香水瓶上，形成明亮背景的逆光效果，用黑色卡纸映射在香水瓶边缘，勾勒出香水瓶的轮廓；搭建深暗背景时，将黑色卡纸放置于香水正后方，光线从正后方间接照射到香水瓶上，由于背景为黑色，可勾勒出明亮的香水瓶边缘线条。

3. 确定拍摄思路

确定香水拍摄思路涉及对香水品牌的理解、消费者的需求及拍摄创意。本任务从以下几个方面来确定香水的拍摄思路。

（1）确定展现思路。结合香水的色泽、质地和瓶身设计，通过近距离拍摄来捕捉香水的特点和细节，展现香水的品质。

（2）确定构图与摆放。结合搭建的拍摄场景，确定香水的构图与摆放方式，将香水与背景、场景进行融合。

（3）确定拍摄手法。除了常用的拍摄手法，还可以使用近景和特写的镜头拍摄香水瓶的质感、香水的色泽等。

4. 单瓶香水的拍摄

戴上手套，将香水样品擦拭光洁后放置于倒影板上，调整香水在倒影板上的位置至合适。然后结合香水瓶的外形特征和大小，调整相机的拍摄位置、拍摄角度。接着对光源的色温光线强度进行调整，使之与香水颜色协调统一，再根据拍摄环境的光线情况，动态调整相机的快门、光圈、ISO等参数，让香水的精致轮廓线清晰呈现，当画面达到最佳效果时进行抓拍，如图4-43所示为不同布光的香水拍摄效果图。

（a）明亮背景下的香水拍摄效果图　　　　（b）黑暗背景下的香水拍摄效果图

图 4-43　不同布光的香水拍摄效果图

5. 香水组合的拍摄

图 4-44　香水与包装盒的搭配拍摄效果图

（1）搭配包装盒拍摄。在单瓶香水拍摄的基础上加入香水外包装盒，将包装盒放置在香水瓶旁边或下方，根据构图需要调整它们之间的相对位置和角度。展示香水瓶和包装盒的不同特点和美感。注意画面的平衡和层次感，确保香水瓶和包装盒在画面中占据合适的比例和位置。如图 4-44 所示为香水与包装盒的搭配拍摄效果图。

（2）多瓶香水组合拍摄。将多瓶香水摆放在静物台上，根据构图需要进行排列和组合。可以考虑使用三角形、对称、线性、对角线等构图方式，使画面更具层次感。也可使用道具如花朵、绸带、珠宝等作为点缀，增加画面的丰富性和美感。

6. 动态调整相机参数，重复步骤 4、步骤 5，多次拍摄获取最佳效果

在拍摄过程中，动态调整相机参数、光源位置、反光板、倒影板等补光器材的位置，同时根据商品特点及拍摄环境对拍摄角度、拍摄距离和焦距进行实时微调，多次反复拍摄，以达到最佳拍摄效果。

7. 填写拍摄登记表，完成拍摄

在拍摄完成后，完善拍摄登记表，整理好拍摄现场及拍摄物品和道具，并进行总结与反馈，分析拍摄过程中的优点与不足，为今后的拍摄任务提供经验与借鉴。

任务拓展

以玻璃杯为拍摄对象，学习者自行设定、布置拍摄场景，拍摄玻璃杯的整体图和细节图。拍摄图片要展示玻璃杯在盛装不同颜色液体时，自身质感和轮廓线条的效果，同时要结合玻璃杯生活化的使用场景，展示出玻璃杯用途的多样性。

任务 4.3　商品主图设计与制作

商品主图是展示店铺商品的重要窗口,它主要是以图文相结合的方式向目标客户人群传递商品的营销信息,是店铺引流、提高点击率的重要渠道。本任务的内容是结合前期拍摄的素材,设计制作商品主图。通过主图的设计与制作,掌握主图设计规范、设计方法、视觉营销图文设计技巧等知识与技能。

◆ 学习目标

知识目标:
- 掌握商品主图的概念、作用和设计规范;
- 掌握商品主图的设计要点;
- 掌握商品主图的设计技巧。

能力目标:
- 能根据商品特点与主图的设计规范,确定主图的设计元素;
- 能应用主图的设计要点和技巧,完成主图的设计与制作。

素养目标:
- 遵循主图设计规范,形成规则意识与规范意识;
- 通过主图设计,客观、真实地展示商品,拒绝过度美化、夸大其词的商品主图,树立诚实守信的良好品质;
- 通过主图的设计与制作,提高对美的鉴赏能力和审美情趣。

◆ 学习导图

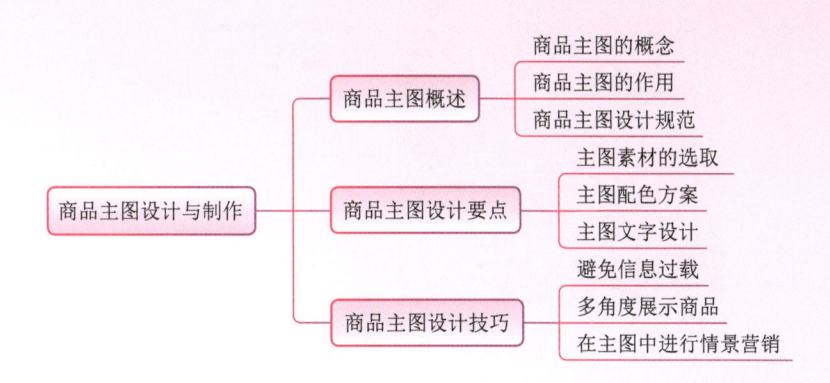

```
                          ┌─ 商品主图概述 ─┬─ 商品主图的概念
                          │                ├─ 商品主图的作用
                          │                └─ 商品主图设计规范
                          │
                          │                ┌─ 主图素材的选取
商品主图设计与制作 ───────┼─ 商品主图设计要点 ─┼─ 主图配色方案
                          │                └─ 主图文字设计
                          │
                          │                ┌─ 避免信息过载
                          └─ 商品主图设计技巧 ─┼─ 多角度展示商品
                                           └─ 在主图中进行情景营销
```

新知学习

4.3.1 商品主图概述

1. 商品主图的概念

在电商购物平台中,消费者通过输入关键词进行搜索后,系统会在搜索结果列表中展示一系列商品。点击打开其中某个商品,该商品描述页显示的第一张图片与搜索结果展示的图片一致,这张图片称为商品主图(简称主图)。如图 4-45 所示为搜索结果列表中展示的商品主图,如图 4-46 所示为商品描述页第一张显示的商品主图。

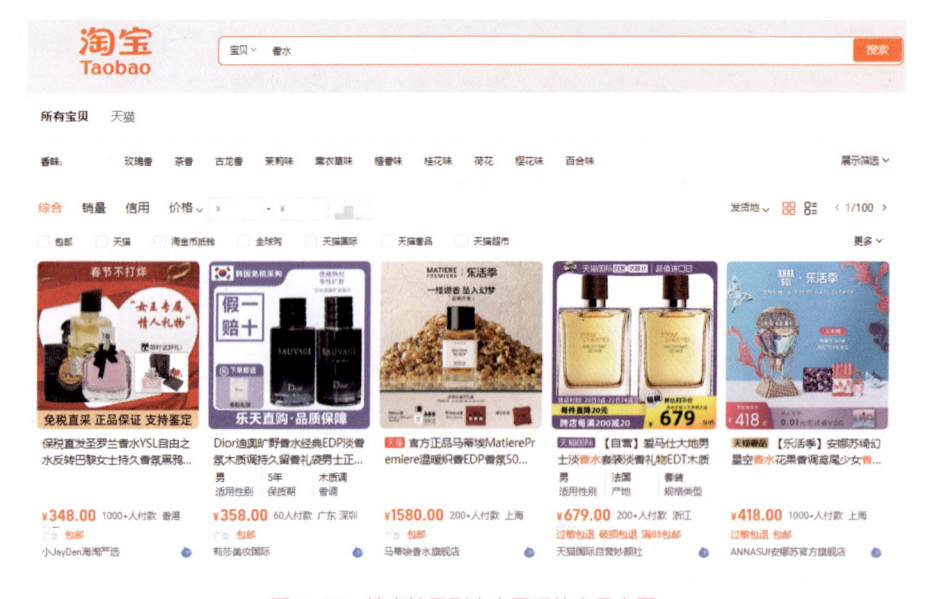

图 4-45 搜索结果列表中展现的商品主图

图 4-46 商品描述页第一张显示的商品主图

除了主图，商品描述页相同位置上还会有其他几张图片，这些图片被称为辅图。辅图通常用于展示商品的不同角度、细节、使用场景等，帮助消费者更全面地了解商品。

2. 商品主图的作用

商品主图是店铺引流和提高点击率的重要渠道，能很好地向目标消费人群传递有关商品的营销信息。主图的优劣直接影响消费者对商品的兴趣和关注，其作用主要表现在以下几个方面。

（1）主图是网店流量产生的重要来源。流量直接关系到店铺的曝光度、知名度，并最终影响销售转化率。其中，主图的作用不容忽视，它是网店流量的重要来源之一。当消费者在电商平台中搜索特定商品时，搜索引擎会根据商品的标题、描述及主图等关键信息进行排序和推荐。这意味着主图是消费者最先接触到的商品信息，一个吸引人、有创意的主图往往能在第一时间抓住消费者的注意力，激发其深入了解商品的欲望。这种"第一印象"使得主图质量直接影响到商品的曝光率和点击率，成为吸引流量的关键。

（2）主图对商品销售有促进作用。首先，主图通过美观的视觉效果、突出的卖点和精准的文案描述可吸引消费者的注意力，激发其购买欲望，例如，一款手机的主图通过展示其纤薄的设计、高清的屏幕、丰富的颜色选择等特性，能够迅速引发消费者对这款手机的兴趣，从而深入了解商品详情并最终完成购买；其次，主图在建立消费者信任方面也发挥着重要作用，通过展示商品的真实照片、提供详细的尺寸和颜色信息，主图可以帮助消费者更好地了解商品的实际情况，从而降低购买风险，在无形中建立起消费者对商品的信任感，进一步促进销售；最后，主图还是品牌形象和定位的重要展示窗口，商家可通过主图美观、独特的设计来展现品牌的风格与核心价值，从而培养消费者的品牌认知度。这种品牌认知度的提升不仅有助于促进商品的销售，还可为品牌的长期发展奠定坚实基础。

3. 商品主图设计规范

一个优秀的商品主图能迅速吸引潜在消费者的目光，引导他们进一步了解并购买商品。商品主图除了要制作精美、保证良好的视觉效果，还要遵循电商平台一系列的规则与规范，确保商品正常上架销售，同时传递出商品的专业性和可靠性，增加消费者对商品的信任度。主流电商平台主图的设计规范主要包括以下内容。

微课视频：商品主图设计规范

（1）图片尺寸和比例合适。不同的电商平台对商品描述页的主图有不同的要求，因此需要根据具体平台的要求来确定图片尺寸和比例。一般来说，正方形的主图尺寸如800像素×800像素比较常见，因为它能够确保图片在不同设备和屏幕尺寸上都能正常显示。

（2）主图的质量要高。使用高分辨率的图片，确保商品细节和特色能够被清晰地展示出来。

（3）主图的设计需注重美感和吸引力。综合运用商品图片设计制作技能，提升图片的视觉吸引力，呈现商品最佳的状态和质感。

（4）注意商品主图的版权和合规性。确保使用的图片和素材符合相关版权法规定，并避免使用侵权或违规内容。这不仅能够保护店铺的合法权益，还能够提升顾客的信任度。

（5）不断优化和更新商品主图。结合市场和顾客需求的变化，及时优化调整主图的设计和内容，以保持其吸引力和竞争力。

4.3.2 商品主图设计要点

一个成功的商品主图设计需要具备几个关键要点，包括素材选取、配色方案及文字设计。

1. 主图素材的选取

主图素材的选取是主图设计的关键环节，对于商品的展示效果和转化率具有决定性的影响。要设计出吸引消费者的主图，在选取素材时，需要注意以下几点。

微课视频：商品主图设计要点

（1）保证图片素材的高质量。图片必须清晰、不模糊，并避免像素化问题。优先选择实物拍摄的照片，因为它们能最真实地反映商品的外观和质感。同时，选取的图片必须与商品紧密相关，能够精准传达商品信息，避免使用与商品无关或误导性的图片。

（2）要确保图片素材的真实性。使用真实可信的图片能够增强消费者对商品的信任感，从而提高购买意愿。因此，在选取素材时，必须避免使用虚假的图片，确保所展示的商品与实际商品一致。

（3）要了解并考虑目标受众的喜好和需求。不同的商品可能面向不同的目标受众，因此在选取素材时，我们需要充分考虑目标受众的喜好和需求，选择能够吸引他们目光的素材。例如，如果目标受众是年轻人，我们可以选择更加时尚、潮流的素材；如果目标受众是家庭主妇，我们可以选择更加温馨、实用的素材。

（4）选取素材时要突出商品特点。主图的主要目的是展示商品的特点和卖点，因此在选取素材时，要尽可能突出商品特点。例如，如果商品是一款智能手表，可以选择展示其独特的外观设计、智能功能等；如果商品是一款高品质的床上用品，可以选择展示其舒适的材质、精美的工艺等。

2. 主图配色方案

在主图的制作中，合理的配色不仅能够提升主图的视觉效果，使消费者更愿意停留并了解商品，还能够传达出商品的特性、品牌形象及目标消费者的喜好。

在为主图配色时，配色方案并非孤立存在，会受到商品属性、商品搭配色彩及消费者审美观念等多重因素的影响。因此，在设计主图时，要全面考虑这些因素，以挑选出恰当的配色方案。主图常用的配色方案有类比配色、互补配色和冲突配色等。另外，前面已学习过的协调的配色、强调的配色技巧同样适用于主图设计。除此之外，色彩的具体运用，如色相环的应用，也值得参考和借鉴。

（1）类比配色。类比配色是基于色相环上的相邻颜色进行搭配的方法。这种配色方案旨在创造柔和、自然的视觉效果，使受众感到舒适和和谐。由于类比色在色相环上相邻，它们之间的过渡较为平滑，因此有助于营造温馨、亲近的氛围。这种配色方案适用于大多数商品类型，特别是那些希望传达温馨、亲切感的品牌。通过调整颜色的明度和饱和度，设计者可以进一步增强设计的层次感和立体感。某商品主图的类比配色设计效果图如图4-47所示。

（2）互补配色。互补配色则是利用色相环上相对立的两种颜色进行搭配。这种配色方案具有强烈的对比效果，能够迅速吸引消费者的注意力。互补色之间的对比有助于突出主题，增强视觉冲击力。例如，如果大面积使用了绿色，加入一些红色则可以保持整体色彩平衡，使主题更加突出。然而，当使用互补配色时，设计者需要谨慎控制两种颜色的面积比例和分布位置，以避免产生过于刺眼或混乱的视觉效果。适当的对比和平衡可以让设计更具吸引力，同时保持整体的美感与和谐。某商品主图的互补配色设计效果图如图4-48所示。

图4-47　某商品主图的类比配色设计效果图

图4-48　某商品主图的互补配色设计效果图

（3）冲突配色。冲突配色是一种更加大胆和前卫的配色方案，是补色配色中较复杂的一种。在色相环中，冲突色所用的颜色不是垂直对应的，而是把一种颜色与它垂直对应的补色左右邻近的颜色进行搭配。这种配色方案具有强烈的视觉冲击力和个性化特点，适用于追求时尚、前卫的商品。冲突配色能够打破常规，挑战传统审美观念，为品牌注入活力和创新。当使用冲突配色时，设计者需要特别注意保持整体设计的协调性和平衡感。通过巧妙地运用色彩对比和布局调整，可以避免设计显得过于突兀或不和谐。某商品主图的冲突配色设计效果图如图4-49所示。

图4-49　某商品主图的冲突配色设计效果图

以上几种常见的配色方案各具特点，适用于不同的品牌与商品类型。在实际应用中，视觉营销设计师要根据商品的特性和目标受众的需求，精心挑选合适的配色方案，通过调整颜色的明度、饱和度和比例等，实现最佳的视觉呈现效果。此外，设计师还需注重配色方案的一致性与连贯性，在同一品牌或系列商品中，保持配色方案的统一与稳定，从而增强品牌的辨识度与消费者的忠诚度。随着市场潮流和消费者需求的演变，配色方案也需与时俱进，不断优化。

3. 主图文字设计

主图文字不仅要传达商品的核心信息，还要引导并吸引消费者的注意力，是商品展示中不可或缺的一部分。通过综合考虑文字内容、字体的选择、文字大小的调整、颜色的搭配，我们可以设计出吸引消费者、传达商品信息的主图文字，将商品信息清晰准确地传达给消费者，提升商品的销售效果。

（1）在内容方面，主图文字应简洁明了，突出商品的核心卖点和优势。要避免使用冗长或复杂的描述，以免让消费者感到困惑或乏味而失去兴趣。同时，文字内容应与商品图片相契合，搭配出吸引人的商品展示效果。

（2）字体的选择应确保易读性。尽量选择那些简洁明了、易于识别的字体，避免使用过于花哨或装饰性的字体，以免干扰消费者对商品信息的理解。同时，字体的风格应与商品的整体风格和品牌形象保持一致，以增强品牌的辨识度。

（3）文字的大小要适中，既要确保消费者能够迅速捕捉到关键信息，又要避免过大或过小导致阅读困难。对于重要的信息，如商品的名称、价格或促销信息等，可以适当增大字号以突出重点。

（4）文字的颜色应与主图的背景形成鲜明的对比，以提高文字的可读性。同时，文字颜色的选择也应与商品的整体色调相协调，营造出和谐统一的视觉效果。

完成初步设计后，设计师还需要不断地测试和调整主图的文字设计。通过收集消费者的反馈和数据分析，我们可以了解哪些设计元素更受消费者欢迎，哪些元素需要改进。这样可以不断优化主图的文字设计，提高商品的曝光率和转化率。

4.3.3　商品主图设计技巧

商品主图对于吸引消费者的注意力和提升商品的吸引力至关重要，在设计商品主图时，需要掌握以下几个技巧。

1. 避免信息过载

信息过载是指在主图中展示过多的文字、图像或元素，导致视觉的混乱和消费者注意力的分散。这种情况不仅影响用户的浏览体验，还可能使他们对商品产生负面印象。过多的信息会干扰用户的决策过程，使他们难以快速识别商品的核心价值和特点。

信息过载的表现形式多样，包括文字区域冲突、文字位置不当、元素数量过多等。文字区域冲突一般指在主图上出现多个大面积的文字区域，它们可能相互重叠或冲突，导致整体布局显得杂乱无章；文字位置不当通常指文字被放置在图片的中心位置，占据了过多空间，并且颜色鲜艳，使用户难以专注于产品本身；元素数量过多，即主图上分布着大量的文字区域，这些区域颜色醒目、数量众多或面积过大，掩盖了商品的吸引力。某商品主图设计信息过载的效果图如图4-50所示。

图4-50　某商品主图设计信息过载的效果图

为了避免信息过载，设计者需要精心筛选要展示的信息，并注重其呈现方式，具体技巧如下。

（1）精简文字内容。在设计主图时，文字内容应该尽量精简，只展示必要的信息。冗长和重复的文字会使主图显得杂乱无章，难以吸引消费者的注意力。通过使用简短、明确的语句，可以更有效地传达商品的核心价值和特点，帮助消费者快速理解商品的主要优势。

（2）合理安排文字布局。文字在主图上的布局也非常重要。文字区域之间应避免相互冲突或重叠，以免干扰用户的阅读和理解。此外，通过使用不同的文字大小、颜色和排列方式，可以突出重要信息，引导消费者的视线，帮助消费者更快地找到关键内容。

（3）平衡图片和文字。主图上的商品是视觉焦点，文字应该作为辅助元素来增强图片效果。文字是用来解释或补充图片信息的，而不是掩盖或干扰图片的。通过平衡图片和文字的关系，可以创造出更具吸引力和可读性的主图。

（4）使用空白和对比。在主图设计中，适当运用空白区域可以帮助平衡布局，使整体看起来更加舒适和整洁。空白不仅可以用来分隔不同的信息区域，还可以突出重要的视觉元素。同时，利用对比来突出重要信息也是一种有效的方法。通过对比颜色、大小或字体样式等元素，可以帮助用户快速识别关键信息。

总之，设计主图时应注重简洁性和清晰度，避免信息过载。通过精选信息和巧妙的呈现方式，可以制作出既能够吸引用户注意力又能提高浏览体验的高质量主图。

2. 多角度展示商品

多角度展示商品可以帮助消费者更全面地了解商品的外观、细节和特点，从而提升购买意愿。对于服装类商品，如何全面、生动地展示其款式、细节和整体效果，成为提升商品吸引力和销量的关键。仅仅依赖模特的正面展示图片，很难让消费者了解服装的全貌。这种展示方式往往忽视了服装的背部、侧面等重要视角，而这些部分恰恰是决定服装是否合身、是否美观的关键因素。因此，商家需要采取多角度的展示方式，在辅图中加入不同角度的图片，让消费者更清晰地看到服装的各个部分，帮助消费者更准确地判断服装是否适合自己的体型和风格。某款汉服主图从多角度展示商品的效果图如图4-51所示。

图4-51　某款汉服主图从多角度展示商品的效果图

3. 在主图中进行情景营销

情景营销，即把商品放在真实的场景中展示。它能让消费者更加直观地理解并体验商品在实际使用中的效果。例如，如果把一套专为办公室设计的西装放在真实的办公环境中展示，顾客就能较好把握这套西装在实际工作场合的表现，如西装的颜色搭配、材质质感、款式设计等与办公环境是否协调，如何利用这套西装提升个人的专业形象等。

此外，情景营销还能有效提升商品的附加值。通过将商品置于真实场景中进行展示，消费者得以直观理解商品如何满足其基本需求。这种认知过程促使消费者对商品产生更高的价值认同，进而增加其购买意愿。因此，情景营销不仅有助于促进商品销售，还能提升消费者的购物体验。

素养提升

遵循规范：电子商务视觉营销设计的基本前提

电子商务视觉营销设计规范是电子商务平台正常运营的基本保障，也是正确传递商品信息、建立商品良好口碑的前提条件。遵循这些规范不仅可以帮助提升消费者购物体验，还能有效提升商品的销售转化率，更好地实现营销目标。

（1）理解设计规范要素，提升信息传达效果。电子商务视觉营销设计规范涉及多个方面，包括颜色搭配、字体选择、布局设计和图片处理等。深入理解这些规范背后的原理和实践，可以帮助我们更好地将这些设计原则应用到实际的电子商务平台中。

（2）保持设计的一致性，提升品牌认知。在电子商务设计中，保持一致性是提升品牌认知度和顾客忠诚度的关键。通过保持设计元素的一致性和协调性，可以增强顾客对品牌的识别和记忆。有助于塑造独特的品牌形象，并在竞争激烈的市场中提升品牌的知名度。

（3）突出重点信息，提升顾客购物体验。在设计中注重重点信息表达方式，可以有效地区分和强调商品信息，帮助消费者更快地找到需要的内容。提升顾客的购物效率，增强顾客对平台的信任度和满意度。

（4）持续优化设计，满足顾客需求。及时关注顾客的需求和反馈，不断优化设计以满足他们的期望，提高顾客的购物体验和满意度。

（5）学习优秀平台，激发创意和灵感。学习其他优秀电子商务平台的视觉营销设计思路、创意灵感，提升设计水平和创新能力。

在竞争激烈的网络市场中，遵循电子商务视觉营销设计规范是提高消费者购物体验、塑造商品品牌形象、提升商品市场竞争力的基本前提。

任务实训

商品主图的制作

一、实训目的

通过设计与制作商品主图，学习者能够深入学习和掌握主图设计的基本原则、技巧和方法，从而提升在色彩搭配、排版布局、图形创意等方面的视觉设计能力。同时，在实训过程中尝试不同的设计风格和元素，有助于培养创意思维和审美能力，创作出更具吸引力和专业性的主图作品。

二、实训要求

本任务是制作某款口红的商品主图，具体要求如下。

（1）尺寸要求：主图大小为800像素×800像素，分辨率为72像素/英寸。

（2）内容要求：内容简洁明了，突出主题，促销信息明确。

（3）设计要求：主图的风格与品牌契合度高，配色方案合理，文字大小、颜色恰当。

三、主图设计思路

本次主图设计主要围绕突出商品特点、营造节日氛围及引导消费者参与促销活动三个方面展开，以提升消费者对商品的关注度和购买欲望。

在素材选择上，选择一支具有中国风特色的口红作为主要展示商品。红色口红鲜艳夺目，容易吸引消费者的目光。口红顶部的中国风花纹装饰与包装盒的设计相呼应，强化了商品的文化内涵和特色。

在背景设计上，选用浅绿到深绿的渐变色作为底色，搭配金色边框，彰显出商品的质感与高端定位风格。

在文字设计上，将促销信息融入图片中。通过醒目的标题"天猫6·18理想生活狂欢季"突出主题，消费者可以迅速了解到这是一个促销活动。同时，在图片下方详细列出活动到手价、活动时间及满减优惠等关键信息，方便消费者了解活动详情。

通过调整文字大小、颜色和排版等方式，使文字与图片背景形成对比，提高文字的辨识度和阅读体验。

四、实训步骤

1. 新建文件，填充背景

（1）在Photoshop中执行"文件"→"新建"命令或按【Ctrl+N】组合键，弹出"新建文档"对话框，设置画布"宽度"为"800"像素，高度为"800"像素，"分辨率"为"72"像素/英寸，文件名称为"商品主图的制作"，单击"确定"按钮创建文件。

实训视频：商品主图的制作

（2）新建图层组并命名为"背景"，然后在该图层组内新建图层，选择"矩形工具"，绘制矩形；单击"图层"面板下方的"添加图层样式"按钮，在弹出的菜单中选择"渐变叠加"选项，设置"混合模式"为"正常"，设置"渐变"为RGB（23,148,142））过渡到RGB（14,63,60），设置"角度"为"0"度；单击"确定"按钮。

2. 应用形状工具绘制背景框，导入素材

（1）新建图层，选择"矩形工具"，在工具选项栏中，设置"半径"为"10"像素，设置"描边"为无颜色，按住鼠标左键绘制圆角矩形。

（2）单击"图层"面板下方的"添加图层样式"按钮，在弹出的菜单中选择"描边"选项，设置描边"大小"为"3"像素，"颜色"为RGB（253,231,195）；单击"外发光"选项，设置"混合模式"为"滤色"，"扩展"为"10"％，"大小"为"8"像素。再单击"投影"选项，设置"混合模式"为"正片叠底"，"角度"为"71"度；单击"确定"按钮。其效果图如图4-52所示。

（3）执行"文件"→"打开"命令或按【Ctrl+O】组合键，打开"素材文件\项目4\任务4.3\商品主图的制作\主图素材.jpg"文件，使用"移动工具"将其拖动至圆角矩形图层上方，按住【Alt】键，鼠标左键单击两个图层间的实线，创建"剪贴蒙版"，调整其位置和大小。完成导入素材效果图如图4-53所示。

3. 应用形状工具和文字工具，完成顶部促销信息

（1）新建图层组并命名为"顶部促销"，在该图层组内新建图层，选择"矩形工具"，在工具选项栏中将"填充"设置颜色为RGB（31,135,130），"描边"设置为无颜色，"半径"设置为"35"像素，在主图上方绘制圆角矩形，调整位置使其水平居中。

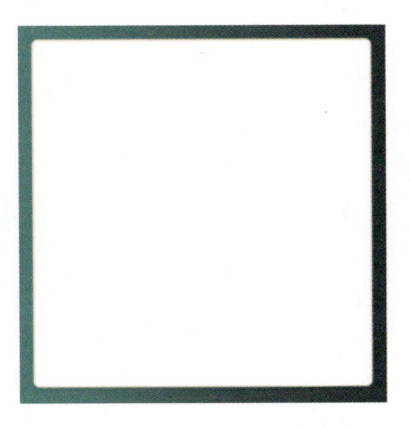

图 4-52 设置圆角矩形效果图    图 4-53 完成导入素材效果图

（2）按【Ctrl+T】组合键，单击鼠标右键，选择"变形"命令，拖动控制柄，将圆角矩形调整成上大下小的形状。

（3）选中圆角矩形图层，单击"图层"面板下方的"添加图层样式"按钮，在弹出的菜单中选择"描边"选项，设置描边"大小"为"3"像素，"颜色"为RGB（252,200,143）；单击"内发光"选项，设置"混合模式"为"滤色"，调整"大小"为"16"像素，"阻塞"为"2"%，"不透明度"为"26"%；单击"渐变叠加"选项，设置"混合模式"为"叠加"，调整"不透明度"为"47"%，"角度"为"90"度，"缩放"为"94"%；再单击"投影"选项，设置"角度"为"65"度，"距离"为"10"像素，"大小"为"18"像素；单击"确定"按钮，效果如图 4-54 所示。

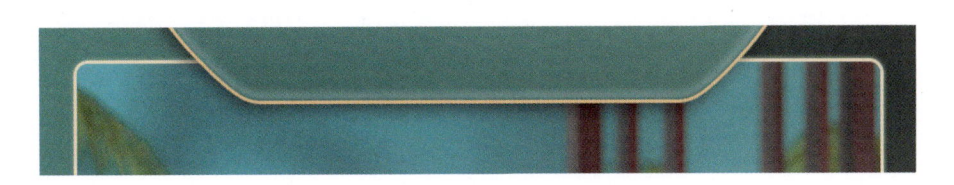

图 4-54 完成"顶部促销"模块图形设置效果图

（4）新建图层，输入文字"天猫6·18理想生活狂欢季"，调整文字大小和位置；单击"图层"面板下方的"添加图层样式"按钮，在弹出的菜单中选择"渐变叠加"选项，设置"混合模式"为"正常"，"渐变"颜色为RGB（252,200,143）过渡到RGB（252,242,226），再过渡到RGB（252,200,143），设置"角度"为"90"度，"不透明度"为"100"%，"缩放"为"123"%；单击"确定"按钮，效果如图 4-55 所示。

图 4-55 完成"顶部促销"模块文字设置效果图

4. 应用形状工具制作底部利益点图形

（1）新建图层组并命名为"利益点"，在该图层组内新建图层，选择"矩形工具"，在工具选项栏中将"填充"设置为RGB（31,135,130），"描边"设置为无颜色，"半径"设置为"38"像素，在主图右下方绘制圆角矩形。

（2）单击"图层"面板下方的"添加图层样式"按钮，在弹出的菜单中选择"描边"选项，设置描边"大小"为"5"像素，"颜色"为RGB（240,181,117）；单击"内阴影"选项，设置"混合模式"为"叠加"，"距离"为"9"像素，"大小"为"3"像素；单击"渐变叠加"选项，设置"混合模式"为"叠加"，调整"不透明度"为"75"%，"角度"为"90"度，"缩放"为"97"%；再单击"投影"选项，设置"混合模式"为"柔光"，"不透明度"为"51"%，"角度"为"65"度，"距离"为"9"像素，"大小"为"9"像素；单击"确定"按钮，适当调整图形的大小和位置。效果如图4-56所示。

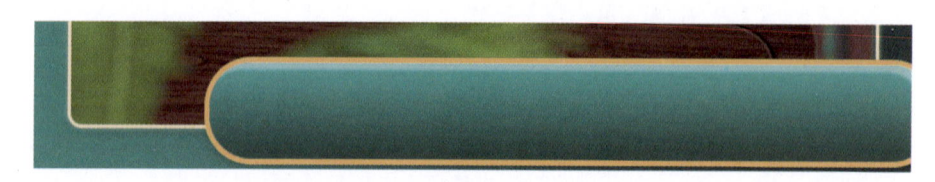

图4-56　完成"利益点"模块图形设置效果图

5. 应用文字工具制作底部利益点文字

（1）新建图层，选择"横排文字工具"，输入文字"全场满500立减100"，调整文字的字体、大小和位置。

（2）单击"图层"面板下方的"添加图层样式"按钮，在弹出的菜单中选择"渐变叠加"选项，设置"混合模式"为"正常"，"渐变"颜色为RGB（252,239,218）过渡到RGB（240,181,117），"角度"为"90"度，选择"反向"复选框，调整"不透明度"为"100"%，"缩放样式"为"97"%；单击"确定"按钮，效果如图4-57所示。

图4-57　完成"利益点"模块文字设置效果图

6. 应用形状和文字工具制作活动时间信息

（1）新建图层组并命名为"活动时间"，在该图层组内新建图层，选择"矩形工具"，在工具选项栏中将"描边"设置为无颜色，"半径"设置为"35"像素，在主图下方绘制圆角矩形。

（2）单击"图层"面板下方的"添加图层样式"按钮，在弹出的菜单中选择"渐变叠加"选项，设置"混合模式"为"正常"，"渐变"颜色为RGB（250,201,148）过渡到RGB（253,253,253），再过渡到RGB（250,201,148），调整"角度"为"90"度，调整"不透明度"

为"100"%,"缩放样式"为"79"%;单击"确定"按钮。

(3)新建图层,选择"横排文字工具"，输入文字"活动时间:6月1日-6月18日",设置"颜色"为RGB(214,28,28),调整文字的字体、大小和位置。

(4)打开"素材文件\项目4\任务4.3\商品主图的制作\祥云.psd"文件,使用"移动工具"，将其拖动至图形的右下方,调整位置。完成"活动时间"模块设置效果图如图4-58所示。

图4-58 完成"活动时间"模块设置效果图

7. 应用形状工具制作价格部分图形

(1)新建图层组并命名为"价格",在该图层组内新建图层,选择"矩形工具"，在工具选项栏中将"半径"设置为"7"像素,设置"填充"为渐变填充,由RGB(13,58,55)过渡到RGB(23,144,138),再过渡到RGB(13,58,55),绘制圆角矩形。

(2)按【Ctrl+T】组合键,单击鼠标右键,选择"变形"命令,拖动控制柄适当变形;单击"图层"面板下方的"添加图层样式"按钮,在弹出的菜单中选择"斜面和浮雕"选项,设置"深度"为"178"%,"大小"为"7"像素,"软化"为"8"像素,"角度"为"102"度,"高光模式"为"滤色";单击"确定"按钮,效果如图4-59所示。

(3)新建图层,命名为"价格部分背景";选择"矩形工具"，绘制圆角矩形,调整"填充"颜色为RGB(23,144,138),将图层移动到"活动时间"图层组的最下方,选择"移动工具"，调整图形至合适位置;按【Ctrl+T】组合键,单击鼠标右键,选择"变形"命令,拖动控制柄适当变形。效果如图4-60所示。

图4-59 完成"价格"模块图形设置效果图

图4-60 完成"价格"模块背景设置效果图

8. 应用文字工具制作价格部分信息

（1）选择"横排文字工具" T.，输入文字"活动到手价"，调整文字的大小和位置；单击"图层"面板下方的"添加图层样式"按钮，在弹出的菜单中选择"颜色叠加"选项，设置"混合模式"为"正常"，"颜色"为RGB（246,225,190），"不透明度"为"100"%；单击"确定"按钮。

（2）按【Ctrl+J】组合键，复制"活动到手价"文字图层，修改文字内容为"日常价：388"，移动到合适的位置；新建图层，选择"直线工具" /.并绘制一条直线，并设置"填充"和"描边"的颜色均为RGB（240,181,117），在"图层"面板将"不透明度"设置为"53"%，调整到合适的位置。

（3）新建图层，选择"横排文字工具" T.，输入"¥"符号并调整字体、大小和位置；单击"图层"面板下方的"添加图层样式"按钮，在弹出的菜单中选择"渐变叠加"选项，设置"混合模式"为"正常"，"渐变"设置为RGB（240,181,117）过渡到RGB（252,239,218），再过渡到RGB（240,181,117），"缩放"设置为"129"%；单击"确定"按钮。

（4）新建图层，选择"横排文字工具" T.，输入文字"299"，字号大小为"74点"，调整位置，选择"¥"文字图层，单击鼠标右键，选择"拷贝图层样式"命令，再选择"299"文字图层，单击鼠标右键，选择"粘贴图层样式"命令复制图层样式。单击"图层"面板下方的"添加图层样式"按钮，在弹出的菜单中选择"投影"选项，设置"不透明度"为"61"%，"距离"为"3"像素，"扩展"为"1"%，"大小"为"13"像素，单击"确定"按钮。最终效果如图4-61所示。

图4-61 最终效果图

（说明，图中商品价格的单位为元）

9. 完成制作，保存文件

（1）执行"文件"→"保存"命令，保存文件。

（2）执行"文件"→"导出"→"导出为"命令，设置文件参数，单击"导出"按钮，导出 jpg 格式文件，完成制作。

五、实训总结

在制作商品主图时，要严格遵守主图设计规范，熟悉 Photoshop 软件中常用的处理工具。在设计和制作过程中，要合理运用色彩搭配、形状设计、字体选择和版面布局等技巧。此外，还需要特别注意图片的清晰度、尺寸大小及背景图案等因素。只有这样，才能确保最终的主图效果能够吸引消费者的眼球，进而提升店铺的流量和转化率。

任务拓展

请利用采集的相关商品图片素材，制作以"七夕"节日促销为主题的商品主图和辅图。要展示商品相关卖点或细节，同时促销信息要完整，制作完成的主图对消费者具有较强的吸引力。

项目测试

一、单选题

1. 小型内置灯摄影棚的特点不包括（　　）。
   A. 采用 LED 灯带或灯板　　　　B. 内部有高反光层
   C. 产生的光线柔和且均匀　　　　D. 需要借助柔光箱进行补光
2. 当进行商品主图的素材选择时，不可取的做法是（　　）。
   A. 从不同角度选择商品实物素材图
   B. 可以选择正面、侧面、背面等素材图
   C. 主图的素材只能用商品正面图
   D. 为突出商品，主图可采用纯色背景的素材图
3. 在使用倒影板前后可采用（　　）进行清理。
   A. 抹布　　　　B. 手指　　　　C. 刷子　　　　D. 保鲜膜
4. 以下可以作为商品主图的是（　　）。
   A. 商品广告图片　　　　　　　　B. 商品实物图片
   C. 电脑制作的 3D 图　　　　　　D. 商品特效图
5. 商品主图一般不允许添加（　　）。
   A. 店铺 Logo　　B. 链接网址　　C. 促销信息　　D. 商品卖点

二、多选题

1. （　　）适合用于拍摄透明类物体，表现透明质感。
   A. 逆光位布光　　　　　　　　B. 两侧光位布光
   C. 顺光位布光　　　　　　　　D. 两侧逆光位布光

2. 当拍摄口红膏体时，为了使画面更具表现力，通常可采用的方式是（　　）。
   A. 将口红打开，揭开盖子，平放在桌面上
   B. 将膏体旋出平放在桌面上并交错排列
   C. 将多支口红膏体旋出立在桌面上整齐并排放置
   D. 将多支口红膏体旋出立在桌面上前后放置

3. 以下关于商品主图设计的要点，正确的说法是（　　）。
   A. 商品主图主要是要多角度地展示商品，可选择不同视角的商品实物图
   B. 主图的字体种类不受限制，因为文字对主图可起到修饰作用，使表达形式更丰富
   C. 颜色搭配合理才能突出商品主题
   D. 主图中的文字信息主要展示最重要的信息，包括促销信息和亮点信息

4. （　　）适合用侧逆光照明来勾勒边缘。
   A. 透明玻璃酒杯　　　　　　　B. 瓷杯
   C. 透明塑料杯　　　　　　　　D. 不锈钢杯

5. 商品的主图一般出现的位置包括（　　）。
   A. 网上商城搜索结果页　　　　B. 店铺首页
   C. 网上商城商品推荐区　　　　D. 商品描述页

三、简答题

1. 简述口红的细节拍摄要点。
2. 当采集香水商品信息时，如何营造香水的通透感？
3. 当设计商品主图时，配色方案有哪几种？

PROJECT 项目 5

服装类商品信息采集与处理

项目简介

本项目内容为服装类商品信息采集和详情页设计与制作。以承载中华服饰之美的汉服为对象,进行室内拍摄和室外模特展示拍摄,力求完整、精准地展现汉服的文化魅力与商品特性。在完成汉服的信息采集之后,结合汉服的文化内涵和商品特点,设计出既符合市场需求又具有独特创意和吸引力的详情页,增强图片视觉冲击力、提升商品竞争力。

- 任务 5.1　汉服的室内拍摄
- 任务 5.2　汉服的模特展示拍摄
- 任务 5.3　商品详情页设计与制作

任务 5.1　汉服的室内拍摄

服装是主流电商平台常见的类目商品，汉服是其中比较有代表性的一类服装，较其他类型服装区别明显、特色鲜明、别具一格，从款式到风格包含了丰富的中国传统文化元素。准确掌握服装类商品室内拍摄技巧，正确运用汉服室内拍摄方法是表现这类服装设计特点、文化价值的关键。本任务主要是完成汉服整体和细节信息的全方位采集，为商品视觉营销设计提供素材。

◆ 学习目标

知识目标：
- 掌握服装挂拍和平铺拍摄的要点；
- 掌握服装塑形的方法和技巧；
- 掌握服装整体图和细节图拍摄的方法。

能力目标：
- 能完成汉服的造型摆放、塑形和光位选择；
- 能团队合作完成汉服的整体图和细节图的拍摄；
- 能在拍摄中呈现服装真实的颜色和形状，避免出现色差和透视变形。

素养目标：
- 通过汉服拍摄，领悟中华服饰文化之美，提升民族自豪感，坚定文化自信；
- 在汉服拍摄过程中，通过分工合作，提升沟通表达能力和团队协作能力。

◆ 学习导图

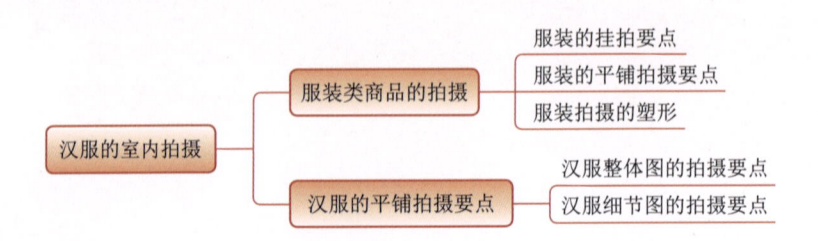

```
                              ┌─ 服装的挂拍要点
               ┌─ 服装类商品的拍摄 ─┼─ 服装的平铺拍摄要点
汉服的室内拍摄 ─┤                  └─ 服装拍摄的塑形
               │
               └─ 汉服的平铺拍摄要点 ┬─ 汉服整体图的拍摄要点
                                   └─ 汉服细节图的拍摄要点
```

> 新知学习

5.1.1 服装类商品的拍摄

在主流电子商务平台中,服装是一类普遍受欢迎的商品。高质量的服装图片不仅能增强商品的视觉吸引力,还直接关系到网店的浏览量、点击率和成交量。随着越来越多的网店涌入这一市场,竞争变得愈发激烈。因此,要想在众多的网店中脱颖而出,通过良好的网店视觉效果提升商品销量,就需要掌握专业的服装拍摄技巧。常见的服装拍摄方式包括挂拍、平铺拍摄和模特展示拍摄等。选择适合的拍摄方式,能更好地展示服装的特点和魅力。

1. 服装的挂拍要点

服装挂拍主要通过将服装挂在衣架上拍摄来展示服装的全貌和细节。挂拍在商品拍摄中,尤其是在服装拍摄中具有显著的优点。

首先,采用挂拍便于拍摄且不易变形。挂拍通过将服装挂在衣架上,使服装保持自然垂落的状态,从而避免了在拍摄过程中可能出现的变形问题。这种方式不仅方便了拍摄者进行拍摄,还能确保服装的形状和尺寸在图片中得到准确呈现。

其次,挂拍具有立体感强的优点。通过将服装挂在衣架上,可以清晰地看到服装的各个部分和细节,以及它们之间的空间关系,从而让消费者对服装有更直观、全面的了解。

最后,挂拍还可以多角度拍摄。拍摄者从不同的角度能够捕捉到服装的各个方位,包括正面、侧面、背面等,为客户提供更加丰富的视觉信息。

服装挂拍需要综合考虑背景、灯光、搭配、色彩、细节、道具等多个方面,以展示服装的质感和搭配效果,吸引顾客的注意力。

(1)选择合适的衣架。在挂拍过程中要重视道具的使用,尤其是挂拍的衣架要和服装风格相统一。衣架的选择应该根据服装的类型和风格来决定。例如,对于需要展示肩部和领口细节的服装,可以选择带有肩部支撑的衣架;对于需要展示下摆的服装,可以选择带有高度可调节功能的衣架。

(2)注意背景和灯光。背景和灯光对于突出服装的特点和营造氛围非常重要。一般来说,选择简洁、干净的背景,如白墙或浅色壁纸,可以更好地突出服装的颜色和细节,还可以避免分散消费者的注意力,使服装成为焦点。灯光的运用则可以为拍摄提供足够照明,营造特定的氛围和情绪。例如,在拍摄一件优雅的晚礼服时,可以选择柔和的暖色调灯光,营造出温馨而浪漫的氛围。将灯光设置在服装的上方或侧面,使光线均匀地照射在服装上,能够凸显其华丽的面料和精致的剪裁。同时,可以利用灯光的阴影效果,打造出服装的立体感和层次感,使其更加引人注目。

(3)选择服装搭配。如果拍摄的是多件不同颜色的服装,可以按照颜色的深浅顺序依次排列挂在一起,这样做既美观又有助于保持秩序感。另外,为了使画面更加生动,也可以选择成套的服装进行拍摄,比如选择将上衣与裤子或裙子等搭配在一起展示。通过展示服装的整体搭配效果,可以增加商品的吸引力。同一款式不同颜色的服装搭配挂拍效果图如图5-1所示。

图 5-1　同一款式不同颜色的服装搭配挂拍效果图

（4）注意拍摄角度和构图。拍摄角度和构图决定了消费者看到的画面效果。可以尝试不同的拍摄角度和构图，以找到最能展示服装特点和吸引消费者的拍摄方式。

（5）注意细节。挂拍也要注意展示服装的细节，如领口、袖口、图案等。可以通过特写镜头来展示服装的质感和细节。

服装挂拍涉及多个因素的综合考虑，通常需要多次尝试和调整，只有找到合适的拍摄方式，才能达到满意的效果。服装挂拍不仅仅是技术层面的操作，更是对服装的理解和对美的追求。只有通过不断地学习和实践，提高自己的审美和拍摄技巧，才能拍摄出更加出色的服装照片。

2. 服装的平铺拍摄要点

服装平铺拍摄是一种将服装平整地放置在平面上，借助拍摄技术来细致展示服装款式、色彩、面料等元素的拍摄方式。这种方式可以清晰地展现服装的每一个细节和质感，使消费者能够更全面、准确地了解服装的真实面貌。

考虑到大多数服装都属于吸光类物体，在进行平铺拍摄时，除了运用之前学习的吸光类物体的拍摄技巧，还需特别关注两个问题。首先，要避免服装在拍摄过程中出现透视变形；其次，要防止画面显得单调。

微课视频：服装的平铺拍摄要点

（1）避免透视变形。在进行服装平铺拍摄时，拍摄者不仅要注重展现服装的细节和特色，还需特别关注拍摄时可能出现的透视变形问题。透视变形，即由于拍摄角度或相机位置不当导致的物品形状在照片上的扭曲，会严重影响照片的真实性和观感。

透视变形是拍摄时的常见现象，尤其在拍摄体积较大物品时更为明显。为了减少透视变形，拍摄者需要确保商品顶端和底端到镜头的距离基本相等或差距比例相接近。考虑到服装的尺寸较大，不建议使用静物台进行整体图的平铺拍摄，因为这可能导致服装的底部和顶部分别与相机距离相差较大，进而产生透视变形，形成"近大远小"的画面效果。汉服拍摄产生的透视变形现象如图 5-2 所示。

为了减少透视变形现象，常用的解决方法有两种。一是调整相机与拍摄平面的距离，避免过近或过远；二是确保相机镜头与拍摄平面垂直。镜头应对准服装的中心位置附近，可以借助梯架或专业俯拍摇臂三脚架等辅助工具来实现。在实际拍摄中，一种常见的做法是将服装平铺在拍摄平面上并用大头钉或魔术贴等进行固定，通过支架等工具将拍摄平面的一端抬升，使平面倾斜，以便于相机镜头与服装平面保持垂直。减少透视变形拍摄效果图如图 5-3 所示。

图 5-2　汉服拍摄产生的透视变形现象　　　　图 5-3　减少透视变形拍摄效果图

（2）防止画面单调。在进行服装平铺拍摄时，不仅要关注如何避免透视变形，还要注重如何使画面更加生动和吸引人。单调的画面往往无法吸引消费者的注意力，因此，需要采取一些办法使画面变得丰富。

首先，可以选择与服装颜色形成鲜明对比的背景，不仅能够突出服装的特点，还能增强画面的对比度和视觉效果。通过精心搭配背景和服装的颜色，可以创造出富有层次感和视觉冲击力的画面。

其次，在拍摄时，可以利用服装的颜色搭配和纹理细节，为画面增添更多的趣味性和层次感。例如，通过选择具有丰富纹理的服装或搭配不同颜色和质地的服饰，可以营造出更加丰富的视觉效果。

再次，在拍摄环境中加入鲜花、饰品、鞋子、手提包等道具，不仅可以为画面增添细节，还能吸引消费者的注意力，使他们对服装产生更浓厚的兴趣。添加装饰物的拍摄效果图如图 5-4 所示。

图 5-4　添加装饰物的拍摄效果图

最后，可以通过调整拍摄角度和构图方式，展现出服装的不同特点和魅力，为画面增添更多的层次感和动态感。

3. 服装拍摄的塑形

在解决了透视变形之后进行拍摄，会发现服装整体拍摄效果上还存在缺乏立体感、款型效果不佳的问题。这主要是因为平铺拍摄的方式会将立体的服装形态挤压成平面，从而扩大正视面的面积，使服装显得肥大而缺乏层次感。为了解决这个问题，在平铺拍摄过程中，需要对服装进行塑形，突出平铺服装的立体感，模仿人体穿着时的自然形态。通过塑形，可以使服装在平面上呈现出更加立体、自然的效果，使其更符合人体曲线，增强视觉效果和吸引力。

动画：服装拍摄的塑形

在服装塑形的过程中，选择合适的填充物不仅能为服装增添质感，还能有效地塑造出理想的外观。常见的填充物包括棉花、纸板和废报纸等。棉花的纤维结构使其具有良好的弹性和可塑性，可以根据需要轻松地塑造成各种形状。与棉花相比，纸板则具有坚固的结构和稳定的形状，可以为服装提供额外的支撑，特别适用于需要保持特定形状的服装部位，如领口、袖口等。废报纸经过揉捏后，可以形成一定的形状，并且具有一定的硬度。在选择填充物时，需要根据服装的具体需求和设计目标进行综合考虑。例如，对于需要保持柔软、舒适感的服装，棉花可能是一种更合适的选择；对于需要较强支撑和硬度的部位，纸板则可能更为合适；而废报纸则可以在一些对塑形要求不是特别严格的场合中作为经济实惠的替代方案。

在服装塑形过程中，除正确选择填充物外，对于特定区域的塑形也尤为重要。手臂肘部、膝盖等是人体活动较为频繁的部位，为了营造出自然流畅的视觉效果，塑形时需要对这些区域进行细致的填充与折叠处理。通过合理折叠的面料，可以模拟出穿着时产生的褶皱，使服装更加贴合人体的自然形态。塑形后的牛仔裤效果图如图 5-5 所示。

（a）正面效果　　　　　（b）背面效果

图 5-5　塑形后的牛仔裤效果图

5.1.2 汉服的平铺拍摄要点

汉服，作为承载中华深厚文化的传统服装，因其别具一格的设计和精湛的制作工艺，赢得了无数爱好者的喜爱与追捧。平铺拍摄是完成汉服商品图片信息采集的一种重要方式。

1. 汉服整体图的拍摄要点

由于汉服有色彩丰富、图案各异的特点，所以在拍摄汉服时为了充分展现汉服的魅力，要选择简洁、干净的背景。一个素雅的背景可以突出汉服的特点和色彩，使其更加鲜明、生动。这样的背景不仅能让消费者的目光更加专注于汉服本身，还能凸显出汉服的独特魅力。

当拍摄汉服的整体图时，需要保证汉服的每一处细节都在柔和且均匀的光线照射之中。在实际拍摄过程中，可将影室灯搭配柔光箱使用，使硬光变得柔和而均匀，可以借鉴常见的吸光类物体拍摄布光方法，特别是高位两前侧光的布光方式。将两盏灯分别放置在汉服的两前侧，确保它们以相同的角度和亮度照射在汉服上。在拍摄过程中，还可以根据需要加装顶光照明，并对灯的角度、亮度和距离进行调整，也可以利用反光板进一步优化和控制光线的走向和强度，以获得理想的照明效果。汉服整体图的拍摄光位布置如图 5-6 所示。

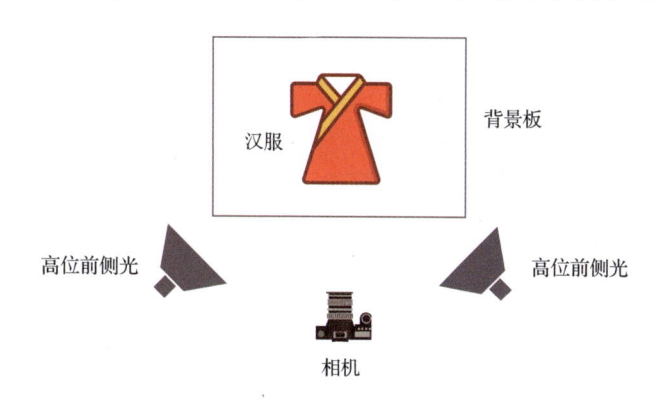

图 5-6 汉服整体图的拍摄光位布置

汉服作为传统服装，其面料和工艺往往较为特殊，为了更好地展现其细节和特点，为消费者提供更准确和吸引人的商品信息，在拍摄前需要进行熨烫处理，确保服装的整洁和平整。将熨烫平整后的汉服平铺在拍摄台或背景板上，对汉服进行塑形，展现出其宽大的袖子和飘逸的裙摆。塑形时还要关注服装上的刺绣、图案、配饰等细节，确保它们清晰可见，以展现汉服的精致之处。

在拍摄时采取俯拍的方式，保持相机镜头在汉服中心点的垂线上，通过调整拍摄距离和焦距，避免出现透视变形现象。在拍摄过程中，始终将汉服置于画面中心，可以突出主体，很好地展示汉服的整体外观效果，如图 5-7 所示。

图 5-7 平铺拍摄展示汉服的整体外观效果

2. 汉服细节图的拍摄要点

（1）标牌细节特写拍摄。在服装拍摄中，通过对服装的水洗标、吊牌等关键细节的特写拍摄，不仅能展示服装的质地、工艺和设计等，更能在无形中传达品牌的核心价值和理念。

对于消费者而言，水洗标和吊牌是品牌识别和记忆的关键点。在日常生活中，人们往往通过这些细节来判断一件服装的出处和质量。因此，通过特写拍摄，可以使消费者更加清晰地看到水洗标和吊牌，从而加深他们对品牌的印象和认知。

为了清晰地展示汉服的品牌标志、颜色信息、尺码信息、材质构成和洗涤说明等部分的标牌细节，在拍摄时，首先，要保持背景简洁，以突出要展示的主体，避免背景杂乱，分散消费者的注意力；其次，应选择合适的拍摄角度，确保光线充足且均匀，以减少阴影和反光；最后，应尽量使用微距镜头进行特写拍摄，并调整好相机参数，如光圈大小、快门速度及白平衡等，使拍摄的图片清晰，色彩还原真实。

（2）典型细节特写。汉服所蕴含的文化内涵和历史积淀，使得其典型细节的展示显得尤为重要。在拍摄过程中，对细节的特写不仅展示了汉服的工艺与设计之美，更在情感层面与消费者产生深度共鸣，从而引发他们的购买意愿。一个精美的刺绣图案、一根华丽的丝带绑结或是一个独特的纽扣造型，都可能成为吸引消费者的决定性因素。通过特写镜头，将汉服的每一个细节都淋漓尽致地展现出来，让消费者能够深刻感受到其独特魅力和文化内涵。某款汉服典型细节特写拍摄效果图如图 5-8 所示。

（a）袖衫细节　　　　　　　　　　（b）裙子细节

图 5-8　某款汉服典型细节特写拍摄效果图

（3）独特卖点的细节拍摄。在拍摄汉服时，为凸显其独特的卖点，拍摄者需要敏锐地捕捉并展现出其别具一格的细节。例如，汉服上精美的刺绣图案，每一针、每一线都蕴含着匠人的心血和技艺，通过特写镜头，这些细腻的纹理和鲜艳的色彩得以充分展现，为消费者带来视觉上的享受。

另外，汉服的传统色彩搭配也是其一大卖点。采用传统的色彩组合，如淡雅的素色、华丽的锦绣等，不仅可展现汉服的高雅格调，更能体现其深厚的文化内涵。在拍摄过程中，通过合理的光线调整和背景选择，能够体现出汉服的色彩魅力，让消费者对其产生更深的情感共鸣。

除此之外，汉服的剪裁和设计同样具有吸引力。如汉服的领口设计，有的呈现 V 形，有的则呈现圆形，还有斜裁等多样化的设计，不仅显得颈部修长，还能展现出不同的气质和风韵。飘逸的裙摆设计给人一种轻盈如仙子的感觉，展现出一种超凡脱俗的美感。精致的腰带则如同画龙点睛之笔，既起到了固定衣物的作用，又增添了服装的艺术感。

总之，在拍摄汉服细节图时，要注重细节的处理和展现，通过特写镜头和合理的光线调整来凸显汉服的独特魅力和文化内涵。同时，还要关注消费者的需求和审美偏好，选择适合的拍摄角度和背景来展现汉服的魅力。

素养提升

汉服文化的内涵与意义

汉服文化，作为中国传统文化的重要组成部分，不仅仅是一种服饰文化，更是一种承载着深厚历史底蕴、民族精神和审美情趣的文化现象。它不仅彰显了中华民族的独特魅力，也为现代社会提供了丰富的文化资源和精神滋养。汉服文化内涵丰富，意义深远。

（1）丰富的内涵。

服饰之美。汉服的款式多样，色彩丰富，注重线条的流畅和图案的精美。从飘逸的宽袍大袖到精致的衣裙配饰，无不体现了汉服独特的服饰之美。这种美不仅仅体现在外观上，更在于其背后所蕴含的深厚文化内涵。

文化传承。汉服作为中华民族的传统服饰，承载着丰富的历史文化信息。从古代的丝绸之路到现代的国际时装周，汉服文化以其独特的魅力吸引着世界的目光。通过穿着汉服、研究汉服文化，人们可以更好地了解和传承中华优秀传统文化。

礼仪规范。在古代，汉服不仅是人们的日常服饰，还承载着严格的礼仪规范。汉服的穿着方式和礼仪场合的选择都体现了尊师重道、孝亲敬长、长幼有别的社会伦理观念。这种礼仪规范在现代社会仍然具有一定的指导意义，有助于维护社会秩序与和谐稳定。

（2）深远的意义。

民族认同与自信。汉服作为中华民族的传统服饰，具有强烈的民族认同感。通过穿着汉服、参与汉服文化活动，人们可以更加深入地了解自己的民族文化和历史，增强民族自豪感和自信心。这种自信有助于推动中华民族的文化复兴和国家的发展进步。

文化交流与传播。汉服文化作为中国传统文化的重要组成部分，具有独特的魅力和价值。通过与国际时尚界的交流与合作，汉服文化可以走向世界舞台，展示中华民族的文化魅力和创造力。同时，汉服文化也可以吸引更多的人关注和了解中国传统文化，促进文化交流与传播。

弘扬传统美德与价值观。汉服文化所蕴含的尊师重道、孝亲敬长、长幼有别的社会伦理观念，以及节约资源、保护环境的理念等，都是中华民族的传统美德和价值观。通过传承和发展汉服文化，可以弘扬这些传统美德和价值观，为现代社会的道德建设和社会发展提供有益的借鉴和启示。

> 总之，汉服文化以其独特的魅力和深厚的内涵，成为了中国传统文化的重要组成部分。通过深入了解和研究汉服文化，可以更好地理解和传承中华优秀传统文化，为现代社会的发展和进步提供有益的借鉴和启示。同时，汉服文化也需要在现代社会中不断创新和发展，以适应时代的需求和挑战。

任务实训

汉服的平铺拍摄

一、实训要求

以团队合作的方式，完成汉服的室内平铺拍摄，具体要求如下。

（1）团队要求：在实训过程中，学生以3～4人为一小组，分工合作，轮流进行拍摄。

（2）内容要求：需要在室内完成汉服的平铺拍摄，包括整体图和细节图。

（3）整体图要求：能展示汉服的完整外观，注重塑形与立体感的表现。

（4）细节图要求：聚焦汉服的特色细节，如刺绣、面料纹理等，展现汉服的独特魅力。

二、实训步骤

1. 拍摄前的准备工作

在采集商品信息前，需要做好拍摄准备工作，需要的设备有数码单反相机、静物台、背景板、影室灯等，具体要求如下。

（1）对现场进行整理，准备好数码单反相机1台、静物台1个、带柔光箱的影室灯3盏、三脚架1个、反光板1个。

（2）准备好拍摄使用的汉服样品，将汉服提前熨烫平整，检查样品的完整性。

（3）准备商品信息采集其他器材，包括静物台、背景板、背景架、背景布、棉花、废报纸、大头钉等。

（4）确定拍摄思路，制作好拍摄登记表，为拍摄记录做好准备。

2. 搭建商品拍摄环境

汉服室内平铺拍摄的光位布置需要根据服装的长短来进行调整。

（1）使用背景板作为平铺整体图拍摄的背景，将背景板的一端用支架或凳子等道具进行抬升，使相机镜头与背景板平面垂直。

（2）在进行汉服整体图拍摄时，使用两盏影室灯，分别放置在前方左右45度角的位置，升高灯架，灯头斜向下，形成高位两前侧光照明。两盏灯与汉服间的距离基本相等，通过灯架调节使两灯的高度也相同。

（3）根据现场照明情况，可以加装一盏灯作为顶部光源，使整件商品能有更充分均匀的光源照射。

（4）在进行汉服细节图拍摄时，可根据现场情况适当调整光源位置及强度，确保光线充足且均匀，以减少阴影和反光。

3. 分析拍摄对象，完成塑形

在完成环境的初步搭建之后，需要分析拍摄对象的特点。将摆放平整的汉服放置于背景板上，可用大头针等工具进行固定，使之不易滑动。利用棉花、废报纸等对汉服进行塑形，整理好汉服领子、袖子、下摆等细节部位，对手臂肘部等区域的褶皱进行定型，使之看起来更加自然和生活化。

4. 调整光线与角度，设置相机参数

（1）在搭建完拍摄环境之后，需要微调光线角度和强度，确保汉服表面光线均匀，避免产生强烈阴影。

（2）将数码单反相机调整至手动模式（M），以确保拍摄参数的精准控制。设置合适的光圈大小、快门速度和 ISO 值，以获得清晰、无噪点的照片。

（3）为了更准确还原汉服的颜色，若相机具备 RAW 格式拍摄功能，可以使用 RAW 格式进行拍摄，以便在后期处理中获得更大的调整空间。

5. 整体图的拍摄

（1）在调整好光线和角度，设置好相机参数后进行试拍，观察照片效果。

（2）根据试拍结果调整相机参数或光线，以获得最佳拍摄效果。确保每张照片都清晰、无变形，并展示汉服的整体外形，还原汉服的真实色彩。

6. 细节图的拍摄

（1）在拍摄完整体图后，需对灯光位置和强度等进行调整，确保拍摄细节图时光线充足且均匀，以便更好地展示汉服的细节和纹理。

实训视频：汉服细节图的拍摄

（2）将相机固定在三脚架上，确保拍摄过程中相机稳定。调整相机参数以获得恰当的曝光和清晰度。

（3）选择汉服的细节部位进行拍摄。细节部位包括标牌细节如水洗标、吊牌等，典型细节如汉服领口、褶子、袖口和上装下摆部分等，独特卖点细节如汉服的缝制、裁剪、手工刺绣、纹饰、印染及材质等。

（4）使用手动对焦功能，确保焦点准确落在细节上，以获得清晰锐利的图像。尝试不同的拍摄角度进行拍摄，以展示细节的最佳效果。

汉服细节部位展示效果图如图 5-9 所示。

7. 循环执行步骤 5 和步骤 6，以达到最佳拍摄效果

动态调整相机参数、光源位置及反光板等辅助器材的位置。同时根据商品特点，对整体图的汉服塑形、拍摄角度和构图等进行优化，对细节图的局部选取、拍摄方式等进行优化，

以达到最佳拍摄效果。

（a）凤凰图案 　　　　　　　　　　（b）肩部细节

（c）裙摆细节 　　　　　　　　　　（d）下裙绣花

图 5-9　汉服细节部位展示效果图

8. 填写拍摄登记表，完成拍摄

在拍摄完成后，完善拍摄登记表，整理好拍摄现场及拍摄物品和道具，并进行总结与反馈，分析拍摄过程中的优点与不足，为后续的拍摄任务提供经验与借鉴。

任务拓展

有时候为了丰富店铺商品种类，提升顾客购物体验，店铺除了上架单件汉服，还会有男女组合款汉服上架。请为一套男女组合款汉服完成整体图的信息采集，采用室内挂拍或平铺拍摄的方式进行拍摄。整体图要求男女汉服同时出镜，展示男女汉服的颜色搭配、款式差异和整体风格等。

任务 5.2　汉服的模特展示拍摄

在完成汉服室内信息采集的基础上，本任务将进行汉服室外模特展示拍摄，为后续商品的视觉营销设计做准备。为确保拍摄达到预期效果，需要团队成员默契配合。模特要在深刻领悟汉服文化精髓的基础上，通过优雅的姿态展现汉服的魅力。同时，拍摄者要掌握与模特沟通的技巧，能灵活运用各种拍摄方法与技巧捕捉人物与汉服的精彩瞬间，展现汉服的文化底蕴，让消费者感受到汉服之美。

◆ 学习目标

知识目标：
- 掌握模特展示拍摄的取景和构图方法；
- 掌握模特展示姿态造型的设计方法，以及与模特沟通的技巧。

能力目标：
- 能完成汉服模特拍摄的取景与现场布置；
- 能在拍摄过程中与模特进行有效沟通，完成最优画面的抓拍。

素养目标：
- 在团队拍摄过程中，根据实际情况灵活调整与模特的沟通方式与拍摄方法，提升沟通能力与团队协作能力；
- 通过汉服的模特展示造型设计及拍摄效果优化，树立创新意识，弘扬精益求精的工匠精神；
- 通过汉服模特展示拍摄，提升对传统服饰之美的鉴赏能力，激发创造美的灵感。

◆ 学习导图

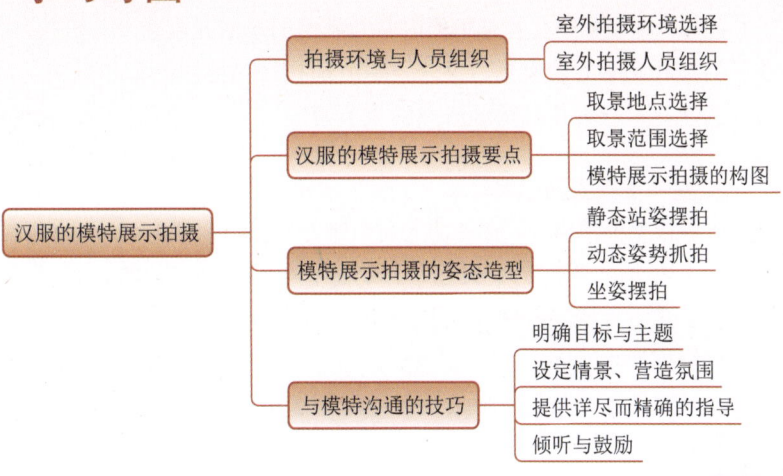

```
汉服的模特展示拍摄 ┬─ 拍摄环境与人员组织 ┬─ 室外拍摄环境选择
                  │                    └─ 室外拍摄人员组织
                  ├─ 汉服的模特展示拍摄要点 ┬─ 取景地点选择
                  │                      ├─ 取景范围选择
                  │                      └─ 模特展示拍摄的构图
                  ├─ 模特展示拍摄的姿态造型 ┬─ 静态站姿摆拍
                  │                      ├─ 动态姿势抓拍
                  │                      └─ 坐姿摆拍
                  └─ 与模特沟通的技巧 ┬─ 明确目标与主题
                                    ├─ 设定情景、营造氛围
                                    ├─ 提供详尽而精确的指导
                                    └─ 倾听与鼓励
```

新知学习

5.2.1　拍摄环境与人员组织

相较于服装的挂拍或平铺拍摄一般在室内进行，服装的模特展示拍摄在场景选择上更具多样性和灵活性，不仅可选择室内环境，还可以选择室外与服装风格相得益彰的地点进行拍摄。

1. 室外拍摄环境选择

在室内拍摄时，拍摄者可以通过灯光和背景布置来打造理想的拍摄环境；在室外拍摄时，可以利用自然光线和周围环境元素，为照片增添更多真实感，特别是在拍摄汉服这类具有浓厚文化特色的服装时，室外的自然环境更能凸显汉服的韵味和特色，让模特在山水、花草、古建筑等背景下展现出汉服的独特魅力。

（1）自然光源选择。自然光源能够直接影响到照片的氛围、色彩和服装的呈现效果。例如，日出和日落时分光线柔和且温暖，能够产生美丽的光影效果，非常适合拍摄人像；中午的阳光强烈且直射，硬光下的强烈阴影和高对比度可以创造出更具戏剧性的照片；在阴天拍摄时，光线均匀且柔和，没有明显的阴影和高光部分，这种光线非常适合拍摄柔和、自然的照片，同时能够减少模特肌肤上的瑕疵和皱纹。需要注意的是，不同时段的自然光源色温不同，拍摄者需要根据光线的色温调整相机的白平衡设置，以获得自然的色彩效果。

（2）拍摄场景选择。选择与生活息息相关的场景，如街头巷尾、亭台楼阁、公园绿地、历史文化区等，能够让消费者更容易产生共鸣，增加代入感。这种拍摄方式也有助于展现服装在日常穿着中的实际样子，更易于潜在客户想象自己穿上这些服装的情景。

历史文化区等场景通常具有丰富的历史和文化内涵，能够为模特拍摄增添一份独特的韵味和故事感。拍摄场景选择非常广泛，拍摄者可以根据服装的风格和拍摄主题，自由选择合适的场景，从而创造出与服装特色相契合的氛围。

（3）自然元素的融入。在室外拍摄中，自然元素的融入可以为画面增添无限魅力。例如，在春日的午后，公园里一阵微风吹过，轻轻拂动模特的发丝和衣裙，不仅为画面带来了动态感，还赋予了模特一种难以言喻的灵动气质。

此外，季节的变化也是拍摄时常常利用的自然元素之一。如春天的花朵、夏天的绿叶、秋天的落叶和冬天的雪景，每一个季节都有其独特的色彩和氛围。可以通过捕捉这些季节的标志性元素，为作品增添浓厚的季节感。

2. 室外拍摄人员组织

在进行室外拍摄时，合理的人员组织是确保拍摄顺利进行的基础。在实际拍摄过程中，根据拍摄内容和需求，人员配置可以灵活调整。但是需要确保每个团队成员都明确自己的角色和职责，保持良好的沟通和协作，共同为拍摄目标的顺利实现而努力，以下是基本的人员组织框架。

（1）拍摄者：负责整个拍摄任务的创意指导和技术执行。需要拥有娴熟的拍摄技巧，根据拍摄主题和要求，选择合适的拍摄技巧和角度，捕捉画面的精彩瞬间。

（2）服装模特：是拍摄的焦点，应具备出色的形体展现能力和镜头感，能根据拍摄者的引导，自然地展示服装并表达拍摄的主题。

（3）拍摄助理：在拍摄前期，协助拍摄者进行场景布置、设备调试等工作。在拍摄过程中，摄影助理还负责调整灯光、操作反光板等辅助任务。

（4）化妆师与造型师：负责模特的妆容和整体造型。根据拍摄主题和服装风格，为模特打造协调的妆容和造型，突出其特点，与拍摄主题相得益彰，共同创造出理想的拍摄效果。

（5）后期处理专员：负责拍摄后的照片处理与编辑。运用专业的图像处理软件，对照片进行调色、裁剪、修饰等，提升照片的整体质量。

5.2.2　汉服的模特展示拍摄要点

为了充分展现汉服的独特魅力并提升拍摄照片的质量，拍摄团队在室外模特展示拍摄过程中，需要精心选择取景地点、天气条件，调整取景范围、构图方法及拍摄角度等，并灵活运用拍摄技巧，拍摄出令人惊艳的汉服照片，充分展现汉服的韵味和魅力。

1. 取景地点选择

取景地点和天气是影响照片主题表达的重要因素。取景地点影响着拍摄照片的背景和环境，是构成照片画面的基础元素。选择一个与主题相关的取景地点，能够更好地突出主题。对于汉服这种具有传统文化特色的服装，选择亭台楼阁、古建筑群等作为拍摄场景，能够更好地展现其独特魅力和文化内涵。选择自然风景区，如山水田园、海滨沙滩等地点，可以与汉服的文化内涵相结合，营造出清新、自然、唯美的氛围。以自然景色为背景的拍摄效果图如图 5-10 所示，融入仿古建筑元素的拍摄效果图如图 5-11 所示。

图 5-10　以自然景色为背景的拍摄效果图　　图 5-11　融入仿古建筑元素的拍摄效果图

2. 取景范围选择

在室外模特展示拍摄中，取景范围决定了拍摄画面中各个组成部分如何和谐共存，共同为拍摄主题增添光彩。取景范围，又称景别，包括远景、全景、中景、近景和特写，它精细地框定了相机镜头所能呈现的画面广度。一个恰到好处的取景范围能够引导消费者的视线，将注意力聚焦于模特与服装上，避免被背景中的杂乱元素分散注意力。

若取景范围过于宽泛，画面可能会显得杂乱无章，引入过多与主题无关的元素，如远处的建筑、树木或行人等，这些元素可能会分散消费者的注意力，使模特和服装的主体地位被淡化。相反，若取景范围过于狭窄，则可能难以充分展现模特的体态、服装的细节及整体氛围的营造。因此，拍摄者需要在拍摄前仔细观察环境，选择合适的拍摄角度和位置，以确保画面元素的和谐统一。

在服装模特展示拍摄中，通常会采用全景、中景和近景这三种景别来构图。全景以模特为中心，将周边环境纳入画面，以烘托出整体的氛围和场景，如图5-12所示，这种拍摄方式能够展现模特与环境的互动，使消费者更好地融入其中；中景则聚焦于模特膝盖以上的部位，将环境静物置于次要地位，重点表现人物上半身的形体和神态，如图5-13所示，这种拍摄方式能够凸显模特的曲线美和服装的设计特色；近景则主要展现模特胸口以上的部位，包括头部、面部表情及手的动作等，如图5-14所示，这种拍摄方式能够更加细腻地展现模特的面部特征和情感表达。

图5-12 全景拍摄效果图

图5-13 中景拍摄效果图

图5-14 近景拍摄效果图

微课视频：模特展示拍摄的取景

3. 模特展示拍摄的构图

在汉服室外模特展示拍摄时,构图设计直接影响照片的美感和表达效果。构图是指画面元素的组织形式,把要表现的内容适当地组织起来,构成一幅协调、完整的画面来表达相应的主题。

(1)常见的构图方法。

一般来说,常见的构图方法主要包括水平线构图、垂直线构图、对角线构图、曲线构图、九宫格构图、中心构图、引导线构图、三角形构图、圆形构图等。在汉服室外模特展示拍摄中,为了凸显模特这一主体,需要选择恰当的构图方式,这通常需要确保消费者的目光不被分散,自然而然地被吸引到模特身上,同时巧妙地平衡模特与周围环境之间的关系。为了达到这一效果,通常会采用一些常用的构图方法,如中心构图法、九宫格构图法等。

中心构图法,即将主体置于画面中央,通过左右两侧的均衡布局,为整个画面带来一种稳定而庄重的美感。这种构图方法不仅凸显了主题,还增强了画面的聚焦效果,使得消费者的视线自然而然地集中在画面中心。中心构图法拍摄效果图如图 5-15 所示。

九宫格构图法,通过两横两竖四条线将画面均分为九个格子,这些线条的交叉点被称为焦点,在九宫格构图法中,拍摄者通常会将重要的主体或关键元素放置在这些焦点附近,这样可以使画面更具平衡感和吸引力。九宫格构图法拍摄效果图如图 5-16 所示。

图 5-15 中心构图法拍摄效果图　　　　图 5-16 九宫格构图法拍摄效果图

此外,三角形构图法也是一种独特的构图方法。在这种构图方法中,线条的巧妙组合能够构成面,从而扩大画面的表现范围,并增强整体视觉效果。这种构图方法使画面更接近物体本身的形态,为消费者提供了一种更为自然和真实的视觉体验。同时,通过线条形成的面加强了画面的结构感和稳定性,使作品更具艺术性和表现力。

(2)拍摄角度。拍摄角度的选取主要包括拍摄方向、拍摄高度和拍摄距离的选择,这三者共同决定了照片的视觉效果和传达的信息。

拍摄方向的变化是指以拍摄对象为中心,照相机在水平方向上前、后、左、右位置的变化,不同的拍摄方向会呈现拍摄对象不同的面貌和特征,从而传达不同的视觉信息。在室外模特拍摄时,拍摄方向的选择主要有正面拍摄、侧面拍摄、背面拍摄、斜侧面拍摄等。正面拍摄是从拍摄对象的正面进行拍摄,可以展现其全貌和细节特征,给消费者以直观、真实的感受;侧面拍摄是从拍摄对象的侧面进行拍摄,可以展现其轮廓和立体感,创造出更加具有层次感的画面；背面拍摄是从拍摄对象的背面进行拍摄，可以引发消费者的好奇心和想象力，同时也可以强调拍摄对象与环境的关系；斜侧面拍摄是介于正面和侧面之间的拍摄方向，可以兼顾拍摄对象的正面特征和侧面轮廓，创造出更加丰富多变的视觉效果。

在室外模特拍摄时，根据不同的拍摄方向，可以得到正面图、侧面图和背面图等不同视角的图片。不同拍摄方向的拍摄效果图如图 5-17 所示。

（a）左侧面　　　　　　　　　　（b）正面　　　　　　　　　　（c）右侧面

图 5-17　不同拍摄方向的拍摄效果图

在保持拍摄方向不变的前提下，改变拍摄的高度会使所摄的画面透视关系发生改变，从而产生截然不同的视觉效果和心理感受。由于高度的变化，拍摄者可站在高点进行俯拍，或蹲下完成仰视拍摄等。

仰视拍摄一般是指相机低于拍摄对象中心位置进行的拍摄，可以强调拍摄对象的高大，同时还可起到净化背景、突出主体的作用。例如，在拍摄人物全身时，仰视拍摄能够展现修长的腿部线条，为画面增添美感。

俯视拍摄，即相机位置高于拍摄对象，能够展现出更广阔的场景和对象全貌，带给消费者开阔和壮观的视觉体验。然而，需要注意的是，在人物近景拍摄时，较高的俯拍视角可能会产生透视变形现象。

平视拍摄，即相机与拍摄对象处于同一水平高度，能够呈现出更加自然的视觉效果，使消费者感到亲切平和。这种拍摄角度所呈现的画面透视关系，更符合人们的正常视觉习惯。无论是拍摄风景还是人物，平视拍摄都能够呈现出真实的场景和自然的情感。

通过拍摄方向和拍摄高度的选择，能够展现出拍摄对象的独特魅力和气质，同时传达出特定的视觉信息。不同的拍摄角度能够创造出丰富多彩的视觉效果，为消费者带来独特的心理感受。

微课视频：模特展示拍摄的构图

5.2.3 模特展示拍摄的姿态造型

在服装模特展示拍摄中,模特可以通过各式各样的姿态和造型,巧妙地将服装的独特魅力展现得淋漓尽致。常见的模特姿态包括端庄的站姿、优雅的坐姿及慵懒的卧姿等。除此之外,还有一些别出心裁的造型,如轻盈地跳跃、自然地行走、自由地奔跑等。接下来,将详细介绍在汉服模特展示拍摄中常见的姿态造型。

1. 静态站姿摆拍

在模特展示拍摄中,静态站姿摆拍是最简单、基本的拍摄姿态。它要求模特在镜头前保持稳定,展现其内在的气质和美感。模特需要从多个角度,如正面、侧面、背面等,全面展示服装的设计特点和细节。稳定的站姿不仅凸显了服装的精致和质感,也让模特散发出自信和从容的气质。静态站姿摆拍效果图如图 5-18 所示。

(a)持扇远眺静态站姿　　　　(b)持扇提篮静态站姿

图 5-18　静态站姿摆拍效果图

2. 动态姿势抓拍

与静态站姿拍摄相比,动态姿势的抓拍则更能展现出模特的活力和时尚魅力。模特在镜头前通过一系列自然流畅的动作,如一个优雅的转身,一个轻盈的步伐,或是随风对裙摆的摆动,都可以将服装的动感和优雅展现得淋漓尽致。这些动作不仅能够吸引消费者的眼球,更能够让消费者感受到服装的质感,以及穿着它的人所散发出的自信与魅力。

在进行动态姿势抓拍时,拍摄者需要具备敏锐的洞察力和快速的反应能力,才能精准地捕捉到这些精彩的瞬间。通常需要根据模特的动作和表情,以及周围的环境和光线,进行精准的曝光和构图,以展现出模特的动态美。同时,还需要灵活运用各种拍摄技巧,如快门速度、追随拍摄等,来强调模特的动态感,让消费者仿佛能够感受到模特的每一个动作。动态姿势抓拍效果图如图 5-19 所示。

（a）整理头发动态抓拍 　　　　　　　　　　（b）持伞抬手动态抓拍

图 5-19　动态姿势抓拍效果图

3. 坐姿摆拍

与静态站姿和动态姿势抓拍相比，坐姿摆拍为模特展示服装提供了另一种独特的视角和魅力。坐姿摆拍能够展现出模特的优雅、从容和自信，尤其适合展示那些注重细节和剪裁的服装。

在坐姿摆拍中，模特需要坐在精心布置的道具或背景前，通过调整身体的姿态和服装的展示角度，来展现出最佳的视觉效果。如模特可以手持扇子，调整扇子的角度和位置，与服装形成完美的呼应，展现出一种独特的时尚魅力，或者用手轻轻抚摸衣物，展现出服装的质感和细节。经典坐姿摆拍效果图如图 5-20 所示。

图 5-20　经典坐姿摆拍效果图

无论是静态摆拍、动态抓拍还是坐姿摆拍，都需要拍摄者与模特之间紧密合作。只有建立在相互信任、理解和有效沟通的基础上，才能拍摄出引人入胜的汉服模特展示作品，进而吸引消费者的目光，激发他们潜在的购买欲望。

微课视频：模特展示拍摄的姿态造型

5.2.4　与模特沟通的技巧

模特展示拍摄的成功与否，关键在于拍摄者与模特之间的有效沟通。模特作为展示品牌形象和传达设计理念的重要角色，其表现直接影响到拍摄的最终效果。为了实现预期的拍摄效果，拍摄者与模特之间的沟通非常关键。以下是一些在拍摄过程中与模特有效沟通的技巧。

1. 明确目标与主题

在开始拍摄之前，拍摄者和模特需要明确拍摄的目标和主题。这有助于双方更好地理解和执行拍摄计划，确保最终拍摄的图片能够准确传达出所期望的效果。拍摄者要和模特充分讨论，明确拍摄的主题、风格、氛围等要素，并确保模特对这些要求有清晰的认识。模特则需要根据这些要求，调整自己的状态和表现力，以符合拍摄主题。

2. 设定情景、营造氛围

在模特展示拍摄中，拍摄者通过选择拍摄地点、布置道具、调整光线和色彩等方式来设定特定的情景。模特则需要深入理解并感受所设定的情景，用表情、动作和服饰来营造出与情景相符的氛围。

3. 提供详尽而精确的指导

为了确保模特能够准确理解并呈现出所期望的效果，拍摄者要向模特提供详尽而精确的指导。在指导过程中，宜使用简单易懂的语言，避免使用含糊不清或模糊的指令。通过示范和演示，让模特能够更直观地理解正确的姿势和动作。在具体操作时，拍摄者可以将复杂的动作分解为一系列简单的动作，分步指导模特完成整套动作。同时，模特也要多尝试，及时与拍摄者进行反馈交流。

4. 倾听与鼓励

拍摄者需要认真理解模特的身体语言和情绪变化，捕捉模特最真实、最动人的瞬间。另外，还需耐心倾听模特的诉求和疑惑，多鼓励、多指导，让模特自信放松地在镜头前展现出最佳的状态。拍摄者和模特之间相互信任、相互支持的关系，不仅能够提升拍摄效果，还能让整个过程变得更加愉快和顺畅。

素养提升

提升审美能力，感受生活的无限魅力

审美能力的提升不仅能够让我们更好地欣赏艺术，还能使我们的生活更加丰富多彩。

首先，要提升审美能力，需要培养对艺术的兴趣和好奇心。艺术是人类智慧的结晶，它包含了丰富的情感和思想。我们可以通过参观美术馆和艺术展览、阅读艺术书籍和杂志，以及参加艺术讲座和活动来拓宽我们的艺术视野。此外，我们还可以尝试自己创作艺术作品，如绘画、摄影、雕塑等，从而更深入地理解艺术创作的过程和技巧。

其次，学习和了解艺术史和理论知识也是提升审美能力的重要途径。艺术史可以帮助我们了解艺术发展的脉络和各种艺术流派的特点；通过学习艺术理论知识，我们可以更好地理解艺术作品的形式、构图、色彩、线条等方面的运用和表达。这些都有助于我们培养审美鉴赏能力，更好地欣赏和评价艺术作品。

最后，审美能力的提升还需要培养自己的情感和直觉。艺术作品往往能够触动人的内心，引发情感共鸣。我们在欣赏艺术作品时，可以尝试放下理性的束缚，用直觉去感受作品所传达的情感和氛围。同时，我们也可以通过与他人交流、分享自己的感受和观点，来拓宽自己的审美视野。

提升审美能力对个人和社会都有积极的影响。

对个人而言，审美能力的提升可以让我们更加敏锐地感受到生活中的美，使生活更加丰富多彩。艺术作品能够激发想象力和创造力，帮助我们更好地表达自己的个性和情感。此外，审美能力的提升还有助于培养情感素养和道德观念，使我们更加懂得尊重和欣赏他人的价值和努力。

对社会而言，提升审美能力有助于培养公民的艺术素养和文化品位。艺术是文化的重要组成部分，它能够凝聚社会的精神力量，提升国家的文化软实力。当整个社会都注重审美教育时，人们将更加懂得欣赏和保护文化遗产，关注和支持艺术创作和发展。这将有助于推动社会的进步和文化繁荣。

总之，审美能力的提升是一项持久而深入的过程。通过培养对艺术的兴趣和好奇心，学习和了解艺术史和理论知识，以及培养自己的情感和直觉，我们可以不断提升自己的审美能力。这将使我们的生活更加美好，同时也为个人和社会带来积极的影响。让我们共同踏上提升审美能力的艺术之旅，感受生活的无限魅力。

任务实训

汉服的模特展示拍摄

一、实训要求

根据电子商务平台的实际需要，组织团队成员进行汉服的模特展示拍摄，完成图片素材采集，具体要求如下。

（1）场景要求：选择合适的户外场景进行拍摄，根据所拍摄的汉服特点可以选择古建筑、古街巷、园林等具有中国传统特色的场所，也可以选择自然风光等场景来呈现不同的文化氛围。

（2）模特选择：选择适合表现汉服特色的模特，要有较强的敬业精神。

（3）内容要求：选择不同的构图方式和姿态造型，进行多角度的汉服展示拍摄。

（4）质量要求：模特表现自然，拍摄图片能体现汉服的特色，具有氛围感。

（5）团队要求：在任务实训过程中，学生以3～4人为一小组，分工合作，轮流进行拍摄。

二、实训步骤

1. 拍摄前的准备工作

在采集商品信息前,需要做好拍摄准备工作,具体要求如下。

(1)准备好数码单反相机 1 台、三脚架 1 个、反光板 2 个、汉服配饰数套。

(2)准备好拍摄使用的汉服样品,需要提前将样品熨烫平整。

(3)准备好辅助道具,如油纸伞、团扇及补妆用品等。

(4)完成模特的妆容造型。

2. 选择拍摄场景

根据汉服的历史文化背景和特点,挑选具备古典韵味的拍摄场所,如亭台楼阁或古建筑群等。这些场景不仅与汉服的风格相得益彰,还能为消费者提供一个沉浸式的购物体验。此外,也可以选择自然风景区如山水田园、海滨沙滩等,展现汉服的多样性和适应性。在选择场景后,还应对其进行整理,确保拍摄环境整洁、有序。

3. 选择取景范围,设计模特展示的拍摄构图

在拍摄汉服时,可以让模特位于画面的中心或黄金分割点,突出其主体地位。同时,利用前景或背景,如树木、花草等增加层次感,使照片更加生动。此外,不同的拍摄角度和高度也会产生不同的视觉效果,可以尝试多种构图方式,找到最适合展示汉服特色的角度。

4. 与模特沟通,设计姿态造型

(1)明确拍摄的目标和主题。在开始拍摄之前,拍摄者和模特要明确拍摄的目标和主题,这是整体拍摄的氛围和基调,也是模特姿态造型设计的依据。汉服作为中国传统文化的重要象征,其拍摄主题通常围绕传统文化、历史场景或古风元素。例如,若选择古典宫廷作为主题,则风格上应呈现出华丽与庄重的氛围;若选择江湖侠女作为主题,则风格可能更偏向自由与不羁。

实训视频:摄影师与模特沟通的技巧

(2)设定情境,营造氛围。在明确了拍摄的主题和风格后,接下来要为模特创造一个具体的环境,并营造出相应的氛围。例如,若主题为古典气质,可以设想一个洒满阳光的午后,模特在庭院中悠闲漫步的场景。这种场景的描绘有助于模特更好地想象并展现出轻松、愉悦的情绪和姿态。

(3)提供详尽而精确的指导,进行姿态造型设计。在拍摄过程中要与模特保持沟通,让模特了解他们在情境中的角色和背景故事,帮助他们更好地代入角色,展现出与情境相符的姿态和表情。在进行姿态造型设计时,拍摄者要提供详尽而精确的指导,如要告诉模特如何摆放身体姿势、转动头部、调整面部表情等。也可以通过示范、口头指导或使用姿势参考图片来帮助模特更好地理解和模仿所需的姿态。

5. 找准最佳造型进行抓拍

在模特按照指导摆出姿势造型后,拍摄者需要仔细观察并找出最合适的造型,这可能

需要多次尝试和调整,直到找到最能体现主题和风格的瞬间,按下相机快门进行抓拍。静态站姿摆拍效果图如图 5-21 所示,动态姿势抓拍效果图如图 5-22 所示,坐姿摆拍效果图如图 5-23 所示。

图 5-21 静态站姿摆拍效果图

图 5-22 动态姿势抓拍效果图

图 5-23 坐姿摆拍效果图

6. 填写拍摄登记表,完成拍摄

在拍摄完成后,填写好拍摄登记表,整理好拍摄现场及拍摄物品和道具,并进行总结与反馈,分析拍摄过程中的优点与不足,思考改进措施。

任务拓展

请在上一个任务拓展的基础上,为男女组合款汉服完成室外双人模特展示拍摄。在拍摄过程中,双人模特的摆拍需要考虑到服装的特点和风格。模特可以通过相互的呼应和对比,突出服装的特色和魅力。例如,在展示一套情侣装时,两位模特可以通过相似的姿势和动作,展现出情侣之间的默契与和谐;在展示一套对比强烈的服装时,则可以通过对比鲜明的动作和表情,突出服装的差异和个性。拍摄者在拍摄过程中需与两位模特进行沟通,并引导他们团结协作,共同展示组合款汉服的特点,抓拍最优画面。

任务 5.3　商品详情页设计与制作

商品详情页在电子商务平台中扮演着至关重要的角色，它详尽地展示了特定商品的详细信息，帮助用户作出购买决策。本任务旨在通过学习商品详情页的设计方法和技巧，结合汉服的独特性，设计与制作出富有魅力的汉服商品详情页。汉服不仅外观精致，更蕴含着深厚的中华历史文化。在设计和制作过程中，应着重突出汉服的独特魅力和文化内涵，以吸引目标消费者。

● 学习目标

知识目标：
- 熟悉商品详情页的定义及作用；
- 掌握商品详情页商品的卖点挖掘方法；
- 掌握商品详情页的内容设计要点。

能力目标：
- 能应用 FAB 法则挖掘商品卖点；
- 能根据商品的特性合理设计商品详情页的配色、文字等；
- 能对商品详情页进行合理的内容设计，并完成制作。

素养目标：
- 通过商品详情页的设计与制作，树立创新意识，提高创造能力，弘扬精益求精的工匠精神；
- 通过商品详情页的设计与制作，客观、真实地展示商品，拒绝商品的过度美化，树立诚实守信的良好品质；
- 通过商品详情页的设计与制作，理解美、体现美、创造美、传承美，提升美学素养。

● 学习导图

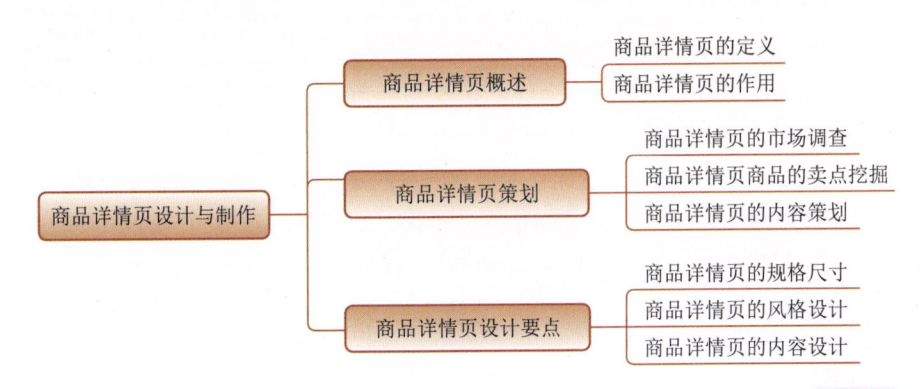

```
                                    ┌─ 商品详情页的定义
                   ┌─ 商品详情页概述 ┤
                   │                 └─ 商品详情页的作用
                   │
                   │                 ┌─ 商品详情页的市场调查
商品详情页设计与制作┼─ 商品详情页策划 ┼─ 商品详情页商品的卖点挖掘
                   │                 └─ 商品详情页的内容策划
                   │
                   │                     ┌─ 商品详情页的规格尺寸
                   └─ 商品详情页设计要点 ┼─ 商品详情页的风格设计
                                         └─ 商品详情页的内容设计
```

189

新知学习

5.3.1 商品详情页概述

1. 商品详情页的定义

商品详情页是一个集中展示商品详细信息的页面,它包含了商品需要展示的关键信息。它主要通过图文等方式详尽描述商品的规格参数、功能用途、材料构成、操作指南、售后服务、用户评价等信息。其主要目的是帮助消费者全面了解商品,激发他们的购买欲望。

2. 商品详情页的作用

商品详情页是连接消费者和商品的桥梁,也是引导消费者做出购买决策的关键环节,其主要作用有以下几点。

(1)提供详细的商品信息。商品详情页为消费者提供商品的详细信息,如商品的尺寸、颜色、材料、功能、用途、产地等,帮助消费者了解商品的特点和优势,从而做出购买决策。

(2)展示商品图片和视频。商品详情页通常包含高质量的商品图片和视频,让消费者可以从多个角度观察商品的外观和细节,有助于消费者形成更准确的商品印象,提高购买决策的准确性。

(3)提供用户评价和反馈。商品详情页通常包含其他消费者的评价和反馈,这可以帮助潜在消费者了解商品的真实情况、商品的优点和可能存在的问题,有助于增强消费者信任和促进销售。

(4)促进销售和品牌建设。通过精心设计的商品详情页,商家可以突出商品的独特性和优势,提升商品的吸引力。同时,通过优化商品详情页的布局和设计,可以提高用户的购物体验,促进销售和品牌建设。

(5)建立消费者信任。通过提供详细的商品信息、展示高质量的商品图片或视频、提供用户评价和反馈等方式,商品详情页有助于建立消费者信任,从而提高销售额和树立品牌形象。

5.3.2 商品详情页策划

1. 商品详情页的市场调查

在设计与制作商品详情页之前,要充分进行市场调查,这有助于了解目标客户的需求、偏好和购物行为,以及竞争对手的优劣势,进而设计出更有效的商品详情页。

(1)同行业的调查。进行同行业调查的目的是了解市场上类似商品的特点、优势和不足,从而设计出更具竞争力的商品详情页。首先,研究竞争对手的商品详情页设计,查看其页面布局、图片展示、文案描述等,分析其优点和不足;其次,对比了解同类商品的市场定价、品质差异、功能特点、促销活动和广告投放等方式,以便为商品定位和营销活动提供参考。

（2）目标消费者的调查。目标消费者调查主要包括消费能力、消费喜好和购买影响因素的调查，重在了解目标消费者的收入水平、消费观念和购买力，研究目标消费者对商品的款式、颜色、功能等方面的偏好，分析影响消费者购买决策的主要因素，如价格、品质、口碑、品牌等，从而在商品详情页中有针对性地强调这些要素和卖点。

综合同行业调查和目标消费者调查的结果，商家可以更加精准地定位自己的商品，并设计出符合目标消费者需求的商品详情页。通过突出展示商品的核心卖点和优化页面布局与设计，可以提高商品的吸引力和转化率。

2. 商品详情页商品的卖点挖掘

商品详情页商品的卖点挖掘是提升商品吸引力和促进销售的关键步骤。通过深入挖掘商品的卖点，并在商品详情页中巧妙展现，可以吸引更多消费者的关注，提升购买欲望，从而促进商品的销售。

微课视频：商品详情页商品的卖点挖掘

（1）商品卖点。商品详情页商品的卖点是指在商品详情页中，用于吸引和说服潜在买家购买该商品的关键信息和特点。这些卖点通常是针对目标客户的需求和兴趣点来设计的，旨在突出商品的独特性和优势，是吸引消费者、建立品牌形象和推动销售的关键。

（2）商品卖点挖掘。商品卖点挖掘是电子商务运营和商品推广中的关键环节，主要目的是提炼并突出商品的独特优势，以吸引潜在消费者的关注，并最终转化为购买行为。商品卖点挖掘的常见步骤包括定位目标人群、竞品分析、功能特色提炼和情感价值塑造等。

定位目标人群，分析目标消费群体的需求和痛点，找出商品能满足或解决消费者需求的特点；竞品分析，详细了解商品各项属性、性能、材质、工艺等信息，研究同类竞品的优缺点，找出自身商品的独特之处或超越竞品的优势，如更优质服务、更高性价比、独特创新设计等；功能特色提炼，针对商品的主要功能、特殊效果、专利技术等方面进行深度挖掘，将具有竞争力的功能特点进行突出展现；情感价值塑造，从品牌故事、情感价值、设计理念、用户体验等方面寻找感性卖点，通过展示商品如何帮助消费者实现某种情感需求来打动消费者。

需要特别注意的是，在挖掘卖点时，要严格遵循商品的真实特性和优势，不做夸大其词或虚假的宣传。只有这样，才能确保传递给消费者的信息是准确的，从而赢得他们的信任和青睐。

（3）FAB法则。在详情页的策划过程中，FAB法则有助于理清思路，完成特色提炼并找到商品卖点。FAB法则是一种常用于销售和市场营销的技巧，用于有效地介绍和推销商品或服务。属性（Feature）是指商品或服务包含的客观现实，是商品或服务的基本属性或特点，属于其自有特质，可能是设计、功能、材料、技术等方面的特点；优势（Advantage）是指商品功能的作用所带来的优势；益处（Benefit）商品特性给消费者带来的利益和好处。例如，对于一款运动鞋，可以应用FAB法则来挖掘商品卖点，具体步骤如下。

第一步，列出商品属性（F）：轻质材料、抗滑鞋底、透气设计。

第二步，阐述商品优势（A）：轻质材料意味着具有更轻松的穿着体验，抗滑鞋底可以提供更好的抓地力,而透气设计则有助于保持脚部干爽。

第三步,强调商品利益(B):强调这款运动鞋提供出色的穿着舒适度、帮助消费者避免滑倒和保持脚部健康。

最后,将以上信息整合成简洁、有力的卖点:我们的运动鞋采用轻质材料,提供轻松舒适的穿着体验;抗滑鞋底确保您的安全;透气设计保持脚部干爽,让您在运动中享受舒适与健康。

通过应用FAB法则,可以更加系统地提炼商品卖点,从而更有效地吸引潜在客户。需要注意的是,一个优秀的卖点不仅要强调商品的特点和优势,还要关注它如何满足消费者的需求,并为其带来实际的价值。

3. 商品详情页的内容策划

在完成对商品详情页的市场调查并明确商品的核心卖点后,接下来就是确定商品详情页应展示的具体内容。商品详情页内容的选择依赖于商品的特性、目标受众的需求及商家的市场推广策略。然而,无论商品如何变化,商品详情页通常都会包含以下几个关键部分:第一,引人注目的首焦图,用于吸引顾客的注意力;第二,商品的独特卖点,突出商品的优势和特色;第三,商品的规格参数,提供详细的商品信息;第四,与同类商品的对比也是重要的,可以帮助顾客做出选择;第五,商品的实际展示,包括模特穿着或使用商品的图片,也是必不可少的;第六,商品的细节图展示,可以让顾客更深入地了解商品的质地和工艺;第七,可以展示品牌实力或商品资质,增强顾客对商品的信任感;第八,提供清晰的售后保障和物流信息,解决顾客的疑虑,增加购买的信心。商品详情页内容框架及具体内容如表5-1所示。

微课视频:商品详情页模块策划步骤

表5-1 商品详情页内容框架及具体内容

内容框架	具体内容
首焦图	突出展示商品外观、颜色、材质等核心信息,吸引消费者的注意力
商品卖点展示	列出商品的主要卖点,每个卖点用简洁的语言描述,并配以相关的图标或插图
商品规格参数	详细列出商品的各项规格参数,如尺寸(长×宽×高)、重量、颜色、材质、电池容量、屏幕分辨率等
同类商品优劣势对比	选择一到两款同类商品,从功能、性能、价格等方面进行对比
商品整体展示	展示商品在实际使用中的效果,服装、化妆品等类的商品可以通过模特穿着或使用商品的照片来呈现,照片选择多个角度和场景,以全面展示商品的外观和质感
商品细节图展示	用高清图片展示商品的细节部分,如缝纫工艺、材质纹理、按键设计等,每张细节图配以简短的文字描述,以解释图片中的内容
商品资质/品牌实力	包括商品的质检报告、认证证书、生产许可证等资质证明文件,以及品牌的荣誉证书、获奖情况、品牌故事、技术研发实力等
售后保障与物流信息	售后保障包括退换货政策的具体条件、流程和时间限制、质量保证的范围和期限,以及这些服务的具体条款和条件;物流信息包括运输费用和配送方式等细节

5.3.3　商品详情页设计要点

1. 商品详情页的规格尺寸

在设计商品详情页时，首先要考虑的是页面的规格尺寸。这通常取决于目标平台的要求和设备的屏幕尺寸。页面的尺寸不仅决定了用户在浏览时的视觉体验，还直接影响着内容的展示效果和用户的交互行为。

动画：商品详情页设计要点

不同电子商务平台对商品详情页规格尺寸的要求存在差异。在电脑端，详情页一般宽度都在 700 像素到 800 像素之间，高度没有特定限制，可根据商品展示需要来进行设置；在移动端，详情页宽度一般都在 480 像素到 750 像素之间，高度方面也没有严格的限制，但不宜过高，以确保页面加载速度和用户的浏览体验。

2. 商品详情页的风格设计

商品详情页的风格设计并不仅仅局限于视觉层面的呈现，更是品牌理念、商品特性和用户体验的综合体现。为了确保商品详情页的设计效果，需要注意以下几个方面的内容。

首先，要确保风格定位与品牌保持高度一致。商品详情页的设计应与品牌整体形象、商品主图和店铺 Banner 等元素在色彩、字体、文案和排版方式上形成协调统一的视觉效果，从而增强用户对品牌的认知度和信任感。

其次，在设计过程中要充分考虑目标用户的审美偏好和购物习惯。通过深入了解和研究目标用户的特点和需求，设计师可以创造出更符合用户期望和需求的商品详情页风格。例如，针对年轻用户群体，可以运用时尚、前卫的设计元素；针对中老年用户群体，则可能需要采用更加传统、稳重的设计风格。

再次，情感化的设计在商品详情页风格设计中也很重要。通过巧妙地运用色彩、图形、排版等设计元素，可以激发用户的情感共鸣并营造出舒适、轻松的购物氛围。柔和的色彩和温暖的色调能够为用户带来愉悦和放松的购物体验；而强烈的对比和动感图形则能够激发用户的购买欲望。

最后，在保持品牌一致性和满足用户需求的基础上，设计师还应积极寻求创新和差异化的设计思路。通过运用独特的设计手法、创新的排版方式或引入新的设计元素，可以打造出别具一格的商品详情页风格，从而吸引用户的注意力并提升品牌的识别度。这样的设计不仅能够为用户带来新颖独特的视觉体验，还能够增强品牌的市场竞争力并促进销售转化。

3. 商品详情页的内容设计

商品详情页的内容设计，应以顾客的需求和体验为核心，确保商品的核心价值能够明确且直接地传达给消费者。由于不同商品的特点各不相同，商品详情页的内容设计需要具备灵活性，以适应各种商品的特点。以服装类商品为例，商品详情页通常会包含以下几个关键部分：首焦图、商品规格参数、商品卖点展示图、商品（模特）展示图、商品细节图、商品资质/品牌实力及售后保障与物流信息等。

（1）首焦图。首焦图，即商品详情页的焦点图片，是首先映入消费者眼帘的部分。其主要作用是迅速吸引消费者的注意力并传达商品的核心优势。一个成功的首焦图要有强烈的视觉冲击力和吸引力，并能够迅速激发消费者的购买欲望。

在设计首焦图时，应使用高质量、高分辨率的图片，同时，巧妙地运用色彩、布局和对比度等视觉元素，可以显著提升图片的吸引力。在首焦图中，应将商品作为主角，突出展示其外观、颜色、材质等核心信息。此外，要选择与商品风格协调的背景，以防止背景与商品产生冲突或分散消费者的注意力。如有需要，可以添加简洁明了的文字说明，用于强调商品的卖点或优惠信息，但要避免添加过多的文字，以免信息混乱，反而影响消费者的购买决策。某款商品详情页首焦图设计如图5-24所示。

图5-24　某款商品详情页首焦图设计

（2）商品整体展示图。商品整体展示图通常放置在商品详情页的核心位置，目的是吸引买家的注意力，提供商品的直观印象，并帮助买家快速了解商品的关键信息。

设计商品整体展示图时，应确保图片清晰度高、背景简洁，以突出商品本身的主体地位。同时，可从不同角度和侧面对商品进行展示，提供全面的外观和特点信息。另外，图片应真实反映商品的实际颜色和质感，避免过度美化。对于可穿戴商品，使用模特进行展示有助于买家了解实际穿着效果和尺寸。此外，还可添加简洁的标签和说明，提供商品的关键信息，如材质、尺寸、颜色等。

（3）商品规格参数。商品规格参数是对商品的各种属性和规格进行详细说明和展示的信息。商品规格参数通常包括商品的尺寸、重量、颜色、材质、容量、功率、电压、频率、性能等方面的信息。这些信息不仅可以让消费者了解商品的基本属性和特点，还可以帮助他们评估商品的品质和性能，从而做出更加明智的购买决策。某款商品规格参数展示设计如图5-25所示。

尺寸	衣长	胸围	肩宽	参考身高/cm	参考体重/斤
M	70cm	116cm	32cm	155~160	90~110
L	72cm	120cm	33cm	160~165	110~125
XL	74cm	124cm	34cm	165~170	125~140
2L	76cm	128cm	35cm	170~175	140~160
3L	78cm	132cm	36cm	175~180	160~170
4L	80cm	136cm	37cm	180~185	170~185
5L	~	~	~	~	~

图5-25　某款商品规格参数展示设计

（4）商品卖点展示图。在设计商品卖点展示图时，应追求简洁有力的效果，避免设计元素过于复杂或混乱，以免分散消费者的注意力，影响他们的阅读体验。要选择简洁的排版和清晰的视觉元素，确保商品卖点展示图能够迅速有效地传达信息。同时，通过巧妙地运用色彩对比和文字大小等视觉手段，可以进一步提升商品卖点显示图的吸引力。某款商品卖点展示图如图 5-26 所示。

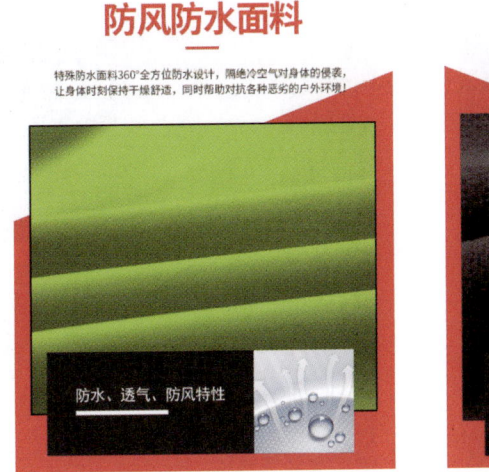

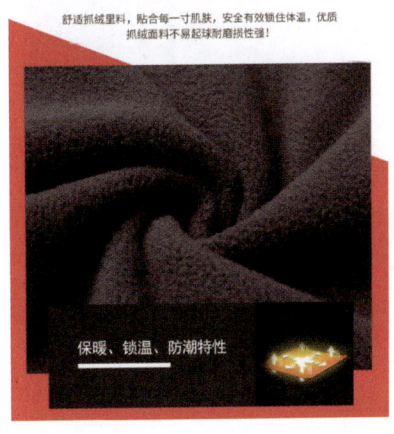

图 5-26　某款商品卖点展示图

（5）商品模特展示图。商品模特展示图能够直观地展示商品的使用情景和实际效果，帮助消费者更好地了解商品的款式、质地、颜色、尺寸等信息。以服装类商品为例，商品模特展示图通常包含多种角度和视点的图片，如正面、侧面、背面、特写等，以便消费者从各个角度观察商品。此外，为了更贴近消费者的实际生活场景，这些图片还可能包含模特在不同场合、不同光线条件下的穿着效果，如室内、户外、白天、夜晚等。有时，服装类的商品还会提供模特的三围、身高等信息以供消费者参考。某款商品模特展示图如图 5-27 所示。

图 5-27　某款商品模特展示图

（6）商品细节图。商品细节图一般采用单独的高清拍摄，将商品的每个细节部分通过设计进行放大展示，并附上详尽的文字描述。这样的做法可以让消费者全方位、清晰地掌握商品的特点。例如，服装的面料质地、独特的制作工艺、图案设计、色彩的搭配等。同时，消费者还能详细了解服装的领口、袖口、衣长、裤长等关键部位的尺寸和形状。这些细节图的呈现，可以帮助消费者更好地判断商品是否符合自己的身材和审美风格，从而提高购物体验，增强购买满意度。某款商品细节图如图5-28所示。

图5-28　某款商品细节图

（7）商品资质/品牌实力。商品资质的展示是为了让消费者了解商品的品质、安全性、合规性等方面的信息，从而增加消费者对商品的信心。在商品详情页中，可以展示商品的质检报告、认证证书、生产许可证等资质证明文件。

品牌实力的展示是为了让消费者了解品牌的背景、历史、技术实力、市场地位等，从而增强消费者对品牌的信任感和认同感。在商品详情页中，可以通过展示品牌的荣誉证书、获奖情况、品牌故事、技术研发实力等方式来体现品牌实力。

（8）售后保障与物流信息。售后保障为顾客提供了遇到问题时能够及时获得解决方案的渠道。在设计商品详情页时，应详尽展示售后保障的内容，包括商品保修服务、维修、更换及退货等各方面的政策。为了保障消费者的权益，需明确标注这些服务的具体条款和条件，以便顾客在需要时能够迅速且方便地获得帮助。

物流信息是消费者购买商品时最为关心的方面之一。为了确保消费者能够全面了解购物过程中的物流费用情况，在商品详情页设计时要详细列出物流信息，包括运输费用和配送方式等细节。

素养提升

优秀商品详情页构建原则：真实客观、全面准确

在现今这个信息爆炸的时代，商品详情页已不仅仅是一个简单的商品展示平台，而是成为了塑造品牌信誉、赢得消费者信任的关键因素。一个优秀的商品详情页应当真实、客观，能够全面、准确地传递商品信息，同时为消费者提供充分的购买决策依据。在构建商品详情页时，我们需要遵循以下指导原则。

（1）使用清晰准确的商品描述。使用简单易懂的语言，详细列出商品的各项规格、尺寸、颜色、材质等信息，确保消费者能够全面了解商品特点。对于专业性或技术性强的商品，要用非专业术语进行解释，确保普通消费者也能轻松理解。

（2）使用高质量的商品图片。使用高分辨率、高清晰度的图片展示商品，确保图片质量不模糊、不失真。从不同角度展示商品，包括正面、侧面、背面等，以便客户全面了解商品外观。如果可能的话，提供商品在实际使用场景中的图片，方便消费者更好地想象商品的使用效果。

（3）展示真实的商品评价。展示真实的商品评价，可以让潜在消费者更加信任商品，并增加购买的信心。同时，要确保评价内容的真实性，避免虚假评价或夸大其词的宣传。

（4）提供客观的商品比较。在提供商品比较时，要保持客观公正的态度。通过对比自身商品与竞争对手的优势和劣势，让消费者更加明确选择的原因，从而增强购买的决心。但要注意的是，比较过程中要避免贬低竞争对手或进行不实的比较，那样做反而会损害自己的品牌形象。

（5）提供详细的退换货政策。在商品详情页中明确标注退换货期限、条件和流程等信息，让消费者在购买前了解相关保障。要确保退换货政策真实可行，不要制定过于苛刻或模糊的政策。

（6）提供可靠的客户支持。提供多种客户支持方式，如在线客服、邮件支持等，确保消费者在需要时能够及时获得帮助。要强调客户支持的专业性和可靠性，以增强客户的购买决心。

（7）遵守法律法规和道德规范。在制作商品详情页时，要确保遵守相关的法律法规和道德规范，不夸大其词、不误导消费者。避免使用过于夸张或虚假的宣传语，要保持诚信和真实。

任务实训

商品详情页的制作

一、实训目的

通过制作商品详情页，让学习者深入了解如何提炼商品卖点，并学会如何根据商品卖点进行内容策划。通过设计和实践，提升自己的市场分析能力，以及创意策划、内容编写和视觉设计等多方面的技能。

二、实训要求

根据电子商务平台的规格要求,在前期汉服商品图片拍摄的基础上进行汉服的商品详情页设计与制作,具体要求如下。

(1) 前期准备工作:完成前期市场调查,挖掘汉服的独特卖点。

(2) 规划工作:规划好商品详情页内容模块。

(3) 尺寸要求:商品详情页宽度为 750 像素,分辨率为 72 像素 / 英寸。

(4) 内容要求:完成商品详情页内容模块的设计与制作。

(5) 质量要求:商品详情页整体风格一致,内容模块结构合理,卖点突出。

三、商品详情页设计思路

本次汉服商品详情页设计的主题为"汉服初见",旨在深度展示汉服之美,同时弘扬与传承中华民族悠久的传统文化。

(1) 设计风格上,融入中国传统元素,如红色调以及具有中国特色的图案或图标,让消费者感受中国历史文化的底蕴。

(2) 在内容策划方面,确定首焦图、设计亮点(卖点)、商品细节、商品信息、模特展示和购物须知等内容。

(3) 在制作模块内容时,为每一张图片都配备简洁的标题和详尽的文案,精准传达图片主题信息,帮助消费者了解汉服的卖点、材质、尺码等关键信息。

四、实训步骤

1. 商品详情页首焦图的制作

(1) 新建文件,填充背景。

① 在 Photoshop 软件里新建文档,设置"宽度"为"750"像素,"高度"为"4000"像素,"分辨率"为"72"像素 / 英寸,"颜色模式"选择"RGB 颜色",文件名称为"商品详情页制作",单击"创建"按钮创建文件。

② 新建图层组并命名为"首焦图",选择"矩形工具" ▭ ,设置"填充"颜色为 RGB(159,40,36),绘制矩形。

(2) 导入背景素材。打开"素材文件 \ 项目 5\ 任务 5.3\ 商品详情页制作 \ 首焦图背景素材 .jpg"文件。使用"移动工具" ✥ 将其拖动至首焦图红色矩形上方。导入首焦图背景素材效果图如图 5-29 所示。

(3) 绘制矩形框。新建图层,选择"矩形工具" ▭ ,在工具选项栏中将"半径"设置为"20"像素,调整"填充"颜色为深绿色,"描边"宽度设置为"5"像素,绘制两个有部分重叠的圆角矩形框,并选中两个圆角矩形框图层,按【Ctrl+E】组合键合并图层,调整位置。绘制矩形框效果图如图 5-30 所示。

(4) 导入素材。

① 打开"素材文件 \ 项目 5\ 任务 5.3\ 商品详情页制作 \ 首焦图模特素材 .jpg"文件,使用"移动工具" ✥ 将其拖动至首焦图的矩形框上方。

实训视频:商品详情页首焦图的制作

图 5-29　导入首焦图背景素材效果图　　　　图 5-30　绘制矩形框效果图

② 选中模特素材图层，按住【Alt】键，鼠标左键单击两个图层中间的实线，创建"剪贴蒙版"。按【Ctrl+T】组合键，调整素材的大小和位置。导入模特素材效果图如图5-31所示。

（5）应用矩形工具，绘制顶部六边形框。

① 选择"多边形工具"　，在工具选项栏中设置"填充"颜色为RGB（23,86,117），"描边"宽度为5像素，按住【Shift】键绘制正六边形。

② 单击"图层"面板下方的"添加图层样式"按钮，在弹出的菜单中选择"内阴影"选项，设置"混合模式"为"正常"，"不透明度"为"57"%，"角度"为"146"度，勾选"使用全局光"复选框，设置"距离"为"13"像素，"阻塞"为"16"%，"大小"为"32"像素，单击"确定"按钮；再单击"外发光"选项，设置"不透明度"为"20"%，"大小"为"7"像素，"范围"为"33"%；单击"确定"按钮。

③ 按【Ctrl+T】组合键，进行旋转，调整六边形角度。按【Ctrl+J】组合键，复制图层，并平移至右边。重复上述操作，再复制两个正六边形。

④ 连续选中四个正六边形的图层，按【Ctrl+T】组合键，调整四个六边形的大小，并移动位置。设置正六边形效果图如图 5-32 所示。

（6）应用文字工具，完成顶部文案信息。

① 新建图层，选择"横排文字工具"　，输入顶部装饰性英文，调整间距和大小，并移动到顶部合适位置。

② 新建图层，输入文字"—凤求凰古典汉服—"，单击"图层"面板下方的"添加图层样式"按钮，在弹出的菜单中选择"渐变叠加"选项，设置"混合模式"为"正常"，"不透明度"为"100"%，设置"渐变"颜色为RGB（251,147,70）过渡到RGB（254,245,234），单击"确定"按钮。

图5-31 导入模特素材效果图　　　　图5-32 设置正六边形效果图

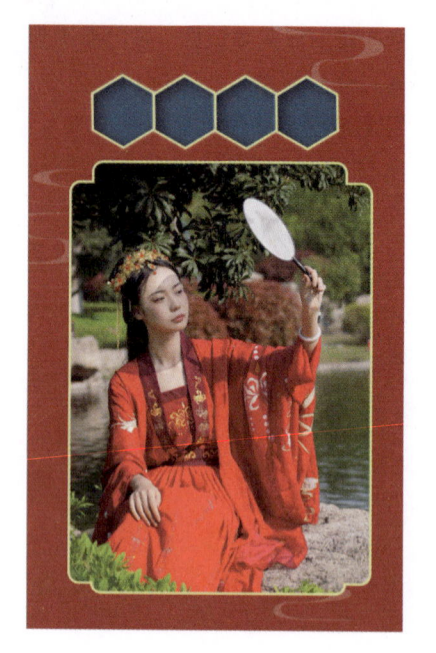

③ 新建图层，输入"汉"字。单击"图层"面板下方的"添加图层样式"按钮，在弹出的菜单中选择"渐变叠加"选项，设置"混合模式"为"正常"，"不透明度"为"100"%，设置"渐变"颜色为RGB（243,140,64）过渡到RGB（255,249,239），设置"样式"为"线性"，"角度"为"90"度，单击"确定"按钮。

④ 复制"汉"文字图层，并使用"移动工具"移动到右边，调整位置，修改文字为"服"，再复制两个文字并移动到右边，分别修改文字为"初"和"见"，调整文字的位置。

（7）应用矩形工具和文字工具，完成右侧文案。

① 新建图层，选择"矩形工具"，设置合适的圆角半径，绘制圆角矩形。单击"图层"面板下方的"添加图层样式"按钮，在弹出的菜单中选择"描边"选项，设置"大小"为"5"像素，"混合模式"为"正常"，"填充类型"为"渐变"，设置"渐变"颜色为RGB（253,158,91）过渡到RGB（255,211,179），单击"确定"按钮。

② 新建图层，选择"直排文字工具"，输入"纯手工精致设计"文字，设置文字"颜色"为白色。调整圆角矩形和文字大小。完成右侧文案设置效果图如图5-33所示。

（8）绘制右下侧花朵图案。

① 新建图层，选择"自定形状工具"，选择"自然"图案组中的"花7"图案（注：软件不同，形状的分组可能不一样），设置"填充"颜色为RGB（212,58,52），"描边"宽度为"5"像素；按住【Shift】键绘制花朵，移动并调整大小。选择花朵图层，按【Ctrl+J】组合键，复制图层，并缩小花朵形状，移动位置使其与上一个花朵中心重叠。

② 新建图层，选择"椭圆工具"，绘制暗红色的正圆形，调整大小和位置。

③ 选择上述三个图层并复制图层，调整花朵大小和颜色。完成花朵绘制效果图如图5-34所示。

图 5-33　完成右侧文案设置效果图 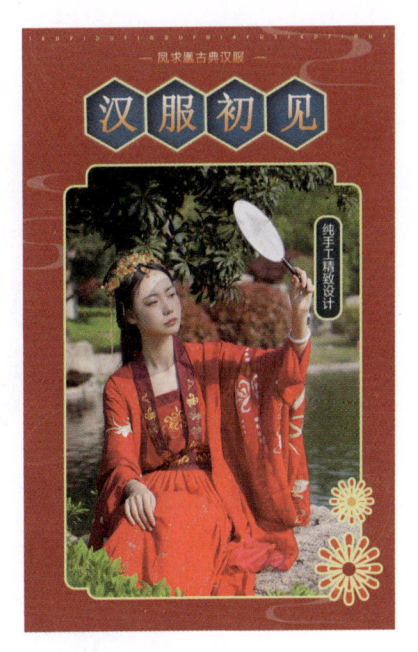　　　　　　图 5-34　完成花朵绘制效果图

（9）应用椭圆工具和文字工具，完成首焦图底部信息制作。

① 新建图层组并命名为"特点"，新建图层，选择"矩形工具"，设置"填充"颜色为 RGB（251,232,144），绘制矩形；继续新建图层，选择"矩形工具"，设置"填充"颜色为 RGB（15,43,44），绘制矩形。

② 新建图层，选择"椭圆工具"，在上方工具选项栏中，设置"填充"颜色为 RGB（159,40,36），"描边"颜色为 RGB（245,238,166），"描边"宽度为"4"像素，按住【Shift】键绘制正圆形。

③ 选中圆形图层，按【Ctrl+J】组合键两次，复制两个圆形，并平移到右方，调整位置。完成圆形设置效果图如图 5-35 所示。

④ 新建图层，输入文字"刺绣精美"，设置文字"颜色"为 RGB（251,232,144），文字大小为"66 点"。按【Ctrl+J】组合键复制文字图层两次，分别移动到右边圆形内，并分别修改文字为"轻柔雪纺"和"清凉透气"。完成首焦图底部信息制作效果图如图 5-36 所示。

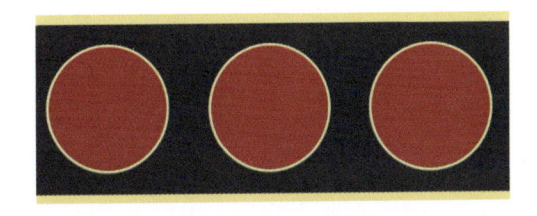

图 5-35　完成圆形设置效果图 　　　　　　图 5-36　完成首焦图底部信息制作效果图

（10）保存文件，完成制作。

① 执行"文件"→"保存"命令，保存文件。

②执行"文件"→"导出"→"导出为"命令，设置文件参数，单击"导出"按钮，导出 jpg 格式文件，完成制作。完成商品详情页首焦图制作效果图如图 5-37 所示。

图 5-37 完成商品详情页首焦图制作效果图

2. 商品详情页卖点和细节图的制作

（1）打开文件，填充矩形背景。

①打开上一步保存的 psd 文件，新建图层组并命名为"亮点"；新建图层，选择"矩形工具" ▢，设置"填充"颜色为 RGB（159,41,37），绘制矩形作为详情页卖点部分的背景。

②输入文字"she ji liang dian"和"设计亮点"，设置文字"颜色"为 RGB（251,232,144），调整位置；选中"设计亮点"文字图层，单击"图层"面板下方的"添加图层样式"按钮，在弹出的菜单中选择"渐变叠加"选项，设置"混合模式"为"正常"，"渐变"设置为 RGB（245,241,199）过渡到 RGB（241,171,90），单击"确定"按钮。

③新建图层，选择"矩形工具" ▢，绘制长条形的分隔符。设计亮点文字效果图如图 5-38 所示。

实训视频：商品详情页卖点和细节图的制作

（2）利用矩形和文字等工具，完成 3 个设计亮点制作。

①新建图层组并命名为"设计亮点 1"；新建图层，选择"矩形工具" ▢，设置"填

充"颜色为白色,"描边"颜色为RGB(245,238,166),绘制2个有部分重叠的圆角矩形,选中两个图层,按【Ctrl+E】组合键合并图层并调整大小。

②新建图层,选择"矩形工具" ▢ ,设置"填充"颜色为RGB(159,41,37),绘制矩形。按住【Alt】键,鼠标左键单击两个图层中间的实线,创建"剪贴蒙版"。设计亮点矩形框效果图如图5-39所示。

图5-38　设计亮点文字效果图

图5-39　设计亮点矩形框效果图

③执行"文件"→"打开"命令,打开"素材文件\项目5\任务5.3\商品详情页制作\设计亮点素材1.jpg"文件,使用"移动工具" ✥ 将其拖动至圆角矩形上方,按住【Alt】键,鼠标左键单击两个图层中间的实线,生成"剪贴蒙版",调整大小和位置。

④新建图层,输入文字"修身版型"和"两片式下摆穿着方便"。选中"修身版型"文字图层,单击"图层"面板下方的"添加图层样式"按钮,在弹出的菜单中选择"渐变叠加"选项,设置"混合模式"为"正常",设置"渐变"为RGB(245,238,166)过渡到RGB(250,219,183)。用同样的方法设置"两片式下摆穿着方便"文字的颜色、大小和位置。"设计亮点1"制作完成效果图如图5-40所示。

⑤选中"设计亮点1"图层组,复制图层组两次并分别命名为"设计亮点2"和"设计亮点3",选择"移动工具" ✥ ,调整位置。分别替换"设计亮点2"和"设计亮点3"中的素材图,再分别修改文字为"层次设计""上襟肩部+衣襟"和"绣花工艺""传统工艺　提升品质",完成三个设计亮点制作。设计亮点整体效果图如图5-41所示。

图5-40　"设计亮点1"制作完成效果图

图5-41　设计亮点整体效果图

（3）利用矩形和文字等工具，完成设计亮点下方的图形和文字制作。

① 新建图层，选择"矩形工具" ，在工具选项栏中，设置"填充"颜色为白色，"描边"颜色为RGB（245,238,166），绘制2个有部分重叠的圆角矩形，选中两个图层，按【Ctrl+E】组合键合并两个图层，调整位置和大小。

② 执行"文件"→"打开"命令，打开"素材文件\项目5\任务5.3\商品详情页制作\设计亮点模特素材.jpg"文件，使用"移动工具" ，将其拖动至圆角矩形图层上方，按住【Alt】键，鼠标左键单击两个图层中间的实线，生成"剪贴蒙版"，调整位置和大小。

③ 新建图层，输入文字"数不尽繁华千种，望不穿情所归依，千丝万缕，百转柔肠，万里江山尘飞扬，笑语霓裳尽奢华"，设置文字"颜色"为RGB（251,232,144），调整位置和大小。

（4）利用矩形和文字等工具，完成细节设计。

① 新建图层组并命名为"细节"；新建图层，选择"矩形工具" ，绘制淡黄色分隔条。选择"矩形工具" ，设置"填充"颜色为RGB（15,43,44），绘制背景。

② 新建图层，输入文字"chan pin xi jie"和"产品细节"，将"设计亮点"文字图层的图层样式拷贝到"产品细节"文字图层上。

③ 新建图层组并命名为"细节设计1"；新建图层，选择"矩形工具" ，设置"填充"颜色为白色，"描边"颜色为RGB（242,101,151），"半径"为"7"像素，绘制圆角矩形。

④ 新建图层，选择"矩形工具" ，设置"填充"颜色为RGB（15,43,44）。绘制圆角矩形，复制图层，修改"描边"颜色为RGB（245,241,199），"描边"宽度为"2"像素，调整位置和大小。

⑤ 新建图层，选择"直排文字工具" ，输入文字"优雅讲究"，设置文字"颜色"为RGB（255,247,210）。再输入副标题文字"造型优雅、色彩鲜艳　用料讲究，是中国传统文化的缩影"，设置文字"颜色"为RGB（218,60,101），调整位置。完成"细节设计1"右侧文案制作效果图如图5-42所示。

⑥ 执行"文件"→"打开"命令，打开"素材文件\项目5\任务5.3\商品详情页制作\产品细节素材1.jpg"文件，使用"移动工具" ，将其拖动至圆角矩形图层上方，按住【Alt】键，鼠标左键单击两个图层中间的实线，生成"剪贴蒙版"，调整图片位置。完成"细节设计1"制作效果图如图5-43所示。

图5-42　完成"产品细节1"右侧文案制作效果图　　　图5-43　完成"细节设计1"制作效果图

⑦ 复制"细节设计1"图层组两次,并分别命名为"细节设计2"和"细节设计3",选择"移动工具" ,拖动至下方,分别替换"细节设计2"和"细节设计3"图层组中的素材,调整位置和大小。更改"细节设计2"图层组中的文字为"清凉透气",更改"细节设计3"图层组中的文字为"精华奢工",并修改"细节设计2"和"细节设计3"图层组中的副标题文字,调整图形和文字的位置。

(5)保存文件,完成制作。

①执行"文件"→"保存"命令,保存文件。

②执行"文件"→"导出"→"导出为"命令,设置文件参数,单击"导出"按钮,导出jpg格式文件,完成制作。制作完成的商品详情页卖点模块效果图如图5-44所示,产品细节模块效果图如图5-45所示。

图5-44 商品详情页卖点模块效果图

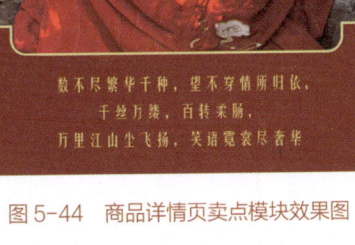

图5-45 产品细节模块效果图

3. 商品详情页其他内容模块制作

在商品详情页设计与制作任务过程中,综合应用了各种形状工具来进行图形绘制,应用了文字工具进行文字排版设计,并对形状、文字等进行效果设置。接下来应用类似的思路和方法,可以完成产品信息、模特展示和购物须知等模块的制作。需要注意的是,商品

■ 商品信息采集与处理

详情页各个模块的风格上要整体一致。制作完成的产品信息模块效果图如图5-46所示，模特展示模块效果图如图5-47所示，购物须知模块效果图如图5-48所示。

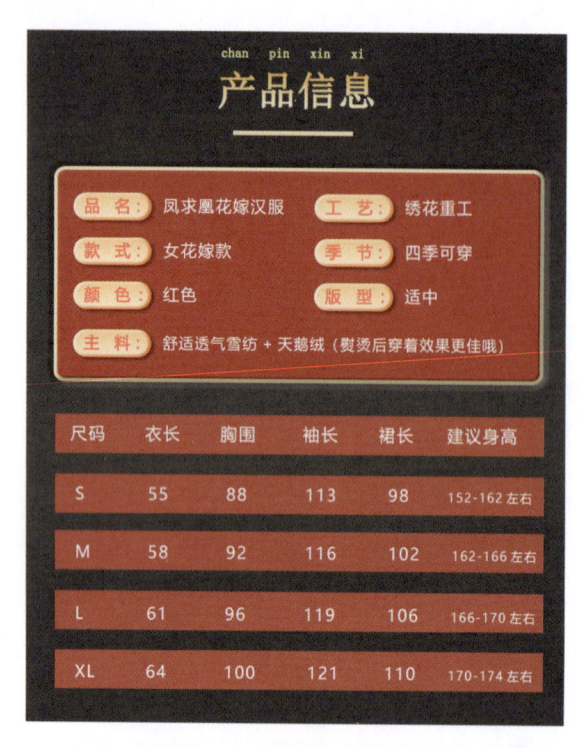

产品信息

品名：	凤求凰花嫁汉服	工 艺：	绣花重工
款式：	女花嫁款	季 节：	四季可穿
颜色：	红色	版 型：	适中
主料：	舒适透气雪纺+天鹅绒（熨烫后穿着效果更佳哦）		

尺码	衣长	胸围	袖长	裙长	建议身高
S	55	88	113	98	152-162左右
M	58	92	116	102	162-166左右
L	61	96	119	106	166-170左右
XL	64	100	121	110	170-174左右

图5-46　产品信息模块效果图

图5-47　模特展示模块效果图

图 5-48 购物须知模块效果图

五、实训总结

在"商品详情页的制作"任务中,首先进行了前期市场调查,深入挖掘商品卖点;接着根据商品特点,精心规划了详情页的各个模块内容,并确定了整体风格和配色方案。在制作过程中,综合运用了各种形状和文字工具进行图形绘制和排版设计,同时对形状、文字和图层进行了细致的样式设置。整个详情页的色彩搭配和风格保持了一致性,呈现出强烈的视觉冲击力和吸引力。

在设计过程中,学习者要充分发挥想象力和创造力,勇于尝试不同的设计风格和创新元素,打造出独具魅力的商品详情页。

任务拓展

汉服商品详情页文案风格类型多样,有古典诗意风格、古风唯美风格、浪漫抒情风格、简洁明了风格、幽默诙谐风格等。请在实训任务"商品详情页的制作"基础上,重新设计一种商品详情页文案风格,以满足不同消费者的审美需求,并更好地展现汉服的魅力与文化底蕴。

项目测试

一、单选题

1. 可以有效地解决服装平铺拍摄时透视变形问题的方法是(　　　)。
   A. 适当拉远相机与服装的距离　　　　B. 拉近相机与服装的距离

C. 平拍 D. 仰拍

2. 关于商品卖点提炼，不正确的是（ ）。

   A. 商品卖点提炼，需要分析目标消费群体的需求和痛点，找出商品能满足或解决消费者需求的特点

   B. 可以从品牌故事、情感价值、设计理念、用户体验等方面寻找感性卖点

   C. 可应用 FAB 法则进行商品卖点提炼

   D. 卖家直接定义商品卖点

3. 在室外模特展示拍摄时，为完整展示服装全貌，可以采用（ ）的拍摄方式。

   A. 全景　　　B. 中景　　　C. 近景　　　D. 特写

4. 在拍摄台上平铺拍摄汉服细节图时，可以采用的布光方式是（ ）。

   A. 顶部照明　　B. 逆光照明　　C. 侧光照明　　D. 侧逆光照明

5. 关于商品详情页规格尺寸，说法正确的是（ ）。

   A. 在制作电子商务平台商品详情页时，其长度越长越好

   B. 电子商务平台商品详情页宽度一般不超过 800 像素

   C. 所有电子商务平台的商品详情页尺寸都是固定的

   D. 在移动端，商品详情页的图片宽度可以小于 480 像素

二、多选题

1. 常见的服装类商品信息采集的拍摄方式有（ ）。

   A. 挂拍　　　B. 平铺拍摄　　C. 模特穿拍　　D. 以上都是

2. 商品详情页的作用有（ ）。

   A. 详尽呈现商品的各项信息　　B. 促进转化率提升

   C. 刺激购买欲望　　D. 品牌形象塑造

3. 在设计商品详情页时，一般需要设计的内容包括（ ）。

   A. 首焦图　　B. 商品卖点　　C. 商品规格参数　　D. 模特情景展示

4. 汉服平铺拍摄可展示的内容包括（ ）。

   A. 整体展示　　B. 品牌细节特写展示

   C. 典型细节展示　　D. 独特卖点展示

5. 关于景别的相关描述，下列说法正确的是（ ）。

   A. 景别包括远景、全景、中景、近景、特写

   B. 在室外模特展示拍摄时，采用远景可较好地排除干扰因素

   C. 在室外模特展示拍摄时，全景是以模特为中心，辅以拍摄周边环境，用于烘托氛围

   D. 在室外模特展示拍摄时，特写更能展示商品细节

三、简答题

1. 服装的平铺拍摄要点有哪些？

2. 在进行汉服模特展示拍摄时，常用的拍摄角度有哪些？

3. 在商品详情页中，如何有效地展示商品的特点和优势，以便让消费者更容易理解和接受？

PROJECT 项目 6

农产品类商品信息采集与处理

项目简介

本项目从农产品大类的商品信息采集及常见的图文、音视频处理开始，结合农产品电商市场的需求，逐步引导学习者了解室内和室外环境下拍摄农产品的标准和技巧，同时介绍常见的图文、音视频处理工具和方法，以及主流电商平台对视觉营销的要求。通过本项目的学习，学习者将能够熟练掌握农产品大类商品信息采集与处理的各项技能，并能够制作出符合主流电商平台视觉营销要求的作品。

- 任务 6.1　水果类生鲜农产品的拍摄
- 任务 6.2　干货类初加工农产品的拍摄
- 任务 6.3　商品主图短视频拍摄脚本设计
- 任务 6.4　商品主图短视频拍摄
- 任务 6.5　商品主图短视频剪辑与处理

任务 6.1 水果类生鲜农产品的拍摄

水果类生鲜农产品是电商平台重要的商品类目，它种类丰富，竞争激烈，其商品图片的拍摄效果直接影响着消费者的购买意愿。本任务将重点介绍水果类生鲜农产品的拍摄要点、构图方式、创意拍摄方法及技巧。通过学习这些内容，学习者能够全面掌握水果特有的形态、色彩和质感的拍摄方法与技巧，进一步提升自己的拍摄技能。

● 学习目标

知识目标：
- 掌握农产品及水果的拍摄要点；
- 掌握水果拍摄的常用构图方式；
- 掌握水果创意拍摄的方法及技巧。

能力目标：
- 能结合水果的外形和内部特点进行合理构图，使采集的素材能更好地体现卖点；
- 能合理运用水果的创意拍摄方法，展示水果特有的形、色、质，提高商品的吸引力。

素养目标：
- 在拍摄过程中成员之间分工合作，提高团队协作能力；
- 通过水果的创意拍摄，树立创新意识；
- 通过农产品拍摄，提高对农村电商的关注度，厚植家国情怀。

● 学习导图

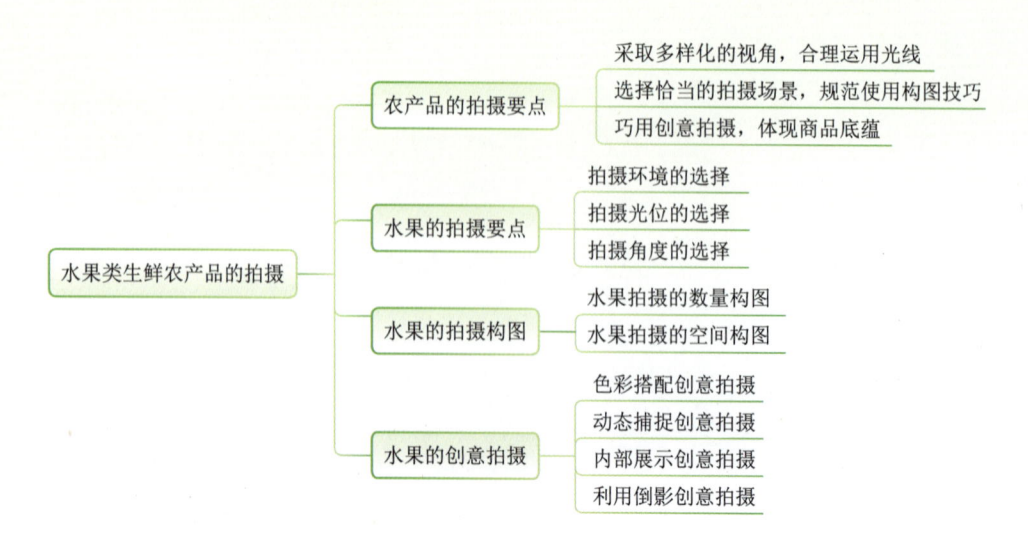

水果类生鲜农产品的拍摄
- 农产品的拍摄要点
  - 采取多样化的视角，合理运用光线
  - 选择恰当的拍摄场景，规范使用构图技巧
  - 巧用创意拍摄，体现商品底蕴
- 水果的拍摄要点
  - 拍摄环境的选择
  - 拍摄光位的选择
  - 拍摄角度的选择
- 水果的拍摄构图
  - 水果拍摄的数量构图
  - 水果拍摄的空间构图
- 水果的创意拍摄
  - 色彩搭配创意拍摄
  - 动态捕捉创意拍摄
  - 内部展示创意拍摄
  - 利用倒影创意拍摄

新知学习

6.1.1 农产品的拍摄要点

农产品拍摄的关键在于视角、光线、场景、构图和创意的综合运用。通过掌握这些要点，拍摄者可将农产品的特点、色彩、质感等关键信息较好地呈现出来，从而有效传递其价值和吸引力。

1. 采取多样化的视角，合理运用光线

视角的多样化和光线的合理运用关乎商品图片的质量和表现力，通过不同的视角能够捕捉到独特的画面和情感，让图片更加生动和引人入胜。在拍摄时可尝试不同的拍摄角度来寻找最能突出农产品特点的视角。例如，俯视可以展现出农产品的整体布局和形状，仰视可以增强农产品的立体感，侧视则能突出农产品的纹理和细节。

合理运用光线可以营造出特定氛围，使主题更加突出。拍摄时可以选择在自然光充足的条件下进行，因为自然光可以更真实地呈现农产品的颜色和质感。例如，利用窗边的柔和光线可以获得理想的效果。如果在室内拍摄，则需要综合使用软硬光。软光可以减少阴影，使农产品看起来更加真实诱人；硬光则可以产生更多的阴影和高光，增强农产品的纹理感。

2. 选择恰当的拍摄场景，规范使用构图技巧

农产品拍摄的关键在于精心挑选拍摄场景并熟练运用构图技巧。在室外拍摄时，选择农产品自然生长的环境，如田野或果园，能为其增添故事性和真实感；在室内拍摄时，选择单色或具有简单纹理的背景，能有效减少视觉干扰，突出农产品的主体地位，避免消费者的注意力被分散。

在拍摄过程中，需要结合农产品的外形特征和数量，灵活应用各种构图技巧，如经典的九宫格构图和中心构图等，以增强图片的吸引力和视觉效果。通过巧妙排列不同层次的农产品，或者利用不同的焦距设置，可以为图片增添丰富的视觉效果，使其更具艺术性和吸引力。

3. 巧用创意拍摄，体现商品底蕴

在农产品拍摄中，创意拍摄不仅可以展示农产品的形态和色彩，更能传递农产品背后的故事、文化和情感价值。例如，在拍摄时加入农民劳作的身影、丰收的场景等，不仅可以增加照片的视觉效果，也能让消费者体会到农产品背后的故事。

总体而言，多样化的拍摄视角和光线的合理运用能够展现农产品的独特魅力和生机。恰当的场景选择、构图和创意可以突出农产品的主题，捕捉农产品的自然之美，使得农产品的形象更加生动鲜明，这既是一种对农产品的展示，更是一种对劳动价值的体现。

6.1.2　水果的拍摄要点

水果类生鲜农产品的拍摄是一门将视觉与食材相结合的独特艺术。每一种水果都有其独特的形态、色泽和质地。在拍摄过程中，既要精选适宜的环境，使用恰当的光位，还要选择最合适的拍摄角度，以清晰地展现水果的基本特征，同时捕捉到它们所散发出的独特魅力。这样，消费者在欣赏的过程中会不由自主地感受到水果的诱人魅力，从而引发购买欲望。

微课视频：水果的拍摄要点

1. 拍摄环境的选择

在水果拍摄过程中，拍摄环境是影响水果画面效果的一个重要因素。常见的水果拍摄环境有自然风光环境、农贸集市环境、简约室内环境、艺术装饰环境等。

在自然风光环境拍摄中，水果仿佛是大自然的一部分，它们与周围的景色融为一体，形成了一幅美丽的画卷。自然风光环境拍摄效果图如图6-1所示。

在农贸集市环境拍摄中，摊位上整齐地摆放着众多品种的水果，它们的多样性和色彩斑斓的外观引人注目。这些水果的展示不仅体现了生活的真实面貌，还反映了丰富的文化色彩。农贸集市环境拍摄效果图如图6-2所示。

图6-1　自然风光环境拍摄效果图

图6-2　农贸集市环境拍摄效果图

在简约室内环境拍摄中，装饰和布置简洁明了，突出水果的色彩和质感，让人们更加专注于水果本身的特点和魅力。简约室内环境拍摄效果图如图6-3所示。

在艺术装饰环境拍摄中，通过运用各种艺术元素和技巧，为水果照片增添艺术感和趣味性，创造独特的视觉效果，提升照片的艺术价值和视觉冲击力。艺术装饰环境拍摄效果图如图6-4所示。

为了拍出有个性和吸引力的水果商品图片，需要根据自己的展示风格和营销目的，选择适合的拍摄环境。这样，不同的拍摄环境可以营造出不同的氛围和情感，从而更好地展示水果的魅力和特点。

图 6-3 简约室内环境拍摄效果图 　　　　图 6-4 艺术装饰环境拍摄效果图

2. 拍摄光位的选择

在水果拍摄过程中，不同的光位会产生差异化的拍摄效果，拍摄时可以有针对性地选择光位。

水果晶莹剔透，具有一定的透光性，可以选择逆光拍摄。光线透过水果呈现半透明画面，视觉冲击力强。水果逆光拍摄效果图如图 6-5 所示。

采用顺光拍摄，能够呈现出柔和的光线和自然的色彩，使水果看起来更加真实和生动，凸显水果的特质。水果顺光拍摄效果图如图 6-6 所示。

图 6-5 水果逆光拍摄效果图 　　　　图 6-6 水果顺光拍摄效果图

侧光位是一种经常用于突出水果质感和纹理的拍摄光位，将光源放置在水果的一侧，可以在水果表面产生高光和阴影，突出其轮廓和细节，营造出强烈的立体效果。水果侧光拍摄效果图如图 6-7 所示。

从正上方直射到水果表面的顶光可以突出水果的光泽和色彩，使其看起来更加饱满和诱人，适合展现水果的光泽度。水果顶光拍摄效果图如图 6-8 所示。

在水果拍摄过程中，不同的光位会带来不同的拍摄效果，需要不断尝试，寻找最佳拍摄方案。

3. 拍摄角度的选择

在水果拍摄过程中，采用不同拍摄角度也可以呈现出差异化的画面效果。

从俯视角度进行拍摄，相机镜头与水果放置的平面形成 90 度垂角，通常用于展示水果整体布局，体现水果排列的秩序感和对称美，如图 6-9 所示为水果俯视角度拍摄效果图。

图 6-7　水果侧光拍摄效果图

图 6-8　水果顶光拍摄效果图

从平视视角正面拍摄，相机拍摄高度和水果放置的高度基本处于同一水平线，这种拍摄角度适合体现水果侧面的美观性，水果的轮廓和纹理被凸显，散发出自然的质感和真实感。

从 45 度角进行俯拍，这是一种介于平拍和俯拍之间的拍摄视角，它兼顾了前两种拍摄角度的优点，是使用比较广泛的拍摄角度，如图 6-10 所示为水果 45 度角俯拍效果图。

图 6-9　水果俯视角度拍摄效果图

图 6-10　水果 45 度角俯拍效果图

6.1.3　水果的拍摄构图

在水果类生鲜农产品拍摄中合理运用数量和空间构图设计，不仅可以让画面具有层次感，而且还能增强画面的表现力。

1. 水果拍摄的数量构图

（1）单个水果构图。在拍摄单个水果时，构图同样是非常重要的因素。合适的构图可以引导受众的视线，更好地突出水果的特点和美感。一种常见的构图方法是将水果置于画面中心，这样可以直接吸引受众的注意力，如图 6-11 所示。同时，也可以尝试使用九宫格构图法，将水果放置在画面线条的交点或其附近，以强化视

微课视频：水果的拍摄构图

觉引导和动态效果,如图 6-12 所示。

在选择背景时,不仅要考虑颜色的深浅,还要考虑背景与水果之间的对比度与协调性。例如,如果水果的颜色较为鲜艳,选择一个相对素雅的背景可以更好地突出水果的色彩。反之,如果水果的颜色较为淡雅,选择一个稍微鲜艳的背景可以形成对比,使画面更加生动。

图 6-11 单个水果中心构图法拍摄效果图

图 6-12 单个水果九宫格构图法拍摄效果图

(2)组合搭配构图。水果组合搭配构图适用于两个及以上数量水果的拍摄,通过多种摆放造型的设计,可增加拍摄画面的趣味性和生动性。例如,拍摄两个带蒂的水果,因为细长的蒂类似于线条,可以比较轻松地勾勒出一个空间形状,如图 6-13 所示为两个水果组合搭配拍摄效果图。当水果数量较多时,也可以用排序等方式构造拍摄画面,如图 6-14 所示为多个水果组合搭配拍摄效果图。

图 6-13 两个水果组合搭配拍摄效果图

图 6-14 多个水果组合搭配拍摄效果图

组合搭配是一种将拍摄对象的数量特征进行设计构造的拍摄手法,其内容丰富、形式多样,需要在具体的实践中多加练习才能精准把握其要领。

2. 水果拍摄的空间构图

(1)前后摆放构图。在水果拍摄中,前后摆放构图是一种比较常见的水果空间布局方式。前景摆放饱满的水果,如苹果和橙子,它们色彩鲜艳,仿佛近在眼前;后景摆放一些散落的相同或相似的水果,营造画面的动态感和层次感。整个画面通过色彩和形态的对比,展现水果的美妙之处。通常该类构图使用大光圈进行近距离拍摄,通过虚实对比营造空间感,如图6-15所示为前后摆放拍摄效果图。

(2)总分摆放构图。在进行水果的空间构图时,还有一种常用的总分摆放构图方式。在运用这种构图方式的时候,最重要的一点就是要设计出一个"总"的结构,然后再设计出一个"分"的结构。例如,聚拢的水果作为"总"的结构,零星散落的水果作为"分"的结构,如图6-16所示为总分摆放构图拍摄效果图。

图6-15　前后摆放拍摄效果图　　　　图6-16　总分摆放构图拍摄效果图

6.1.4　水果的创意拍摄

创意拍摄是优化视觉呈现的重要手段。它不拘泥于传统的拍摄和构图方式,通过创新的手法为受众带来强烈的视觉冲击力,使作品独树一帜,吸引消费者的注意。在进行水果的创意拍摄时,拍摄者可以从色彩搭配、动态捕捉、内部展示、倒影利用等多个维度进行巧妙构思和实践。

微课视频:水果的创意拍摄

1. 色彩搭配创意拍摄

水果本身具有丰富多彩的颜色,色彩搭配创意拍摄可以突出水果的色彩特点,展现出色彩的变化、呈现出丰富多彩的色彩世界。充分利用水果丰富的色彩,结合环境元素,创作出独特有趣的画面,可以让消费者在感受水果色彩带来丰富层次感的同时,留下深刻印象,如图6-17所示为水果色彩搭配创意拍摄效果图。

2. 动态捕捉创意拍摄

水果动态捕捉创意拍摄是一种活力四射、创意独特的拍摄方法。它通过精确捕捉水果在运动中的瞬间动态,如水果落入水面的刹那或水果被锐利的刀刃切开的瞬间,展现了水果的动态美感和生命力。为了实现这种拍摄效果,拍摄者通常需要采用高速快门或连拍模式来定格这些短暂而精彩的瞬间。此外,为了增强画面的氛围和视觉效果,拍摄者还可以巧妙地运用一些辅助元素,如飞溅的水滴、水花等,来烘托整个画面,使其更加生动和引人入胜,如图6-18所示为水果动态捕捉创意拍摄效果图。

项目 6　农产品类商品信息采集与处理

图 6-17　水果色彩搭配创意拍摄效果图 　　　　图 6-18　水果动态捕捉创意拍摄效果图

3. 内部展示创意拍摄

在水果内部展示创意拍摄中，可将水果切开或掰开进行拍摄，既可以丰富画面内容，又可以让水果展现不同的形态美。同样的水果采用不同的创意分割方法，不仅能将水果内部结构呈现出来，还能给人以特殊的画面感，完美呈现水果的特质，如图 6-19 所示为水果内部展示创意拍摄效果图。

4. 利用倒影创意拍摄

水果在平滑表面或倒影板上的倒影，可以展现水果富有层次感和艺术美感的视觉效果。倒影不仅可以增加画面的对称美感，还能够营造出梦幻般的氛围和视觉冲击力。通过灯光控制和拍摄构图设计，水果倒影清晰生动，引人注目，如图 6-20 所示为水果倒影创意拍摄效果图。

图 6-19　水果内部展示创意拍摄效果图 　　　　图 6-20　水果倒影创意拍摄效果图

素养提升

发展农村电商　助力乡村振兴

电商助力乡村振兴大有可为，它不仅能为乡村经济提供新动力，还能为乡村社区的可持续发展提供有力支持。中华人民共和国农业农村部印发的《全国乡村产业发展规划（2020—2025 年）》提出，发展农村电子商务，到 2025 年底，农产品网络销售额将达到 1 万亿元。

我国乡村具有丰富的自然资源和人文资源禀赋，乡村产业市场空间广、发展潜力大，但一些地方受到地理环境限制，产业发展面临"酒香也怕巷子深"的困境。而农村电商的发展则可以打破地理空间限制，解决产业集中度低、供应链条长等问题，让更多优质农副产品"飞"出大山，直面全国乃至全球消费市场，助力乡村振兴。

（1）协助建立品牌效应，推进产业集聚发展。产业集聚发展有利于形成产业的规模效应。一些乡村受限于人口及居住空间分散等特点，乡村产业较为分散，难以形成产业发展的集聚效应。农村电商发展可以协助建立品牌效应，推进乡村产业集聚发展。

（2）推动产业链条延伸，实现三产融合发展。产业链条的延伸可以提升农产品的附加值，提高经济效益，实现多元化发展。目前来看，乡村产业较多面临产业链条延伸不足，经营主体数量多但规模小、层次低、三产融合发展动力不足等问题。农村电商的发展可以推动乡村产业链条延伸，实现三产融合发展。

（3）推动供应链条升级，提升农产品供应效率。传统的农产品销售模式多为"农户—批发商—农贸市场或超市—消费者"，流通环节过多，储存和运输成本较高，零售价随之升高。农村电商的发展可以推动农产品供应链条不断升级，提升农产品的供应效率。

总的来说，发展农村电商可以促进农产品销售、提升产业附加值、拓宽就业渠道、推动农村经济发展，为乡村振兴注入新的活力和动力。

任务实训

水果类生鲜农产品的拍摄

一、实训要求

选择一种水果，根据水果类生鲜农产品拍摄的要点，构图及创意方法，选择合适的场景拍摄商品图片，具体要求如下。

（1）内容要求：构图得当，能正确运用造型、光位、角度等，彰显水果特色，凸显水果质感。

（2）结合创意拍摄方法，拍摄出水果特有的形、色、质特征，表现出水果让人垂涎欲滴的品相。

（3）质量要求：图片素材清晰。

（4）在任务操作过程中，学生以3~4人为一小组，注意团队合作，轮流进行拍摄。

二、实施步骤

1. 拍摄前的准备工作

在采集商品信息前，需要做好拍摄准备工作，具体内容如下。

（1）对现场进行整理，准备好数码单反相机1台、静物台1个、影

实训视频：水果类生鲜农产品的拍摄

室灯 3 盏、三脚架 1 个、镜面和磨砂面黑色倒影板各 1 块，其他辅助道具若干。

（2）准备好拍摄使用的水果样品（本例为脐橙），检查样品是否符合拍摄要求。

（3）准备好辅助道具，如水果刀、果盘、橡皮泥等。

（4）制作好拍摄登记表，为拍摄登记做好准备。

2. 拍摄设备布置

首先，将静物台放置在拍摄位置，静物台塑料台面的磨砂面向上，以减少反光现象；其次，将黑色倒影板放置在静物台上，再将脐橙放置于倒影板上产生倒影；再次，在静物台后方放置 1 盏影室灯作背景光，在脐橙左右前方 45 度位置各放置 1 盏影室灯用作前侧光照明，安装好柔光箱，以避免产生强烈的阴影，使脐橙的表面看起来更加光滑、柔和；最后，用三脚架支撑数码单反相机，相机位置位于脐橙的正前方，数码单反相机拍摄角度为 45 度左右俯拍。拍摄光位布置如图 6-21 所示。

3. 商品造型设计

在本例中，需要对脐橙进行切口造型。选取 1 个表皮光滑、没有斑点，形状比较圆润的脐橙，用小刀对脐橙进行横向切割，如图 6-22 所示为脐橙横切造型设计效果图，切好后将脐橙放置于静物台的拍摄位置，可以使用小支撑物对其进行固定。再挑选几个脐橙进行组合造型设计，可以切成片状或方块形状。

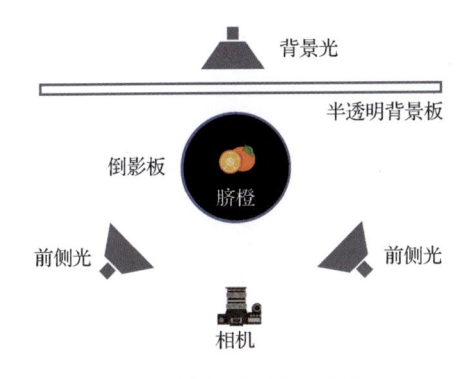

图 6-21　拍摄光位布置　　　　图 6-22　脐橙横切造型设计效果图

4. 预拍摄取景

使用数码单反相机的取景器观察脐橙及其倒影的成像效果，可以实时看到画面中的光线、色彩和构图等细节。根据观察到的画面效果，实时调整相机的角度、高度、脐橙的摆放位置等，以得到最佳的拍摄角度。

5. 调整光源及相机参数

调整光源的角度、亮度和方向，以寻找最佳画面效果。根据光源的调整和现场的环境光线情况，对相机的参数进行相应的调整，以确保曝光正确、画面清晰、色彩还原准确。

6. 取景拍摄

在取景环节,需要综合考虑构图、角度等因素。合理选择取景范围和拍摄角度,呈现不同的视觉和情感表达,赋予图片更多的层次感和真实感。取景确定后就可以按下快门进行拍摄了,如图 6-23 所示为脐橙取景拍摄效果图。

(a)单个脐橙横切造型效果 　　　　(b)多个脐橙造型设计效果

图 6-23　脐橙取景拍摄效果图

7. 重复步骤 3 至步骤 6,对脐橙进行造型设计与创意拍摄

在拍摄过程中,可以选择搭配不同的拍摄场景,选取单个或多个水果进行造型、构图和创意拍摄,以突出展现水果独特的形状、色彩和质地等特征,创造出吸引人的视觉效果,从而提升水果的吸引力。搭配不同的场景构图拍摄效果图如图 6-24 所示,果肉特写创意拍摄效果图如图 6-25 所示。

图 6-24　搭配不同的场景构图拍摄效果图 　　　　图 6-25　果肉特写创意拍摄效果图

8. 填写拍摄登记表,完成拍摄

在拍摄完成后,填写好拍摄登记表,并整理好拍摄现场及拍摄物品和道具。

任务拓展

蔬菜在人们的日常饮食中占据着不可或缺的地位,它们含有多种营养成分,并以多样的外观和形态为餐桌带来丰富的色彩。请自选一种蔬菜,以小组为单位对所选蔬菜进行拍摄,展现出蔬菜的特点和吸引力,并填写拍摄登记表。

任务 6.2　干货类初加工农产品的拍摄

随着干货类初加工农产品需求的不断增长以及电商平台该类商品的竞争日益激烈，对该类商品的视觉营销提出了更高的要求。本任务详细介绍干货类初加工农产品的拍摄场景选择、拍摄造型与构图、包装方式及食用加工场景拍摄技巧等重点内容，指导学习者顺利完成该类商品的拍摄任务，为提升干货类初加工农产品视觉营销效果奠定基础。

◆ 学习目标

知识目标：
- 掌握干货类初加工农产品拍摄场景选择和拍摄造型的方法；
- 掌握干货类初加工农产品单品拍摄与组合拍摄的常用构图方法；
- 掌握干货类初加工农产品的食用加工场景拍摄方法。

能力目标：
- 能结合干货类初加工农产品的特点布置不同的拍摄场景；
- 能结合干货类初加工农产品的特点进行构图设计；
- 能完成干货类初加工农产品的食用加工场景拍摄。

素养目标：
- 通过干货类初加工农产品创意拍摄，树立创新意识；
- 通过干货类初加工农产品的拍摄造型设计等，提高创造美的能力，提升美学素养；
- 通过干货类初加工农产品拍摄，提高对农村电商的关注，践行振兴乡村的责任担当。

◆ 学习导图

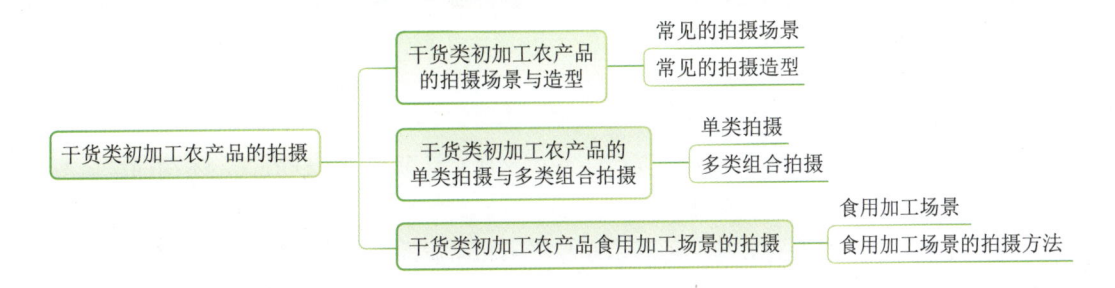

```
                                                           ┌── 常见的拍摄场景
                          ┌── 干货类初加工农产品的拍摄场景与造型 ──┤
                          │                                └── 常见的拍摄造型
                          │                                ┌── 单类拍摄
干货类初加工农产品的拍摄 ──┼── 干货类初加工农产品的单类拍摄与多类组合拍摄 ──┤
                          │                                └── 多类组合拍摄
                          │                                ┌── 食用加工场景
                          └── 干货类初加工农产品食用加工场景的拍摄 ──┤
                                                           └── 食用加工场景的拍摄方法
```

新知学习

6.2.1 干货类初加工农产品的拍摄场景与造型

干货类初加工农产品一般是指经过简单加工处理后，水分含量较低的农产品。在日常生活中，这类商品受到广大消费者的广泛需求。对这类商品进行恰当的场景拍摄，将有效地帮助消费者更深入地了解商品，通过视觉上的直观感受，提升他们对商品价值的认识，从而促进销售。

微课视频：拍摄场景与造型

1. 常见的拍摄场景

在拍摄干货类初加工农产品时，选择恰当的背景和环境可以突出商品的质感和特色，使消费者对商品产生浓厚的兴趣。

（1）室内环境。当干货类初加工农产品拍摄在室内进行时，需要把控好环境的布置和细节。首先，要确保拍摄环境有充足的光线，可以利用自然光或人造光源，创造出柔和而均匀的光线效果，突出农产品的色彩和质感；其次，在场景设计方面，可以选择简洁明快的背景，如木质桌面或淡色背景布等，以凸显农产品的质朴，也可以使用适当的道具，如木质托盘、农具或装饰物等来营造场景氛围，增添画面的生动性。在进行构图时，可以尝试不同的角度和镜头距离，展示农产品的细节和独特之处。干货类初加工农产品室内环境拍摄效果图如图 6-26 所示。

（2）室外环境。当拍摄干货类初加工农产品时，常选择在室外进行，以捕捉其自然淳朴的特点。这种拍摄方式能够呈现出干货类初加工农产品的真实色彩和细节，同时也可借助周围如田野、农场、草原等环境，讲述商品的故事，增强吸引力。干货类初加工农产品室外环境拍摄效果图如图 6-27 所示。

图 6-26　干货类初加工农产品室内环境拍摄效果图　　图 6-27　干货类初加工农产品室外环境拍摄效果图

2. 常见的拍摄造型

在拍摄干货类初加工农产品时，摆放造型是一种非常重要的设计方式，不同的摆放造型可以给商品带来不同的视觉效果。

（1）规整码放。规整码放是一种展示商品美感和品质的方式，通过精心规整的摆放，

项目 6　农产品类商品信息采集与处理

可以使商品更具吸引力,为消费者呈现出更完美的视觉效果。例如,在拍摄长条形的干货时,可以整齐摆放。这样不仅可以减少画面的凌乱感,还可以更好地展现商品特点。干辣椒规整码放造型效果图如图 6-28 所示。

(2) 构造线条。构造线条作为一种实用的造型手法,其主要目的在于利用物体在画面中塑造出的线条与形状,来加强整体画面的美学感受和视觉吸引力。在布置农产品或其他商品时,运用构造线条的方法能够赋予拍摄画面更多的创意和艺术气息,进而提升其整体的视觉效果。例如,将干辣椒通过线索串联,构建出对角线的构图,如图 6-29 所示。这种布局不仅展现了干辣椒的独特形态和质感,还通过对角线的运用,增强了画面的动感和张力。

图 6-28　干辣椒规整码放造型效果图

图 6-29　将干辣椒串联构建出对角线构图的效果图

(3) 添加装饰。在拍摄干货类初加工农产品时,使用装饰是一种有效的手段,用于突出产品的独特性,加强视觉冲击力,以及创造出特定的环境氛围。这些装饰物可以是多种多样的,如器皿、瓶罐、餐具等,它们作为拍摄的辅助元素,能够提升整个画面的艺术感。具体而言,在布置干货类初加工农产品时,通过精心策划和设计拍摄环境,可以使最终的图像更加精美、富有质感。这样不仅能增强商品的吸引力,还能提升整体拍摄效果,使消费者更容易被吸引并产生购买欲望。如图 6-30 所示为添加装饰的造型效果图。

(4) 创意造型。在拍摄干货类初加工农产品时,巧妙的创意造型不仅能增强产品的视觉吸引力与艺术美感,还能有效传递品牌的形象、情感和故事,为消费者带来更为丰富和立体的视觉享受。例如,用干莲子和丝瓜瓤搭配垒放出"鸟巢"的造型,为受众带来了独特而富有想象力的视觉享受,如图 6-31 所示。

图 6-30　添加装饰的造型效果图

图 6-31　创意造型效果图

6.2.2 干货类初加工农产品的单类拍摄与多类组合拍摄

在干货类初加工农产品拍摄中,常见的拍摄方式包括单类拍摄和多类组合拍摄。单类拍摄主要用于凸显某一特定干货类初加工农产品的独特性和品质;而多类组合拍摄则更适用于展示多种干货类初加工农产品间的关联性和搭配性,这种拍摄方式不仅增强了消费者在购买时的兴趣,还拓宽了干货类初加工农产品的销售范围,促进了销售转化的提升。在实际应用中,这两种拍摄方式常常根据具体的营销目标和商品特性进行灵活的选择和运用。

1. 单类拍摄

干货类初加工农产品单类拍摄的特点在于拍摄对象相对单一且主题明确。在拍摄过程中,可以适当地与其他盛放器具,如盘子或篮子等进行搭配,以突出农产品的特点和质感。同时,如果想要更好地展现拍摄对象的颜色,可以选择白色或浅色的背景进行拍摄。如果拍摄环境选择在室外,则需要注意选择合适的场景,以保障拍摄出的照片质量和效果,如图 6-32 所示为单类拍摄效果图。

2. 多类组合拍摄

单类拍摄的图片如果处理不当,可能会显得单调和缺乏层次感。为了解决这个问题,拍摄者可以尝试多类组合拍摄,通过将不同的农产品进行巧妙的搭配和组合,创造出更丰富多样的视觉效果。这种拍摄方式不仅可以增加照片的层次感,还能为消费者带来更丰富、更具吸引力的视觉体验。

干货类初加工农产品的多类组合拍摄常常应用于关联销售的场景。通过组合拍摄的设计,可以将关联农产品组合在一起,向消费者提供更多的选择和更加个性化的服务。当将不同颜色和形状的商品组合拍摄时,需要注意摆放的造型设计。例如,可以采用疏密相间、堆叠或交叉等摆放方式,给消费者带来整体美感,如图 6-33 所示为多类组合拍摄效果图。

图 6-32 单类拍摄效果图　　　　图 6-33 多类组合拍摄效果图

6.2.3 干货类初加工农产品食用加工场景的拍摄

1. 食用加工场景

干货类初加工农产品,如干莲子、干木耳、干香菇、干海带等,均显著降低了农产品的水分含量，使其变得干燥，虽然更便于储存和运输，但不利于展现干货农产品的特点。

为了充分展示这些农产品的特色和优势，可以拍摄泡发场景，让消费者直观地了解农产品的特点和烹饪方法。在拍摄时，可以捕捉干货类初加工农产品在泡发过程中的变化，如干莲子膨胀、木耳变软、海带呈现翠绿等。这些画面不仅能吸引消费者的注意力，还能增强他们对商品的信任感，激发购买欲望。

此外，拍摄泡发后的农产品的加工场景，如炖汤、炒菜等，也是很好的选择。通过这种方式不仅能够展示该类农产品的多样性和实用性，还能激发消费者的烹饪兴趣和灵感，进一步推动该类农产品的销售和市场推广。干莲子泡发加工场景拍摄效果图如图 6-34 所示。

（a）干莲子泡发效果图　　　　（b）莲子炖煮效果图　　　　（c）莲子羹效果图

图 6-34　干莲子泡发加工场景拍摄效果图

2. 食用加工场景的拍摄方法

当拍摄干货类初加工农产品食用加工场景时，要注意做好拍摄准备、确定拍摄角度和光线、合理安排构图、捕捉食用加工过程、注重细节和质感。通过综合考虑这些因素，可以拍摄出令人满意的干货类初加工农产品食用加工场景图片。

（1）拍摄准备。在拍摄前要确保拍摄环境整洁有序，这样可以突出干货类初加工农产品的特点和食用加工的过程。同时，准备好所需的摄影设备，如相机、三脚架、灯光等，确保它们处于最佳状态。

（2）确定拍摄角度和光线。选择合适的角度和光线是拍摄成功的关键。可以尝试不同的拍摄角度，如俯拍、仰拍、平拍、较高角度俯拍等，以找到最佳的拍摄角度。同时，要注意光线的控制，确保光线柔和、方向合适，避免过于刺眼或过于暗淡的情况。

（3）合理安排构图。在拍摄干货类初加工农产品食用加工场景时，要注意合理安排构图。可以选择合适的景深、透视等，将干货类初加工农产品和食用加工的场景有机结合起来，营造出整体的视觉效果。

（4）捕捉食用加工过程。拍摄时要关注干货类初加工农产品的食用加工过程，记录下每个重要的步骤和细节。可以采用连续拍摄或定时拍摄的方式，以展现整个食用加工过程的连贯性和变化。

（5）注重细节和质感。使用特写镜头或适当的拍摄距离，捕捉干货类初加工农产品的细节和质感。关注其纹理、颜色、形状等特征，并通过合适的角度和光线来凸显它们。

> **素养提升**
>
> **茗香古道：品味中国茶文化的深远韵味**
>
> 　　中国茶叶历史悠久，各种各样的茶类品种，万紫千红，竞相争艳。中国茶文化更是博大精深，源远流长，以下是一些常见的茶文化知识。
>
> 　　（1）茶叶种类。中国的茶叶种类很多，分布很广，被大家熟知和广泛认同的就是按照茶的色泽与加工方法分类的红茶、绿茶、青茶、黄茶、黑茶、白茶六大类。
>
> 　　（2）茶艺美学。茶艺是茶文化的重要组成部分，它注重泡茶的技巧、礼仪和艺术表现。茶艺美学追求的是人与茶、人与自然的和谐统一，以及茶的色、香、味、形的完美呈现。
>
> 　　（3）茶与生活。茶文化与人们的日常生活密切相关，它不仅是一种饮品文化，还涉及饮食、养生、社交等方面。茶文化强调以茶为媒介，增进人与人之间的情感交流，提高生活品质。
>
> 　　（4）茶马古道。茶马古道，是指唐代以来，为顺应当地人民需求，在中国西南和西北地区，以茶叶和马匹为主要交易内容，以马为主要运输工具的商品贸易通道，是中国西南民族经济文化交流的走廊。2013年茶马古道被中华人民共和国国务院列为第七批全国重点文物保护单位。
>
> 　　（5）当代茶文化。当代中国茶文化在传统的基础上融入了现代元素，如现代茶艺表演、茶文化节、茶博览会等，同时也与现代健康理念相结合，强调茶的养生作用。
>
> 　　总的来说，中国茶文化是中国传统文化的重要组成部分，它体现了中国人对生活的热爱和对哲学的思考。在今天这个快节奏的社会中，我们更应该从茶文化中汲取智慧，学会静心、修身，以更好地面对生活的挑战。

任务实训

干货类初加工农产品的拍摄

一、实训要求

选择一种干货类初加工农产品，进行图片素材拍摄，具体要求如下。

（1）内容要求：干货类初加工农产品整体图元素布局得当，场景设计合理，凸显农产品的特点，表现真实。

（2）场景要求：以室内场景为主。在选择室外场景时，要考虑光线、场景、天气条件等。

（3）在任务操作过程中，学生以3～4人为一小组，分工合作，轮流进行拍摄。

二、实训步骤

1. 拍摄前的准备工作

在采集商品信息前,需要做好拍摄准备工作,具体内容如下。

(1)对现场进行整理,准备好数码单反相机 1 台、三脚架 1 个、静物台 1 个、影室灯 2 盏。

(2)准备好拍摄使用的干货类初加工农产品样品(本例为干莲子)。

(3)准备好筛子 2 个、包装盒、荷花、莲蓬、碟子、核桃、红枣等拍摄辅助道具。

实训视频:干货类初加工农产品的拍摄

2. 拍摄设备布置

(1)将静物台置于拍摄位置,并将其塑料台面后半部立起,作为拍摄背景。

(2)将 2 盏影室灯放置在静物台的左前侧和右前侧 45 度角位置,调整灯的高度,使光线均匀地分布在静物台上。拍摄光位布置如图 6-35 所示。

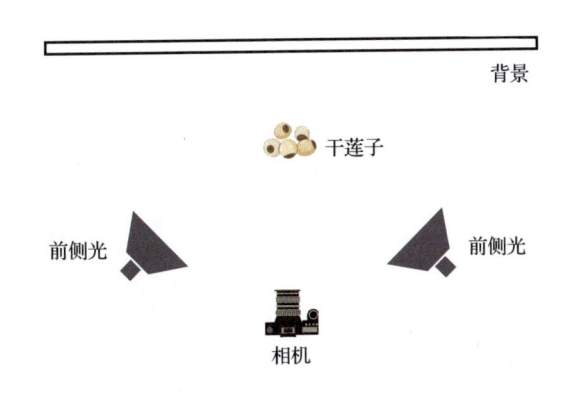

图 6-35 拍摄光位布置

3. 商品的造型设计

(1)根据拍摄要求,选取颗粒饱满的白色干莲子为拍摄对象进行拍摄,干莲子的数量根据筛子的直径大小来动态调整,不宜过多,也不宜过少。

(2)将准备好的干莲子放入一个筛子中,用干莲子将筛子底部铺满,堆叠不平整之处用手抚平,保证能良好地展示干莲子的外观与造型。接下来在另一个筛子中放入荷花、莲蓬等装饰道具,注意留出一部分空白位置。

(3)首先将盛放装饰道具的筛子放置于静物台上,然后将盛放干莲子的筛子边缘叠放于筛子的空白处,将筛子略微倾斜支撑在静物台上,这样可以使筛子略微抬起,便于向镜头展示商品。

4. 预拍摄取景

调整相机的位置,使其高于干莲子放置的位置,将相机略微下倾,采用小角度俯拍的形式,在取景器中综合观察拍摄对象的成像画面结构,动态地对相机的位置、高度及干莲子的位置等进行调整。

5. 调整光源及相机参数

根据拍摄环境,对光源的亮度、色温、位置等进行动态调整,对相机的参数进行相应的调整,以确保曝光正确、画面清晰、色彩还原准确。

6. 取景拍摄

在取景器中观察实时成像效果,综合考虑构图、角度等因素,合理选择取景范围,寻找最佳画面,取景确定以后进行拍摄,拍摄效果图如图 6-36 所示。

图 6-36 干莲子拍摄效果图

7. 重复步骤 3 至步骤 6,对干莲子进行场景创设、组合构图、包装展示等的拍摄

(1)创设不同的拍摄场景。

(2)分别以单类商品和多类商品组合的形式进行拍摄。单类商品创设情景拍摄效果图如图 6-37 所示,干莲子与其他商品组合拍摄效果图如图 6-38 所示。

图 6-37 单类商品创设情景拍摄效果图

图 6-38 干莲子与其他商品组合拍摄效果图

8. 填写拍摄登记表,完成拍摄

在拍摄完成后,完善拍摄登记表,整理好拍摄现场及拍摄物品和道具,并进行总结,分析拍摄过程中的优点与不足,针对不足的地方提出改进措施。

任务拓展

请选择多种干货类初加工农产品进行组合拍摄,如干果、干菌、干茶叶等。结合干货类初加工农产品拍摄知识进行创意拍摄,要求图片清晰、色彩自然、构图合理,突出商品的特点和美感,恰当展示商品的外观、颜色、质感等相关信息。

任务 6.3　商品主图短视频拍摄脚本设计

短视频拍摄脚本是短视频创作的基础，它明确了短视频拍摄任务的具体内容与要求，为短视频拍摄任务提供了清晰的工作思路。本任务详细介绍了商品主图短视频脚本的类型、制作步骤、分镜头脚本的策划技巧等内容，通过这些内容的学习，学习者能够更好地掌握商品主图短视频脚本的制作技巧，为短视频创作提供有力支持，确保最终的短视频内容能够有效吸引消费者。

◆ 学习目标

知识目标：
- 熟悉主图短视频脚本的类型；
- 掌握主图短视频脚本的制作步骤；
- 掌握分镜头脚本的策划技巧。

能力目标：
- 能够根据拍摄对象的特点及拍摄需求，确定采用的短视频脚本类型；
- 能够根据短视频脚本制作步骤，团队合作运用分镜头脚本策划技巧设计出商品主图短视频拍摄脚本。

素养目标：
- 通过脚本制作与不断优化，养成认真细致的工作态度，弘扬精益求精的工匠精神；
- 遵守电商行业相关法律法规及短视频脚本制作规范，树立遵纪守法的思想观念。

◆ 学习导图

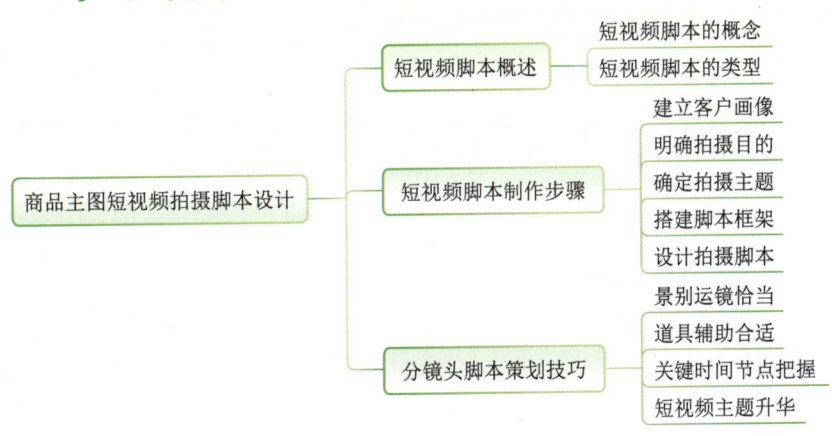

商品主图短视频拍摄脚本设计
- 短视频脚本概述
  - 短视频脚本的概念
  - 短视频脚本的类型
- 短视频脚本制作步骤
  - 建立客户画像
  - 明确拍摄目的
  - 确定拍摄主题
  - 搭建脚本框架
  - 设计拍摄脚本
- 分镜头脚本策划技巧
  - 景别运镜恰当
  - 道具辅助合适
  - 关键时间节点把握
  - 短视频主题升华

新知学习

6.3.1 短视频脚本概述

1. 短视频脚本的概念

短视频脚本是短视频的拍摄大纲和要点规划,用来指导整个短视频的拍摄方向和后期剪辑,起着统领全局的作用,通常由文字、图片、表格、音效等多种元素组成,以明确每个镜头的内容和表现方式。

2. 短视频脚本的类型

短视频脚本一般分为拍摄提纲、文学脚本和分镜头脚本,它们分别适用于不同类型的短视频拍摄。

拍摄提纲通常指为拍摄一部短片或某些场面而制定的拍摄要点。它只提示拍摄内容,适用于一些不容易掌控和预测的拍摄内容。它的特点是拍摄者可发挥的空间较大,但对短视频后期制作指导效果较小。

文学脚本是以镜头语言来完成的一种台本,它不需要像分镜头脚本一样细致,适用于不需要剧情的短视频创作,如教学视频、测评视频等。

分镜头脚本一般指将文字转换成立体视听形象的中间媒介,是把文字脚本变成可视化镜头的设计,是现场拍摄的基础蓝本。适用于故事性强的短视频拍摄,通常包括景别、内容、台词、字幕、时长、运镜、道具、背景音乐等。

尽管脚本类型不同,但都为影片或短视频的创作、制作提供指导和框架,确保整个制作过程有条不紊地进行。首先,脚本通过为短视频拍摄提供指导框架,使得拍摄工作思路清晰,从而有效地节省拍摄时间;其次,脚本确保拍摄内容的连贯性和逻辑性,使故事线条清晰且逻辑性强,进而提高短视频的质量;最后,脚本可以降低团队的沟通成本,因为拍摄团队可以根据提前制作的脚本开展拍摄工作,使得成员能够各司其职,协同高效地完成拍摄任务。

微课视频:短视频拍摄脚本制作

6.3.2 短视频脚本制作步骤

短视频脚本制作是一个需要精心策划的过程,从初步构思到最终成文,每个步骤都对最终短视频的质量产生决定性的影响。为了确保短视频制作的顺利进行,并最终呈现出令人满意的短视频作品,需要遵循一定的制作步骤。短视频脚本的制作步骤如表6-1所示。

1. 建立用户画像

在短视频拍摄中建立用户画像非常重要,可以帮助内容创作者更好地了解目标用户,提供符合其需求和兴趣的内容,提高短视频的传播效果和影响力。建立用户画像常用的步骤如下。

表 6-1　短视频脚本的制作步骤

序　号	步　骤	内　　　容
1	建立用户画像	分析用户信息，凝练用户特征
2	明确拍摄目的	设定拍摄目标，清晰表达短视频要传达的信息，指导拍摄全过程
3	确定拍摄主题	根据用户画像、拍摄目的选择合适主题，表现拍摄内容，表达故事内涵
4	搭建脚本框架	根据主题内容，初步搭建内容、景别、台词、字幕、时长、运镜、道具、背景音乐等要素
5	设计拍摄脚本	细化并优化包括内容、景别、台词、字幕、时长、运镜、道具、背景音乐在内的关键要素

（1）确定目标用户群体。在制作短视频前，首要任务是明确目标用户群体。这涉及对潜在用户的深入研究，以便为他们提供具有吸引力的内容。

（2）统计分析用户数据。利用平台提供的数据统计工具，分析短视频观看量、观看时长、用户互动等数据，从中挖掘用户的行为模式和喜好，为建立用户画像提供依据。

（3）创建用户画像。根据收集的数据，为每个目标用户群体创建一个详细的画像。描述他们的性格、需求、喜好等。

（4）优化内容策略。根据用户画像，制定针对性的内容策略。确定短视频的主题、风格、时长等，确保与目标用户的需求和喜好相匹配。

通过建立用户画像，内容创作者能够更好地理解他们的目标用户，从而为他们创作出更具吸引力的内容。这不仅有助于提高短视频用户的观看率，还能增强与用户之间的互动和连接。因此，在短视频制作过程中，建立用户画像是一个非常重要的步骤。

2. 明确拍摄目的

拍摄目的不同，拍摄内容聚焦就不同。例如，如果目的是引流，那么短视频内容可能会更加倾向于娱乐性和话题性；如果是为了特定群体而打造的，那么内容可能会更加贴近他们的兴趣和需求。明确短视频的拍摄目的，可以清晰地表达短视频想要传递的信息和情感，同时也能为拍摄者提供清晰的指导。

3. 确定拍摄主题

确定拍摄主题可以帮助拍摄者更好地聚焦和构造拍摄画面，以创作出更具有深度的作品。常见的拍摄主题有以下几种。

（1）风光主题：包括山水风光、城市风光、日出日落等，展现大自然和城市景观的壮美和魅力。

（2）人像主题：以人物为主题，捕捉人们的表情、情绪和个性，展现人物的美感和生活状态。

（3）街拍主题：在街头捕捉生活中的瞬间、记录人们的各种表情和动态，以展现城市的多样性和生活的真实面貌。

（4）静物主题：通过拍摄静物物品，展现其美感、纹理和细节，常见的静物包括食物、花卉、器皿等。

（5）纪实主题：以纪实为主要目的，捕捉生活中的片段和事件，展现社会、人文和历史等方面的内容。

（6）微距主题：通过捕捉微小物体的细节和纹理，展现微观世界的奇妙和美丽。

（7）动物主题：以动物为主题，展现自然界生态的多样性和动物的生活状态。

（8）建筑主题：以建筑物和结构为主题，展现建筑的美学、线条和设计，表达对建筑环境的理解和感悟。

除此以外，拍摄主题还有冒险探索主题、科幻奇幻主题、喜剧幽默主题等。每种主题都有其独特的魅力和表现方式，可以根据需求选择适合的主题进行拍摄创作。

4. 搭建脚本框架

在这一环节中，需要初步对内容、景别、台词、字幕、时长、运镜、道具、背景音乐等要素进行大致设定。可以利用提纲、思维导图等工具来辅助理清思路，搭建起脚本框架，为后续详细的脚本制作做好准备工作。

5. 设计拍摄脚本

在脚本框架搭建完毕后，接下来的工作就是对细节进行填充。这些细节包括景别、内容、台词、字幕、时长、运镜、道具和背景音乐等方面。

（1）内容。在完成了脚本框架的初步搭建后，内容的填充成为接下来工作的重心。这一过程涉及对故事情节的进一步细化，确保每个场景都饱含情感与深度。内容创作者不仅要关注故事的连贯性，还要注重角色性格的塑造和故事背景的丰富。每个细节，无论是角色的内心独白、场景的氛围渲染，还是情节的转折，都需要经过精心的打磨，以确保它们能够共同构建出一个引人入胜的故事世界。

（2）景别。在设计拍摄脚本时，要为每个片段选择合适的景别。常用的景别有远景、全景、中景、近景、特写。以拍摄人物为例，远景聚焦于人物所处的整个环境或背景，通过宽广的视角和深远的画面构图，使用户能够感受到场景的广阔和壮丽，这种景别常常被用来展现自然风景、城市风光或大规模的场景调度；全景比远景距离近，用来展示环境或场景的全貌，强调人物的完整性，用来表现人物的全身动作，或者是人物之间的关系；中景则包括人物膝盖以上的部分，以及周围的背景，这种景别通常用于展现人物的动作和与环境的互动，帮助受众更好地理解剧情发展和人物关系；近景也就是拍摄人物胸口以上的部分，突出面部表情、神态和手势，有助于展现人物内心世界和情感状态，在影视制作中占据重要地位，为受众带来真实、生动的视觉体验；特写通常聚焦于人物的某个关键部位，如眼睛、嘴巴或手部等，通过突出这些细微之处，用户可以更加深入地感受到角色的情感变化和内心世界。这种镜头常常被用来营造紧张、悬疑或浪漫的氛围。

（3）台词。台词不仅是角色之间交流的桥梁，更是展现角色性格和情感的窗口。在填充台词时，要力求让每一句对话都自然流畅，既符合角色的身份和性格，又能推动故事的发展。同时，还应注重台词的节奏和韵律，让对话更加生动有力，易于用户理解和记忆。

（4）字幕。短视频的字幕对提升用户的观看体验作用明显，它不仅为用户提供了短视频中声音内容的文字解读，更补充了语音信息的不足，确保了信息的完整传达。特别对于那些听力受限的用户，字幕更是他们理解短视频内容的关键桥梁，极大地增强了短视频的包容性和可访问性。

（5）时长。合理的时长分配不仅能够保持故事的节奏感，还能够提升用户的观看体验。要根据故事情节的紧张程度和情感变化，精心安排每个场景和镜头的时长。在关键情节或情感高潮部分，适当增加时长，以充分展现故事的内核；而在平淡或次要的部分，则适当缩短时长，避免冗长和拖沓。

（6）运镜。运镜指的就是镜头的运动方式，常用的运镜方式有推、拉、摇、移、跟、升、降、旋转等镜头。通过镜头的运动和拍摄角度的变化，为用户带来丰富的视觉体验。

（7）道具。道具是短视频作品中用来辅助表演和展示情节的物品或器具。它们不仅能够增强画面的视觉效果，还能够为故事营造特定的氛围。在填充脚本细节时，要精心选择与故事情节和角色设定相符的道具，让它们成为故事发展的重要元素。同时，还应注重道具的摆放和使用方式，确保它们与角色动作和场景氛围相协调，为用户带来更加真实和引人入胜的视听效果。

（8）背景音乐。选择适合的背景音乐能够为故事增添情感色彩，同时把控整体节奏。在填充脚本细节时，要选择与故事情节和氛围相符的背景音乐，让音乐与画面相互辉映，共同营造出更加真实和引人入胜的视听效果。

以分镜头脚本为例，其脚本结构如表 6-2 所示。

表 6-2 分镜头脚本结构

编号	内容	景别	台词	字幕	时长	运镜	道具	背景音乐
1								
2								
3								
4								
5								
……								

6.3.3 分镜头脚本策划技巧

分镜头脚本策划技巧的正确运用可以使短视频制作更加高效、专业和有影响力，为创作出优秀的作品提供独特的创意思路。

1. 景别运镜恰当

（1）景别切换。要合理安排景别的变换顺序，保持视觉连贯性，避免突兀过渡。例如，从城市到乡村，可以从繁忙的城市中心驾车前往郊外，享受宁静的农村风光和清新的空气。

(2)运镜节奏。要营造出紧张或慢节奏的氛围,需要根据情节需求来控制运镜的速度和频率,并精心设计镜头运动的节奏感。在追逐戏等紧张激烈的场景中,应运用快速剪辑和迅捷的镜头移动来凸显紧张感和速度感。例如,迅速切换不同角度和视点的镜头,可以让受众持续感受到紧张和刺激。同时,通过快速推拉运镜,可以强调关键人物或物体在场景中的重要性,从而加强紧张氛围的营造。

相反,在展现宁静的田园风光或温馨家庭场景时,应运用缓慢的镜头移动和平稳的运镜来营造宁静和舒缓的氛围。例如,利用缓慢的平移镜头来细致展示风景,让用户能够沉浸在宁静的环境中。同时,通过稳定器进行平稳的旋转镜头拍摄,不仅可以展示场景的宽广和深度,还能营造出悠闲自在的感觉。这种缓慢而稳定的镜头运动也能给用户带来宁静和放松的观看体验。

2. 道具辅助合适

在短视频拍摄中,辅助道具的运用可以增强画面的表现力,更好地传递故事情感。因此,在制作短视频拍摄脚本时,要精心设计好辅助道具相关的内容。以下是辅助道具设计的常见技巧。

(1)道具选择。选择与短视频主题和情感表达相符合的道具。例如,弘扬传统文化的短视频,可选择折扇、茶具、国画、汉服等道具,这些道具在画面中可以帮助用户更好地理解故事情节和角色特征。

(2)道具搭配。在道具之间或者道具与场景中的其他元素之间进行搭配,创造视觉上的和谐或对比,增加画面趣味性。例如,茶具与文人墨客,在中国传统文人墨客的画作或文学作品中,常常会搭配茶具作为道具,茶具代表着文人雅致的生活方式,与书画、诗词等相得益彰,营造出一种优雅的文人氛围。

3. 关键时间节点把握

在短视频拍摄中,把握关键时间节点非常重要,因为这些时间节点常常会影响整个短视频的质量、节奏和故事表达。在设计脚本时,要把关键时间节点及其具体的内容描述清楚,以确保视频拍摄时能顺利地完成拍摄任务。以下是一些常见的关键时间节点的把握技巧。

(1)开头。短视频的开头是吸引用户注意力的关键时刻,可通过概括短视频主题引发用户兴趣,让用户愿意继续观看下去。例如,可以通过一个不寻常的情节或幽默的元素来吸引用户的注意力。

(2)高潮。在短视频的高潮部分,要把握节奏和氛围,展现故事或情节的高潮,让用户感受到紧张、兴奋或感动的情绪。例如,短视频中主人公与反派人物展开激烈对抗的场面,或是关键角色面临抉择的时刻。

(3)转折点。如果短视频有情节发展或转折点,要在适当的时间点展现,让用户感受到故事的转折和发展,增加观看的吸引力。

(4)结尾。结尾是留下深刻印象的关键时刻。采用一个有力的结尾,可以是一段意味深长的台词、一幅令人难忘的画面或一个反转情节,让受众留下深刻印象。

4. 短视频主题升华

一般来说，用户更关注"有用、有价值"的短视频内容。在短视频脚本的最后可以设计一些情绪上的"价值点"，增加消费者的关注度。例如，在短视频结尾留下一个引发用户思考的问题、悬念或挑战，鼓励他们在评论区留下自己的看法或续写故事的发展，增加互动和参与度。

商品主图短视频脚本制作是提升商品销售效果的重要手段。在制作过程中，需要有明确的脚本制作步骤，从建立用户画像到设计拍摄脚本每一步都不可或缺。同时，在商品主图短视频脚本的制作中，创意与策略的完美结合将极大提升主图短视频的吸引力，助力商品销售业绩的提升。

素养提升

短视频制作各阶段应遵守的基本规范

短视频制作各阶段应遵守的基本规范是确保短视频内容质量、提升受众体验及维护创作者权益的重要准则。遵循这些基本规范，不仅能提升短视频的品质，还能为创作者树立良好的形象，赢得更多受众的支持和喜爱。

（1）脚本制作阶段。单一的故事脚本只要满足具有一定表现形式以及独立创作完成的智力成果两个条件即可构成文字作品，受到《中华人民共和国著作权法》（简称《著作权法》）的保护。如果脚本是改编他人作品而形成的，应注意不得侵犯他人的著作权。

（2）素材收集整理阶段。在脚本创作期间或脚本创作完成后，短视频制作方会根据脚本搜集、整理短视频拍摄的素材。如果这些素材可以单独使用，其作者有权独立行使其著作权。

（3）短视频制作阶段。短视频制作者通过选取具有独创性的内容，借助智能手机、个人电脑等便携设备拍摄、剪辑，完成短视频的制作。其中，在短视频的摄制过程中，录音录像者对场景的选择、镜头的选用以及表演者的表演等都会涉及《著作权法》中规定的录音录像制作者权、表演者权等著作权的邻接权。录音录像者和表演者享有《著作权法》中规定的相应权利。在发布、传播作品时，需要注意获得录音录像制作者、表演者的许可。

（4）短视频发布阶段。短视频制作完成后，一般会上传到各类短视频平台等进行公开传播。在这个阶段，主要的知识产权问题是平台对短视频的监管责任问题。

任务实训

商品主图短视频拍摄脚本设计

一、实训要求

以"精选干莲子"为短视频拍摄内容，根据短视频脚本制作步骤设计一个完整的分镜头脚本。具体要求如下。

（1）内容要求：每个分镜头描述详细，脚本阅读者能理解脚本想要表达的内容；分镜头脚本场景之间内容衔接流畅，能保持故事的节奏和吸引用户的注意力；内容具有一定的创新性，视角独特、引人入胜；内容及创意无相关版权争议。

（2）技术要求：技术可行，分镜头脚本应充分考虑到实际的技术限制和设备能力。

（3）3～4人为一小组，组内分工协作，共同完成分镜头脚本制作。

二、实训步骤

1. 建立用户画像

经过深入的市场调研与分析，确定目标受众主要为两大群体：一是对中华传统美食文化怀有浓厚兴趣的中老年人群，他们热衷于探寻和品尝传统美食，对干莲子的制作技艺和品质要求较高；二是追求健康生活的年轻人群，他们倡导自然、绿色、无添加剂的生活方式，注重生活品质的提升。这两大群体都倾向于观看富有教育意义和实用价值的短视频内容，以获取知识和乐趣。

2. 明确拍摄目的

拍摄关于"精选干莲子"的短视频，详细展示干莲子的筛选环节，以彰显商品卓越的品质和对消费者健康的深切关注。同时，通过富有趣味性和吸引力的短视频内容，吸引目标用户，增强品牌的知名度和用户的忠诚度。

3. 确定拍摄主题

以"用心遴选，保障品质"为主题，展示干莲子的筛选过程，确保每一颗干莲子都是用心甄选，突出干莲子的高品质。

4. 搭建脚本框架

在构思"精选干莲子"短视频的拍摄脚本框架时，需要从宏观角度进行规划，为每个关键部分设定明确的框架。内容的策划要精准把握核心要点，保证信息的流畅与连贯；在场景选择上，既要展现细微之处，也要保证整体视觉的协调与和谐；台词要言简意赅，既要蕴含足够的信息量，又要易于用户理解；短视频时长要控制得当，以维持受众的兴趣与关注；镜头的运用需巧妙配合内容，让短视频既流畅又引人入胜；道具的选用需真实还原干莲子的筛选流程，以增强短视频的可信度和说服力。拍摄脚本框架如表6-3所示。

表 6-3 拍摄脚本框架

内容	景别	台词	字幕	时长	运镜	道具	背景音乐
（1）荷塘莲蓬生长 （2）模特筛选干莲子 （3）模特手捧干莲子	室外： （1）中景展示莲蓬生长环境 （2）特写展示莲蓬 室内： （1）近景展示干莲子筛选过程 （2）近景展示手捧干莲子滑落过程	无	添加"湘莲"	总时长不超过30秒，每个段落根据内容分配时长，保持节奏紧凑	用环绕、推拉运镜、固定镜头，结合近景、中景和远景的切换，展示莲蓬的生长环境、筛选过程、干莲子从手中滑落的情景	筛选工具	舒缓轻音乐

5. 设计拍摄脚本

脚本细化设计是一个转化过程，根据脚本框架将大致的创意和内容逐步打磨为详细的拍摄方案。这个过程包括了详细的场景布置、角色对话、镜头选择、场景转换，以及特定的视觉和声音效果等元素的设定。关键在于，脚本细化设计必须精准地描绘出每个场景的具体视觉形象和角色间的互动方式。脚本细化设计的过程确保了每个细节都得到了周密的规划，并与整个故事线和主题紧密相连。通过这样的细化设计，制作团队能够清楚地把握任务的核心目标，更有效地协调和整合各种资源，从而提升制作的专业水平，并为受众带来更加出色的观影体验，最终，脚本细化设计能够实现创意的完整展现和情感的精准传达。分镜头脚本参考样例如表 6-4 所示。

表 6-4 分镜头脚本参考样例

编号	内容	景别	台词	字幕	时长	运镜	道具	背景音乐
1	由近到远平推镜头拍摄荷塘中的莲蓬，展示莲子的生长环境	中景	无	右下角加"湘莲"	5秒	平推镜头	无	夏日荷花.mp3
2	选择一个比较好的莲蓬作为目标，将镜头聚焦在上面，拍摄莲蓬在微风中轻轻摇晃的情景	特写	无	右下角加"湘莲"	5秒	固定镜头	无	夏日荷花.mp3
3	模特坐在凳子上，手里端着筛子，一颗一颗地筛选莲子，把好干莲子挑出来放到小筛子里	近景	无	右下角加"湘莲"	12秒	半环绕推镜头	凳子、筛子	夏日荷花.mp3
4	模特手捧干莲子，将一颗颗好的干莲子从手中一颗颗地滑落到筛子中	特写	无	右下角加"湘莲"	8秒	固定镜头	莲花、莲蓬、筛子	夏日荷花.mp3 （倒数3秒音乐淡出）

三、实训总结

在制作分镜头脚本之前，需要清楚地理解和把握故事的结构与情节，这是为了更有效地规划镜头运用和把握节奏。要分析每个场景中的关键情节与情感表达，从而确定需要展示的细节和视觉效果。同时，要选择恰当的视角和镜头语言来传递情感和信息，以确保作品的表现力和受众的观赏体验。此外，镜头之间的过渡和场景的转换也需要细致安排，以维持故事的连贯性与流畅性。团队成员之间需要紧密协作，全面沟通，以确保对脚本内容和拍摄要求的共同理解。在实际拍摄过程中，还应保持灵活性，根据实际情况做出相应的调整。

任务拓展

以小组为单位，自选一种农产品，结合某一主题，制作带有一定剧情的主图短视频分镜头脚本。具体要求如下。

（1）确定短视频主题、短视频类型、表达重点、目标受众和短视频风格。

（2）策划与制作分镜头脚本，包括场景内容、景别、台词、时长、运镜、道具等。

（3）脚本具有一定的创意，对目标受众有较大的吸引力，表达的主题明确，故事情节连贯、流畅。

（4）短视频总时长控制在 30～60 秒之内。

任务 6.4　商品主图短视频拍摄

商品主图短视频是当前主流电商平台视觉营销的重要方式，它通过动态展示商品的特色、功能和设计亮点，帮助消费者在短时间内了解并关注商品，有效促进消费者的购买行为。本任务详细介绍了商品主图短视频的拍摄要点、拍摄技巧及常用的创意拍摄方法等内容，并以农产品主图短视频的拍摄为例，引导学习者完成短视频素材的采集，为后续短视频剪辑与处理提供符合要求的素材。

◆ 学习目标

知识目标：
- 熟悉商品主图短视频的拍摄要点；
- 掌握商品主图短视频常用的拍摄技巧；
- 掌握商品主图短视频的常用创意拍摄方法。

能力目标：
- 能结合拍摄内容要求，根据商品主图短视频脚本设计的景别和运镜方式等进行拍摄；
- 能合理运用商品主图短视频的常用创意拍摄方法，拍摄出具有吸引力的短视频。

素养目标：
- 在商品主图短视频的拍摄过程中，团队分工合作，提高沟通能力与团队协作能力；
- 通过商品主图短视频的拍摄与不断优化，树立创新意识，弘扬精益求精的工匠精神。

◆ 学习导图

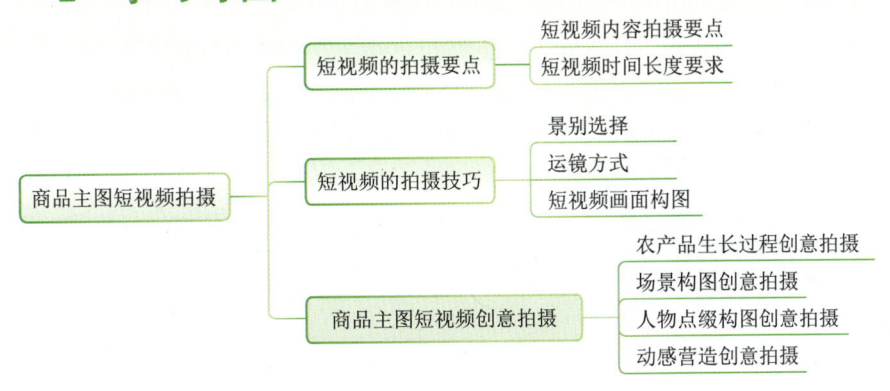

商品主图短视频拍摄
- 短视频的拍摄要点
  - 短视频内容拍摄要点
  - 短视频时间长度要求
- 短视频的拍摄技巧
  - 景别选择
  - 运镜方式
  - 短视频画面构图
- 商品主图短视频创意拍摄
  - 农产品生长过程创意拍摄
  - 场景构图创意拍摄
  - 人物点缀构图创意拍摄
  - 动感营造创意拍摄

新知学习

6.4.1 短视频的拍摄要点

短视频逐渐成为公众日常获取资讯、表达立场和叙述故事的主要方式。其在电子商务营销领域也发挥着越来越重要的作用,它能够在短时间内展示商品特性、吸引消费者注意力,并通过情感化的内容激发消费者的购买意愿。对于电子商务领域的创作者而言,只有准确掌握短视频拍摄的要点,才能确保创作出的短视频能够传递出想要表达的信息和情感,吸引潜在客户,并促进购买行为的产生。

1. 短视频内容拍摄要点

掌握短视频内容拍摄要点是短视频拍摄质量的基本保障,在短视频拍摄中,主要的拍摄要点有以下几点。

(1)短视频的主题要清晰明确,与所推广的商品或服务紧密相连。通过深入挖掘商品的独特卖点和优势,创作者可以确保消费者在短时间内对商品有深入的了解。例如,如果是一款科技商品,可以通过展示其创新的设计、高效的功能和易用的操作界面来吸引消费者。

(2)短视频要具有视觉冲击力。高质量的画面、鲜明的色彩和清晰的构图都是至关重要的。创作者可以运用专业的摄影技巧,如运用特写镜头来展示商品的细节,或者通过精心设计的转场效果来增强短视频的视觉冲击力。

(3)短视频要有故事性。一个引人入胜、情节跌宕起伏的故事能够激发消费者的情感共鸣,使他们更容易记住品牌和商品。创作者可以通过讲述一个充满奋斗精神的创业历程或者展示一个感人的用户故事来打造具有故事性的短视频。

(4)创作者需要运用明确的消费号召。通过简洁有力的提示语,如"立即购买"或"了解更多"等,可以引导消费者进行进一步的互动和操作。这些提示语应该放置在显眼的位置,以确保消费者能够注意到。

(5)声文匹配。声文匹配也是提升短视频观感的重要手段。通过搭配恰当的背景音乐和解说词,可以营造出与短视频内容相契合的氛围,使消费者更好地沉浸在短视频内容中。此外,提供双语字幕可以帮助不同语言的消费者理解关键信息,进一步扩大短视频的传播范围。

(6)由于商品特性和市场需求在不断变化,短视频内容也需要与时俱进。创作者需要及时关注商品的最新动态和市场趋势,并根据实际情况对短视频内容进行更新。通过展示商品的升级信息、促销活动等新鲜内容,可以保持消费者对商品的持续关注,并提高商品的曝光率和转化率。

2. 短视频时间长度要求

视频时间需要精心策划,确保内容精练、有力,同时保持节奏流畅,引起消费者兴趣并留下深刻印象。常见的主图短视频时长一般建议控制在 15～60 秒之间,保持视频短小精悍,避免过长导致消费者失去观看的兴趣。不同的平台,对商品主图短视频的时间长度要求有所不同,在制作短视频时,需要根据目标平台和受众特点进行策划和制作。

6.4.2 短视频的拍摄技巧

短视频拍摄技巧是将创意与技术相结合的综合技能。一个出色的短视频不仅要拥有吸引人的内容,还需要熟练运用各种拍摄技巧,以确保信息准确传达并吸引受众。以下是一些常用的短视频拍摄技巧。

微课视频:短视频拍摄景别、运镜及注意事项

1. 景别选择

(1)远景。远景拍摄是指将镜头对准远处的景物或场景进行拍摄,通常用于展示环境、场景的广阔与壮丽。在短视频拍摄中,远景有着重要的视觉效果和情感表达意义。在拍摄外景时,常常使用这样的镜头,它可以有效地对拍摄对象进行描绘,如对田野、平原、山川、海滩、森林或城市天际线等自然或人造景观的拍摄。如图6-39所示为远景拍摄画面示例。

(2)全景。全景拍摄是一种能够捕获并展示环境或场景全方位视角的拍摄技术。在运用全景进行拍摄时,拍摄对象及其周围部分环境被完整地捕捉下来,以展现场景和拍摄对象的概貌。这种技术能够为用户带来沉浸式的体验。通过全景拍摄,复杂的场景可以更加清晰地展现,空间感得到强化。例如,当拍摄一望无际的油菜花时,可以通过全景拍摄将风景全方位地进行展示,让受众仿佛身临其境地感受到油菜花的魅力,如图6-40所示为全景拍摄画面示例。

图6-39 远景拍摄画面示例

图6-40 全景拍摄画面示例

(3)中景。中景拍摄通常将相机或摄像机对准处于镜头视野中间位置的景物或主体进行拍摄。中景拍摄常用于突出主体与其周围环境的关系,展示主体与背景之间的互动与平衡。与全景相比,中景覆盖的景物范围更小。中景拍摄的关键在于选择合适的构图和焦点,以突出主体并传达特定情感。例如,在拍摄油菜花的场景中,就可以通过中景展示油菜花的繁茂旺盛,如图6-41所示为中景拍摄画面示例。

(4)近景。近景拍摄采用近距离拍摄事物,能看清事物的细微之处。近景也可以表现人物的面部表情,传达人物的内心世界,非常有利于表现人物的面部或其他部位的表情神态。在拍摄农产品时,近景的合理运用能很好地展现农产品的细节特点,如图6-42所示为近景拍摄画面示例。

图 6-41 中景拍摄画面示例　　　　　　图 6-42 近景拍摄画面示例

（5）特写。特写拍摄又称特写镜头，聚焦于拍摄对象的极小部分，如面部表情、细节、纹理或物体的微小特征等。特写拍摄的主要目的是突出细节，增强视觉冲击力，或者传递情绪和氛围。当运用特写镜头进行拍摄时，镜头被对象充满。特写镜头能细微地表现事物细节，具有生活中不常见的、特殊的视觉感受。例如，在拍摄油菜花时，运用特写镜头可以清晰地捕捉油菜花的花瓣，以及停留在花朵中采蜜的蜜蜂形态，非常生动，如图 6-43 所示为特写拍摄画面示例。

图 6-43 特写拍摄画面示例

2. 运镜方式

运镜是在短视频拍摄过程中移动拍摄设备或改变拍摄角度的技术。通过运镜可以让拍摄画面更加生动有趣，增加用户的视觉体验和吸引力。运镜是短视频拍摄的常用技能，有以下几种类型。

（1）推拉运镜。推拉运镜一般是通过拍摄设备的前后移动来改变画面中主体与背景的相对位置，从而产生推拉视觉效果的一种拍摄方法。在推拉运镜中，相机或摄像机向前移动（推镜）使拍摄对象变大、背景缩小，营造靠近的感觉；而相机或摄像机向后移动（拉镜）则相反，拍摄对象变小、背景扩大，产生远离的视觉效果。例如，当拍摄漫步场景时，推镜使人物逐渐变大,背景缩小,给人一种他正在走近的感觉;拉镜则让人物逐渐变小,背景扩大,仿佛他在逐渐远离。这种拍摄方法增强了画面的动态感和视觉吸引力,常用于短视频拍摄中营造画面效果。推拉运镜示意图如图6-44所示。

(2)摇动运镜。摇动运镜是拍摄者有意识地摇动拍摄设备的镜头部分,以达到特定的视觉效果或情感表达。这种运镜可以通过对拍摄设备的镜头进行摇晃、抖动或移动来营造一种动态感或情绪强化的效果。摇动运镜通常用于增加画面的生动感、紧张感或戏剧性效果,以吸引用户的注意力或强调画面中的特定元素。摇动运镜示意图如图6-45所示。

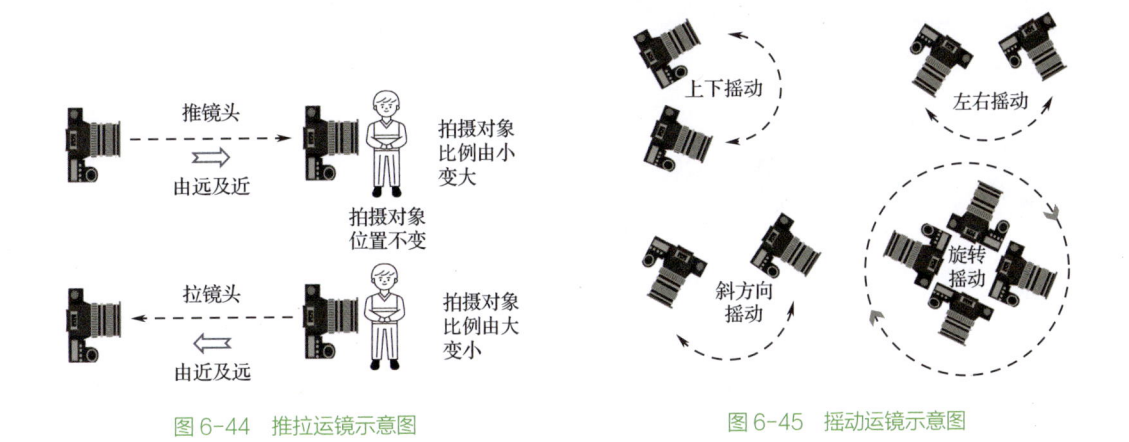

图6-44 推拉运镜示意图

图6-45 摇动运镜示意图

(3)横移运镜。横移运镜跟推拉运镜相似,只是运动轨迹不同,推拉运镜是前后运动,横移运镜则是左右运动,主要是为了表现场景中拍摄对象之间的空间关系。横移运镜示意图如图6-46所示。

(4)跟随运镜。跟随运镜就是镜头跟随拍摄对象进行移动,可以在拍摄对象的前方、后方或侧面进行跟随拍摄,但是要确保拍摄者与拍摄对象保持等距并保持相同的移动速度,这类镜头有第一人称的即视感,可以将用户带入其中。跟随运镜示意图如图6-47所示。

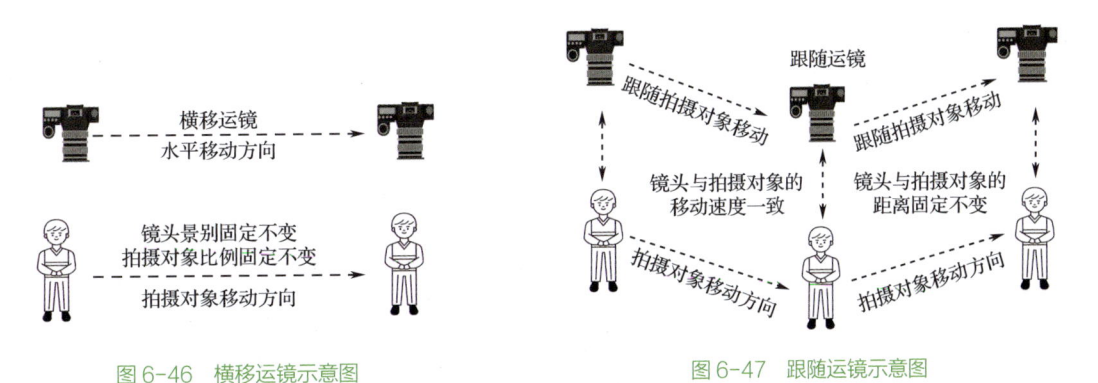

图6-46 横移运镜示意图

图6-47 跟随运镜示意图

(5)环绕运镜。环绕运镜是通过拍摄设备围绕主体或自身中心进行旋转,以展示全景或创造出环绕式的视角。这种运镜常用于表现主体周围的环境或制造一种身临其境的感觉,使用户感受到360度的视角。例如，拍摄一个人站在城市广场中央，摄像机围绕人物缓慢旋转，随着拍摄设备的转动，用户可以看到整个广场的景色，周围建筑的细节，以及人群的行动。这种环绕运镜可以帮助用户更好地感受到场景的氛围，增加互动感和沉浸感。环绕运镜示意图如图6-48所示。

（6）升降运镜。升降运镜是指相机或摄像机在垂直方向上进行上升或下降的运动，以改变拍摄角度或高度的摄影技术。这种运镜常用于捕捉不同高度的拍摄对象，创造出多样化的视觉效果。例如，当拍摄一棵果树时，拍摄者可以利用升降运镜技术，将摄像机从地面逐渐升至果树的顶部，展示果树的高度和枝繁叶茂。这种升降运镜可以帮助用户更好地感受到拍摄对象的规模和气势。升降运镜示意图如图6-49所示。

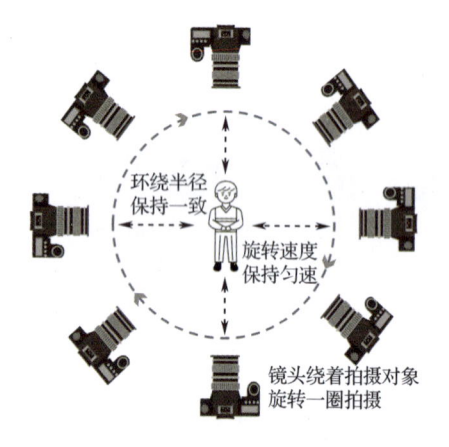

图6-48　环绕运镜示意图

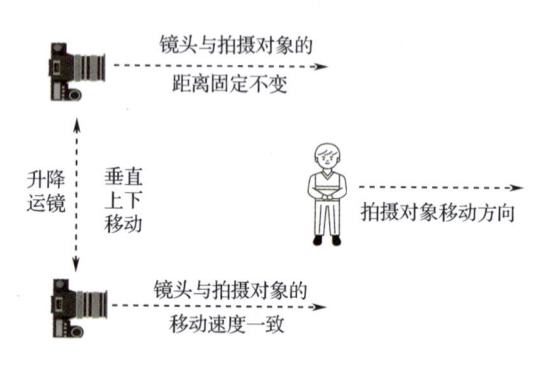

图6-49　升降运镜示意图

3. 短视频画面构图

在商品主图短视频的拍摄过程中，除了合理运用景别和运镜技巧，还要注意尽量避免以下几种情况的出现，这样在拍摄的过程中才能更好地表达拍摄主题和满足拍摄的要求。

（1）避免拍摄画面太满。在拍摄或短视频制作中，要注意不要让画面过于拥挤、杂乱或充斥太多元素，以至于用户无法清晰地理解画面的主体或焦点。保持画面简洁和清晰有助于引导用户的注意力，使其更容易理解画面中想要表达的信息。例如，在农产品拍摄时，如果要突出展现某种水果的特殊性，就不宜使用太多的水果进行组合拍摄，如图6-50所示为拍摄画面太满的示例。

（2）避免拍摄画面太空。在拍摄或短视频制作中，要注意避免画面显得过于空旷、缺乏元素或内容，以至于让用户感到无聊或缺乏焦点，因此需要合理地填充画面，使其更具吸引力和视觉张力，常见的表现形式是画面富余空间太大。例如，在拍摄体积较小的对象如樱桃时，就容易出现拍摄画面太空的情况，如图6-51所示。

（3）避免拍摄画面太偏。画面拍摄得太偏通常指的是画面中的主体或焦点被拍摄者放置在了画面的一侧，而整体构图显得不平衡或缺乏均衡感，这种情况可能会导致画面显得不稳定或缺乏视觉吸引力。例如，在拍摄单品种水果短视频的时候，构图方式采用不当或辅助搭配道具缺失都会导致摄画面太偏的情况，如图6-52所示。

图 6-50 拍摄画面太满的示例 　　图 6-51 拍摄画面太空的示例 　　图 6-52 拍摄画面太偏的示例

6.4.3　商品主图短视频创意拍摄

1. 农产品生长过程创意拍摄

生长过程拍摄是指通过季节变化的方式展示农产品从播种到收割的生长过程。在拍摄时，创作者可以巧妙地结合快速摄影和延时摄影的技术，以捕捉每一个细微而珍贵的瞬间。例如，在拍摄玉米时，通过连续拍摄出土的玉米苗、生长的玉米株、金黄的苞谷、枯黄的枝叶等一系列画面，将玉米的生长过程转化成一幅幅美丽的图像，让客户感受到大自然的神奇和生命的力量，如图 6-53 所示为农产品生长变化创意拍摄示例。

动画：农产品生长过程创意拍摄

(a) 春天嫩绿的玉米苗 　　(b) 夏天碧绿的玉米株

(c) 秋天金黄的玉米苞 　　(d) 冬天枯萎的玉米地

图 6-53　农产品生长变化创意拍摄示例

2. 场景构图创意拍摄

场景构图创意通过展示农民种植、采摘、收获等场景，展现农产品的价值内涵。例如，通过快速拍摄和延时摄影记录种植过程，展现农民耕作的过程、细心种植的场景，体现农民对土地的敬畏和对作物生长的关爱；通过捕捉采摘的瞬间，记录农民在炎炎夏日或秋风送爽中辛勤采摘的场景，展现他们对农产品的珍视；通过记录收获的喜悦和欢乐场景，展现农民劳作的成果，表现出收获的喜悦和对丰收的感恩之情等。如图6-54所示为场景构图创意拍摄示例。

（a）精细耕作场景 　　　　　　（b）丰收场景

图6-54　场景构图创意拍摄示例

3. 人物点缀构图创意拍摄

人与农产品的互动是短视频拍摄的常用技巧，是丰富短视频内容的重要方式。例如，通过果农或推荐者的试吃，可以充分展现农产品的美味与健康，提升消费者对农产品的信赖；在农产品的采摘场景中，有意识地捕捉一些劳动者辛勤劳作的画面等。如图6-55所示为人物点缀构图创意拍摄示例。

图6-55　人物点缀构图创意拍摄示例

4. 动感营造创意拍摄

在拍摄中增添动感创意，可以营造更生动、更具有冲击力的视觉效果。短视频作为一种融合了声音与动态画面的表现形式，其独特之处在于能够通过人物动作、画面构图和声音的有机结合，创造出丰富多样的视觉效果，有时一个简单的动作胜过千言万语。例如，

用手一挤，橙子就流汁，可以凸显出橙子的鲜嫩多汁。如图 6-56 所示为动感营造创意拍摄示例。

图 6-56　动感营造创意拍摄示例

素养提升

打造卓越视频作品：优秀摄影师的基本素质

优秀的摄影师在社会中扮演着重要的角色，他们通过自己的作品和影响力，为社会文化、艺术创作和商业发展等领域带来积极的影响和价值。他们的作品不仅可以美化生活，更能够启发人们思考、促进社会发展，展现出摄影在当今社会中的重要地位和作用。一名优秀的摄影师具备的基本素质包括以下几点。

（1）技术熟练。熟练掌握摄影器材的使用和调整，熟练掌握摄影基础知识。

（2）观察力强。具备敏锐的观察力，能够捕捉生活中的精彩瞬间和特殊之处。

（3）沟通能力。能够与客户、模特或合作伙伴有效沟通，理解需求并传达自己的想法，确保合作顺利进行。

（4）团队合作。在团队合作中能够有效地与其他成员协作，共同完成拍摄并发挥各自的优势。

（5）创新思维。能够创造独特的视角和构图，能够通过摄影作品表达自己的想法和情感。

（6）耐心细心。摄影需要花费很多时间来等待合适的光线和构图，一名优秀的摄影师需要有耐心和细心，不放过任何可能的拍摄机会。

（7）持续学习。摄影技术不断更新和发展，一名优秀的摄影师需要保持持续学习的状态，不断提升自己的技能和知识。

（8）尊重知识产权。确保拍摄的作品不侵犯他人的知识产权，包括尊重他人的版权、商标权和肖像权等。

（9）遵守法规道德。遵守法律法规和道德标准，避免拍摄或传播违法内容。

任务实训

商品主图短视频拍摄

一、实训要求

根据电子商务平台的实际需要,完成商品主图短视频素材采集。这里以农产品主图短视频拍摄为例,采集任务分为室外和室内两个部分,室外采集的是莲子的生长环境素材,主要包括幽静的荷塘景色和随风摇摆的莲蓬,室内采集的是干莲子的筛选过程,具体要求如下。

(1)拍摄依据:根据上一个实训任务制作的拍摄脚本(本例为"精选干莲子"),进行农产品短视频素材的拍摄。

(2)质量要求:短视频素材数量要满足分镜头规划的镜头数量。短视频素材的画面清晰、无抖动。保持自然真实的色彩表现,确保农产品形、质、色得以充分展示。每个镜头的时长适中,不要过长或过短,确保画面内容完整呈现。

(3)在任务操作过程中,学生以3~4人为一小组,分工合作,轮流进行拍摄。

(4)制作短视频拍摄登记表,其中包括以下内容:拍摄日期、拍摄地点、拍摄人员、拍摄道具、镜头编号、镜头具体内容等基本信息,随后按镜头编号详细列出每个镜头需要拍摄的具体内容,以确保拍摄任务能有序完成。

二、实训步骤

1. 分镜头一、分镜头二的室外拍摄

(1)室外拍摄前的准备工作要点。相较于室内拍摄,室外拍摄的设备主要包括具备摄像功能的数码单反相机或摄像机1台、三脚架1个、反光板2个、云台稳定器1个及相关辅助工具等,此外要特别注意以下三点。

① 光线与防抖。室外部分的拍摄内容主要包括:分镜头一"中景拍摄荷塘中的莲蓬,展示莲子的生长环境";分镜二"莲蓬在微风中轻轻摇晃的特写"。拍摄时需要在户外光线比较充足的情况下进行,一般选择在有太阳的晴天拍摄。荷塘周围地面一般都不平坦,移动镜头时容易出现晃动,可以使用云台稳定器或轨道减少镜头晃动。

② 景别与运镜。景别中荷花和莲蓬是主要拍摄对象,注意拍摄角度的选择,以展现荷塘里荷花和莲蓬独特的韵味和美感。背景处理建议选择简洁、干净的背景,如水面、天空和交错密集的荷叶等。在拍摄荷塘时,可使用较慢速度的运镜展现荷塘的美景;在拍摄莲蓬随风摆动时,可使用固定特写镜头展现其动态美。

③ 特别提醒:由于所需的分镜头短视频素材在室外进行,所以必须加强室外拍摄环节人员和设备的安全防护。

(2)调整相机或摄像机参数。结合室外拍摄环境,调整相机或摄像机的模式与参数,根据短视频尺寸要求,对短视频拍摄的分辨率、帧速率、视频制式(PAL制、NTSC制)、液晶屏亮度等进行调整。

（3）预拍摄。根据分镜头脚本要求，结合室外拍摄场景，进一步优化运镜与景别的细节。

① 分镜头一预拍摄要点。使用适宜的中焦镜头，提供较为自然的视角，既能突出莲蓬，又能展示其生长环境。将相机慢慢地进行水平移动，展现荷塘的清幽及莲蓬的生长环境，有条件的可以使用滑轨来完成。

② 分镜头二预拍摄要点。先观察莲蓬在风中自然摇晃的路径，找到一个合适的角度，然后固定镜头位置，以便能够捕捉到所需的特写镜头。

（4）正式拍摄。根据上一步的拍摄设计，在取景器中观察实时成像效果，寻找最佳画面及拍摄路径，确定以后按照移动轨迹进行拍摄。每拍摄完成一段后，回放短视频进行效果确认，直到拍摄满意为止。分镜头一、分镜头二的短视频画面如图6-57所示。

（a）分镜头一的短视频画面　　　　　　（b）分镜头二的短视频画面

图6-57　分镜头一、分镜头二的短视频画面

（5）填写拍摄登记表，完成拍摄。

在拍摄完成后，查看相机或摄像机，检查室外分镜头所需短视频素材是否都已采集完毕，填写好短视频拍摄登记表。

2. 分镜头三、分镜头四的室内拍摄

（1）室内拍摄前的准备工作要点。在进行室内干莲子的筛选分镜头拍摄前，需要做好拍摄准备工作，具体内容如下。

实训视频：商品主图短视频拍摄

① 对现场进行整理，准备好具备摄像功能的数码单反相机或摄像机1台、静物台1个、影室灯3盏、三脚架1个、背景布1张、背景架1套、云台稳定器1个。

② 准备好拍摄使用的干货类初加工农产品样品（本例为干莲子）。

③ 准备好道具，如筛子、坐凳、莲叶、莲蓬、荷花等。

④ 人物模特1位。

（2）室内拍摄设备布置。将1个坐凳放置在拍摄位置，使用2盏影室灯作高位两前侧光源，45度俯照模特主体，为拍摄对象提供侧光源，使用1盏影室灯作背光源。短视频素材采集使用1台具有摄像功能的数码单反相机进行。既可以手持数码单反相机进行拍摄，也可以使用云台稳定器进行拍摄。室内拍摄设备布置示意图如图6-28所示。

（3）动作造型设计。结合脚本内容，分镜头三、分镜头四涉及人物动作的设计，因此

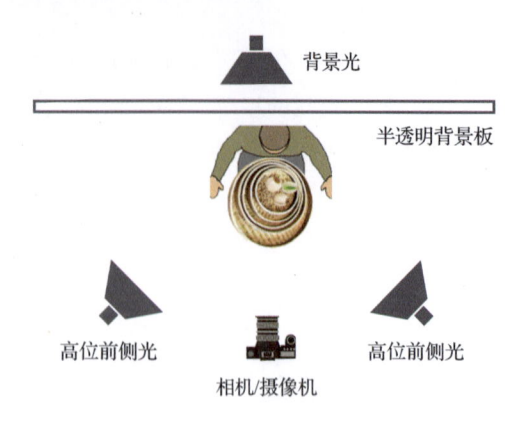

图 6-58 室内拍摄设备布置示意图

需要对动作进行分解设计。

分镜头三动作分解设计如下。

① 先准备好大小筛子各一个，在大筛子里面盛放一定数量的干莲子，使干莲子平整匀称地铺在筛子底部，小筛子放置在大筛子内。

② 模特端坐在坐凳上，端着筛子对干莲子进行筛选，用手将大筛子里面颗粒较大、质地好的干莲子挑选出来放进小筛子，动作舒缓。实际拍摄时，如果小筛子装满了，可以倒出来一部分，再重复动作进行拍摄。

分镜头四动作分解设计如下。

① 将盛放干莲子的竹筛放置在凳子上，在大筛子的边缘布置一些莲花、莲蓬、荷叶作道具，美化短视频画面。

② 模特双手出镜，捧起一捧筛子里面的干莲子，双手抬起适当高度，然后将手里的莲子从手指方向一颗颗地滑落到筛子中。在实际拍摄时，可以重复多次选取最佳效果的视频。

（4）调整光源、相机或摄像机参数。

① 调整光源。根据拍摄环境不断尝试调整，对光源的光强、色温两个主要参数进行调整，要将影室灯的光强、色温动态调整至适宜。

② 结合室内环境情况，调整相机或摄像机参数与模式，以满足短视频拍摄要求。

（5）预拍摄。根据分镜头脚本要求，结合干莲子的室内短视频素材拍摄场景，进一步优化运镜与景别的细节。

① 分镜头三预拍摄要点如下。

手部筛选动作。以模特手持的筛子为中心，采用半环绕运镜的方式，从模特左侧缓慢移动到模特的正前方，在这个过程中，镜头与模特的距离基本保持不变。针对拍摄模特筛选干莲子并将干莲子放入筛子内的动作，景别采用近景与特写相结合的方式。

甄选干莲子细节。镜头起点位于筛子所在水平面的正前方，采用镜头中心对准筛子中心、先升后降的运镜方式，从模特正前方慢慢提升相机，镜头要对准筛子的中心位置，在到达模特头部高度的时候，镜头已经由水平旋转成垂直于筛子的 90 度位置，然后推镜头至筛子中心位置，聚焦特写停置在竹筛中最饱满的干莲子上。

② 分镜头四预拍摄要点如下。

采用固定镜头，从上往下垂直俯拍双手捧干莲子并滑落的画面，拍摄画面要尽量保证筛子、辅助道具在画面中的构图效果，捧干莲子的双手要位于镜头里。

（6）正式拍摄。根据上一步的拍摄设计，在取景器中观察实时成像效果，寻找最佳画面及拍摄路径，确定以后按照既定轨迹进行拍摄。每拍摄完成一段后，回放短视频进行效果确认，直到拍摄满意为止。分镜头三、分镜头四的短视频画面如图 6-59 所示。

（7）填写拍摄登记表，完成拍摄。在拍摄完成后，查看相机或摄像机，检查室内分镜头所需短视频素材是否都已采集完成，填写好短视频拍摄登记表。

最后，当室外室内分镜头短视频素材拍摄完成以后，整体检查分镜头短视频素材是否与脚本规划内容要求相符。针对遗漏的或画面效果不好的分镜头短视频素材，组织小组人员进行补拍或重拍，直至完成所有短视频素材的拍摄。

（a）分镜头三的短视频画面　　　　　　（b）分镜头四的短视频画面

图 6-59　分镜头三、分镜头四的短视频画面

任务拓展

学生以小组为单位，依据上一任务拓展制作的短视频分镜头脚本，制订详细的拍摄计划，选择合适的拍摄场景、拍摄器材及拍摄道具，拍摄农产品主图短视频素材。在拍摄过程中要综合应用景别、运镜、构图、光线控制等拍摄技巧，以营造出生动、逼真的画面效果。

任务 6.5 商品主图短视频剪辑与处理

完成短视频素材采集以后，接下来就是对视频素材进行剪辑和处理。本任务详细介绍商品主图短视频剪辑与处理基本要求、常用技巧及剪映软件的常用功能和使用方法等内容。通过剪辑处理，短视频将能完整准确地呈现商品的独特卖点和优势，为店铺转化率的提升和营收的进一步增长助力。

◆ 学习目标

知识目标：
- 熟悉商品主图短视频剪辑与处理的基本要求；
- 掌握商品主图短视频剪辑与处理的常用技巧；
- 掌握剪映软件的常用功能及使用方法。

能力目标：
- 能按照主图短视频剪辑与处理流程有序完成主图短视频制作；
- 能合理运用短视频剪辑与处理技巧，提升短视频的视听效果。

素养目标：
- 通过商品主图短视频的制作与不断优化，养成认真细致的工作态度，树立创新意识，提高创造能力，弘扬精益求精的工匠精神；
- 通过商品主图短视频的创作，提高创造美的能力，提升美学素养；
- 遵循主图短视频设计制作规范及电商平台规则，强化遵纪守法的思想观念，增强规则意识与规范意识。

◆ 学习导图

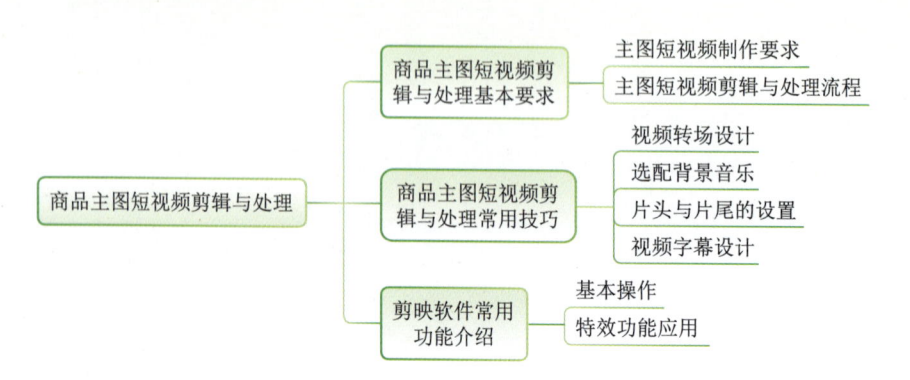

- 商品主图短视频剪辑与处理
  - 商品主图短视频剪辑与处理基本要求
    - 主图短视频制作要求
    - 主图短视频剪辑与处理流程
  - 商品主图短视频剪辑与处理常用技巧
    - 视频转场设计
    - 选配背景音乐
    - 片头与片尾的设置
    - 视频字幕设计
  - 剪映软件常用功能介绍
    - 基本操作
    - 特效功能应用

新知学习

6.5.1 商品主图短视频剪辑与处理基本要求

在制作商品主图短视频时，必须遵循剪辑与处理的基本原则，这样才能确保视频主题明确、流畅自然、配乐合适、文字清晰、过渡自然、风格统一。只有这样的短视频，才能够在短时间内传达清晰的信息，引起消费者的兴趣，并促使他们进一步了解和购买产品或服务，从而实现营销推广的目的。

微课视频：商品主图短视频制作要求

1. 主图短视频制作要求

短视频制作需要掌握多个方面的制作要求，包括标准、画面、内容、文案和片头片尾等。

（1）短视频的标准，如视频格式、尺寸、时长等要符合上传平台的要求，要严格按照平台的规则制作视频，如存在商品 Logo，应放置在规定的位置。

（2）短视频的画面要避免出现黑边黑屏、静态画面、拼接视频、画面卡顿抖动等问题。

（3）短视频的内容应具有逻辑性和完整性，镜头应具备连续性，避免生硬截断、拖沓、重复等问题。同时，内容中不得出现过期无效信息或违法违规信息。

（4）短视频的文案格式要规范、无错别字、包含卖点、无广告禁词等。

（5）短视频的片头片尾需要注意保持一致，避免过度复杂和冗长，确保内容简洁明了且与视频内容相呼应。

2. 主图短视频剪辑与处理流程

短视频剪辑与处理流程不仅涵盖处理软件层面的操作，还涉及创意和审美的全面考虑。一般而言，这一流程可分为以下几个基本步骤。

（1）整理素材。把前期拍摄的所有素材整理好，并编号归类成原始视频资料。可以创建一个详细的素材列表表格，列出每个素材的编号、名称等信息，根据拍摄顺序或内容逻辑对素材进行排序整理。例如，采用"编号 + 名称 + 年月日"的形式，如"001 采莲蓬 20240423"。

（2）分析脚本。在开始剪辑视频之前，视频制作者需要仔细分析脚本。脚本相当于视频内容的规划图，涵盖了视频的主题、故事情节、对话以及镜头切换等关键要素。为了精确体现脚本的原意，制作者需要全面把握脚本中的每一个细节。在分析脚本时，要关注情节结构、镜头描述、音效与配乐及时间安排等。通过深入了解这些方面的内容，视频制作者能够更有针对性地进行剪辑工作，从而提升剪辑的效率与品质。

（3）遴选镜头。在这一过程中，视频制作者需要查看全部视频素材，从中挑选内容合适、画质优良的镜头画面，按脚本的结构顺序进行编辑，将挑选出来的镜头衔接起来，粗剪构成一部完整的视频。正确选择镜头可以使视频更具表现力和感染力，帮助消费者更好地理解和体验视频所传达的情感和主题。

（4）精剪调整。精剪是在粗剪的基础上，通过深入分析、不断比较，并精心调整视频画面的过程。这个过程涉及多个方面，包括修剪、颜色校正、音频处理和特效添加等，目标是使视频内容更加精细化、连贯和吸引人，提升视频的整体品质和视听效果。

（5）字幕与配音。视频字幕与配音可以增强用户对视频内容的理解和体验。有时用于帮助听力有困难的用户、跨语言传播、强调关键信息或提供额外的辅助信息等用途。字幕与配音需要进行反复的调整校对和优化完善，才能最终合成一部完整的作品。

（6）作品导出。在完成视频剪辑与处理后，视频输出一般会重点关注输出格式、画面尺寸、视频质量等方面。

要根据平台要求选择输出视频的格式和分辨率，常见的视频格式包括 .mp4、.avi、.mov 等，而分辨率可以根据需求进行选择，如 1080P、4K 等。

由于播放端设备不同，要注意画面尺寸的选择。常见的画面尺寸如下。

16∶9，适用于大多数电视、计算机屏幕和视频平台。

4∶3，这是传统的电视屏幕比例，常用于幻灯片演示和老式监视器。

9∶16，这是常见的竖屏视频比例，适用于移动设备上的视频内容。

21∶9，这是超宽屏比例，通常用于电影院和某些游戏内容等。

在导出时，需要根据具体的需求和目的来选择合适的画面尺寸。在导出完成后，视频制作者还必须对输出的视频进行质量检查，以确保视频没有任何问题，包括画面是否清晰、音频是否正常等。

6.5.2　商品主图短视频剪辑与处理常用技巧

运用短视频剪辑与处理技巧得当，可以使商品主图短视频更加生动、吸引人，并且能够精准地传达商品信息，从而增强品牌形象并提升销售效果。以下是几种常见的处理技巧。

1. 视频转场设计

视频转场是视频剪辑中常用的技术，用于在不同片段之间实现平滑过渡和保持视觉连贯性。转场可以帮助连接不同场景或情节，增强叙事流畅性，以及引导消费者的视线和情绪。常见的视频转场包括直接转场、远近切换转场、穿梭式转场、物体遮挡转场、相似场景转场、借助道具转场等，每种转场方式都有其独特的应用场景和效果。

（1）直接转场。直接转场是一种无须使用转场技巧的切换画面方式，它通过将两段素材直接拼接在一起，实现画面之间的快速切换。这种方式既简单又常用，场景转换干净利落，尤其适用于需要迅速展现不同情节或场景的画面。

（2）远近切换转场。如果前一个镜头是近景或特写镜头，随后紧接一个远景或全景镜头，两个镜头构成空间转变，这种方式就是远近切换的转场形式。远近切换转场，强调两个角度和前后的空间差异，可以起到视觉对比的作用。这种转场方式常用于表现场景的距离变化或主题的聚焦与延展，可以给消费者带来震撼的视觉效果，有效地引导他们的注意力。

（3）穿梭式转场。穿梭式转场通过切换不同场景或时间点的相似元素，实现流畅过渡，营造连续穿越的视觉效果。这种技巧不仅能增强视频的创意和想象力，还能帮助消费者深入理解故事或主题，同时提升视频的艺术性和吸引力，常用于展示时间流逝或空间跨越的情节，为消费者带来新颖的视觉体验。例如，从冬季的雪地到春季的花海，再到夏季的绿草地，最后到秋季的金黄色调，生动地展现了时间的变化和季节的轮回。

（4）物体遮挡转场。物体遮挡转场通过物体的移动或遮挡实现画面间的连续切换。这种技巧常用于追求戏剧性和创意的视频剪辑，能有效吸引消费者的注意力，增强视觉吸引力。例如，在展示一个人从海边散步到夏日咖啡馆的场景转换中，可以使用遮阳伞或飞鸟的遮挡效果，随着遮挡物的移动，海边散步的画面逐渐隐去，而在遮挡物完全遮挡画面的瞬间，迅速切换到咖啡馆的场景。这种转场方式巧妙地将两个不同场景连接起来，使得场景过渡既流畅又引人注目。

（5）相似场景转场。相似场景转场通过在不同场景之间选择具有相似元素或构图的画面来实现平滑过渡。这种转场方式能够使画面之间的连接更加自然和连贯，为用户呈现出流畅的视听体验。例如，视频要呈现出一个人从雨中漫步过渡到雪中漫步的场景。为了实现自然转换，可以选择在雨中漫步的画面中找到一个具有相似构图或运动方向的元素，如一片倾泻的雨滴，然后通过过渡效果将其连接到雪中漫步的画面，使得两个场景之间的转换更加自然和连贯。

（6）借助道具转场。借助道具转场通过在不同场景间使用相同道具实现平滑过渡。这为视频增添了独特创意，使过渡更加生动，同时能吸引消费者的注意力。例如，在展示主厨做菜到餐厅用餐的过渡中，可运用共同道具如烹饪锅具，巧妙地将烹饪与用餐场景连接起来。这种转场技巧增强了视频的连贯性和吸引力，为用户带来新颖的体验。

2. 选配背景音乐

在视频制作中，背景音乐不仅能营造出特定的氛围，增强视频的情感表达，还能引导消费者的情绪，提升整体的视听体验。在选择音乐时，需确保音乐风格与视频内容相互匹配，让音乐与画面节奏和情感相互呼应。具体来说，在选择视频背景音乐时，我们需要注意以下几个方面。

（1）掌握视频的情感基调。在进行视频制作时，要理解视频表达的主题及想要传达的情绪，只有弄清楚视频整体基调，才能进一步对视频中的人、事、画面进行背景音乐的筛选。根据视频情感基调，选择与之相符的音乐类型和风格，以增强消费者对视频内容的情感共鸣。例如，在朋友聚会、节日庆祝时，就可以选择轻快、欢乐的音乐，展示生活中愉快的时刻。

（2）注意视频的整体节奏。在制作视频时，整体节奏的把握能够影响用户的体验和情绪。一段视频的背景音乐应当与视频内容相互呼应，共同营造出统一的氛围和情感连接。在选择背景音乐时，音乐的节奏和速度应与视频的剪辑节奏相协调，创造出和谐统一的感觉。例如，在快节奏的视频中选择活力四射的流行音乐，或者在慢节奏的视频中选择轻柔舒缓的钢琴曲，以营造出不同的氛围和情感体验。

（3）注意视频音量的把握。在视频中若涉及对话或音效，要务必保证它们的音量足够清晰，不受背景音乐或其他声响的干扰。举例来说，当视频中的人物进行对话时，背景音乐或背景声音不能盖过人声，以免干扰消费者的听觉体验。

3. 片头与片尾的设置

片头作为视频的开场，应简洁明了地展示品牌 Logo。引人注目的视觉效果和配乐，能迅速吸引消费者并提升品牌识别度。而片尾则是视频的结尾部分，应包含呼吁行动、品牌信息展示和对消费者的感谢，引导消费者进一步互动并加强与品牌的联系。

4. 视频字幕设计

视频字幕设计需保证文字清晰易读，内容简洁且突出关键信息。字幕颜色与对比度应与背景协调，位置合理，持续时间适中，便于消费者理解并吸引其注意力。同时，文字准确性至关重要，以提升整体观看体验。视频字幕设计的类型多种多样，具体取决于视频内容、目标受众及传达的信息。以下是一些常见的视频字幕设计类型。

（1）实时字幕。在视频播放过程中动态生成的字幕，通常用于直播节目或实时活动，如新闻报道、体育赛事等。

（2）预制字幕。这种字幕是提前制作好的，与视频内容同步播放。可以包括人物对话、描述性文字和其他内容，通常用于电影、电视节目、视频等。

（3）高亮字幕。通过突出显示关键词或重要信息，增强消费者对视频内容的关注和理解。

微课视频：商品主图短视频剪辑与处理流程及技巧

（4）滚动字幕。沿着屏幕底部或顶部滚动显示的字幕，常用于显示长篇对话或信息。

6.5.3 剪映软件常用功能介绍

剪映是一款功能强大、操作简单的视频处理软件，能帮助用户实现视频剪辑与处理的需求。剪映提供了丰富的视频编辑功能，包括智能剪辑、滤镜和特效、音频处理、速度调节、文本和字幕等，满足用户在视频制作过程中的各种需求。

1. 基本操作

（1）视频素材导入。启动剪映专业版软件，单击"媒体"选项卡，单击"本地"选项，再单击"导入"子选项，如图 6-60 所示。单击 ➕ 导入 按钮，打开"请选择媒体资源"窗口，选择"素材文件\项目 6\任务 6.5\001 俯瞰果园 20231010.mp4"文件，将素材导入剪映，如图 6-61 所示。其他素材添加方法与此步骤类似。

（2）视频导入轨道。单击素材右下角的"+"按钮，将素材添加至视频轨道，并按照视频脚本将素材依次排列，如图 6-62 所示。

（3）视频素材裁剪。按照电商平台视频时长规定和脚本要求对视频总时长进行裁剪，将光标移动到需要裁剪的视频两端，当光标变为双向黑色箭头时，按住鼠标左键左右拖动就可以对视频素材进行裁剪，如图 6-63 所示。在裁剪时要注意视频素材场景主题不能丢失。

除了裁剪视频，还可以对视频素材进行分割。只需将时间轴拖动到希望分割的位置，然后单击 ❚❚ 选项，或者按【Ctrl+B】组合键，视频就会被分割成两段。

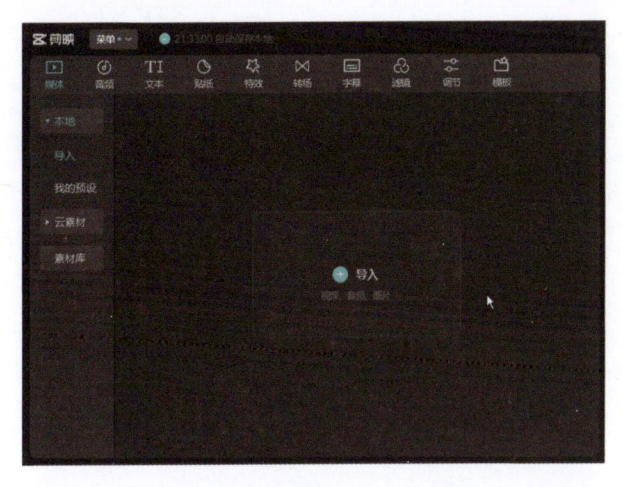

图 6-60 视频素材"导入"页面

图 6-61 导入素材后的界面

（a）添加素材至视频轨道

图 6-62 添加素材至视频轨道及排列视频素材

■ 商品信息采集与处理

（b）依次排列在视频轨道上的素材

图 6-62　添加素材至视频轨道及排列视频素材（续）

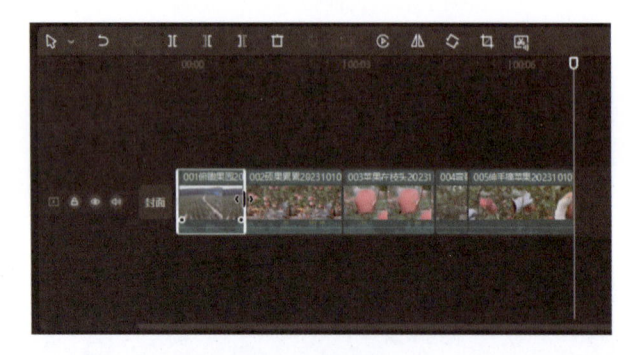

图 6-63　裁剪素材

（4）文本字幕添加。单击"文本"选项卡，选择所需的文本选项，就可以方便地添加不同类型的文本。剪映提供了 AI 生成、花字、文字模版、识别歌词、智能字幕和本地字幕等文本选项，如图 6-64 所示。

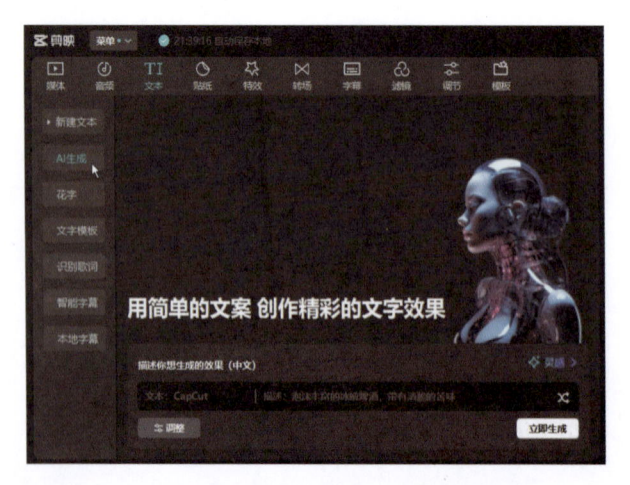

图 6-64　文本添加功能区

（5）视频作品导出。在视频制作告一段落后，对整个作品进行全面的预览播放，以便进行细致的调整和优化。确保每一个细节都达到理想的效果后，根据所需的视频格式，将最终作品导出。单击右上角的 导出 按钮，打开"导出"窗口，如图 6-65 所示。

图 6-65 "导出"窗口

在剪映中，视频导出的参数设置会影响最终导出视频的质量和文件大小。"导出"窗口中的各个选项的含义如下。

分辨率：指视频的水平像素数和垂直像素数，较高的分辨率通常会提供更清晰的画面，但同时也会增加视频文件大小。剪映从低到高提供了 480P、720P、1080P、2K、4K 五种分辨率。

码率：指视频数据传输速率，以每秒传输的比特数（bps）计量。码率越高，视频质量通常越好，但也会增加视频文件的大小。剪映从低到高提供了更低、推荐、更高、自定义四种码率。其中，自定义有两种模式，一种是 CBR 模式，另一种是 VBR 模式。两种模式都可以在 0～50000 中选择码率大小。CBR 是恒定比特率，导出视频时使用固定的码率进行编码，导出的视频文件大小基本稳定，但画质可能会因场景变化而有所不同；VBR 是可变比特率，根据视频内容的复杂程度动态调整码率，可以在保持高画质的同时尽可能减小视频文件的大小。

编码：指将视频数据编码成数字信号的过程。常见的视频编码格式包括 H.264（AVC）、H.265（HEVC）等，不同的编码格式有不同的压缩效率和兼容性。

格式：指视频文件的存储格式，如 .mp4、.mov、.avi 等。不同格式适用于不同的播放设备和平台，选择合适的格式可以确保视频的兼容性和播放性能。

帧率：指视频中每秒包含的帧数，常见的帧率有 24fps、30fps、60fps 等。更高的帧率可以提供更流畅的视频画面，但也会增加文件大小和处理需求。

通过调整这些视频导出参数，用户可以根据需要平衡视频质量、文件大小和播放兼容性等，以获得最适合的视频效果。在剪映中，通常会提供设置这些参数的选项，让用户根据实际需求进行调整。

2. 特效功能应用

（1）视频转场特效。剪映提供的转场特效种类丰富，常见的有热门、叠化、幻灯片、运镜、模糊、光效、拍摄、扭曲、故障、分割、自然、MG 动画、互动 emoji、综艺等。使用时，将时间轴拖动到两个视频转场处，然后单击选中的转场效果右下角的"+"按钮，就可将转场特效加入视频轨道。添加转场特效界面如图 6-66 所示。

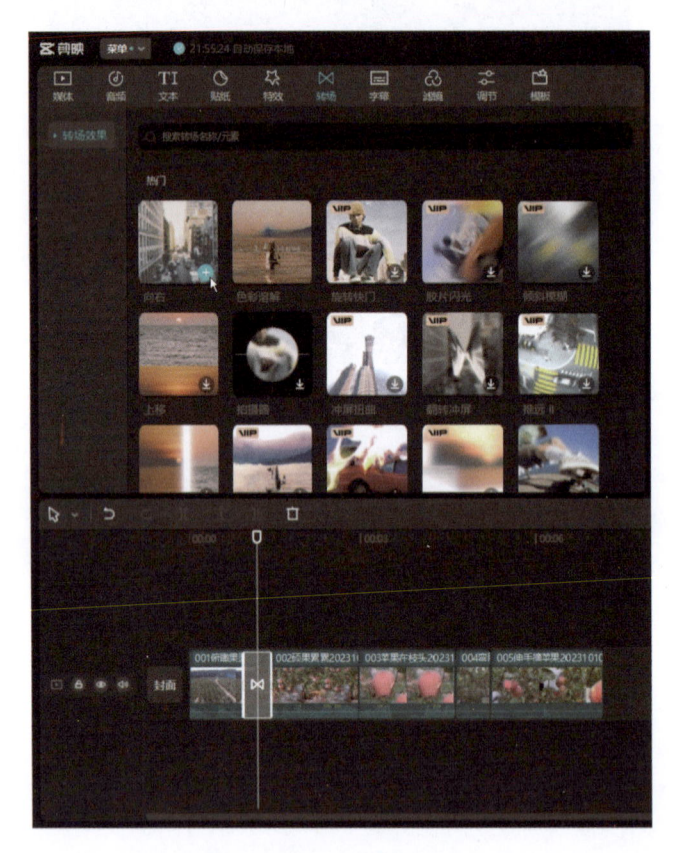

图 6-66 添加转场特效界面

（2）音频编辑特效。根据音频要求，进行音频编辑。如果要去掉原声，添加背景音乐，则需要对原视频素材中的原声进行关闭。剪映提供了音乐素材、音效素材、音频提取、抖音收藏及链接下载五种音频来源，可根据视频脚本要求和场景特点添加音频。添加完成以后，将音频长度剪辑到与视频时长一致。可结合视频要求，拖动音频轨道两端的端点对音频的开头与结尾处进行淡入淡出处理。音频编辑特效如图 6-67 所示。

项目 6　农产品类商品信息采集与处理

（a）关闭原声

（b）音频来源

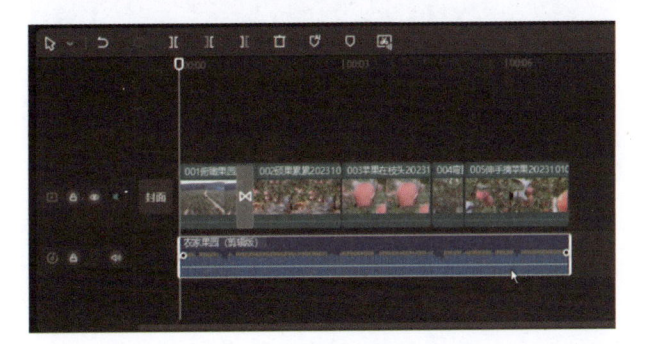

（c）音频添加

（d）音频淡入淡出处理

图 6-67　音频编辑特效

（3）视频滤镜特效。剪映提供了多种滤镜效果，如风景、人像、美食、春日、相机模拟、夜景、风格化、复古胶片、影视级、冬日、基础、户外、室内、黑白等，可以根据视频要求选择不同类型的滤镜进行使用。例如，在进行室内拍摄时，为了表现秋日果林的特点，可以使用"户外"模块下的"林间"滤镜对视频画面进行处理，使视频画面明暗程度与色彩变化更浓烈鲜艳。添加视频滤镜特效如图6-68所示。

（a）滤镜库

（b）添加视频滤镜进入轨道

图6-68　添加视频滤镜特效

素养提升

一帧一秒：走心的视频剪辑与艺术处理

商品主图短视频剪辑与处理是短视频制作中至关重要的环节，在剪辑过程中每一个剪辑与处理都需要本着精益求精的工匠精神，追求技术的精湛和视频创意的精巧表达，主要体现在以下几个方面。

（1）整理素材。在整理素材时精心筛选和归纳，只选择最具表现力和相关性的素材，确保素材的质量和适用性，避免出现杂乱无章的情况。

（2）分析脚本。对脚本内容进行深入分析和理解，准确把握主题和情感表达，确保脚本内容的精准传达和呈现，使得视频内容更加有深度和共鸣。

（3）遴选镜头。在遴选镜头时，要求精准把握每一个镜头的意义和作用，选择最能突出主题和情感的镜头，确保画面的连贯性和视觉效果。

（4）精剪调整。要求在剪辑过程中反复推敲，不断调整剪辑顺序和节奏，确保每一个镜头的过渡和连接都流畅自然，使得整个视频更加富有节奏感和吸引力。

（5）字幕配音。要求对字幕和配音进行精细处理，选择恰当的语言和表达方式，确保文字和声音能够准确传达视频内容的情感和信息，提升观看者的理解和共鸣度。

（6）作品导出。在作品导出环节，要求选择最适合的导出格式和参数，保证视频的画质和音质达到最佳状态，使得作品在各种平台上都能展现出最佳效果。

通过在每一个环节都贯彻精益求精的工匠精神，制作者可以不断提升作品的质量和观赏性，打造出更具吸引力和影响力的短视频作品，吸引更多用户的关注和喜爱。

任务实训

商品主图短视频剪辑与处理

一、实训目的

学习者通过商品主图短视频的剪辑与处理，熟练掌握短视频剪辑与处理流程、方法和技巧。同时，学会利用短视频凸显商品特性，吸引潜在顾客，从而在短视频营销中激发创新思维，提升个人营销能力。

二、实训要求

根据电商平台要求，对采集的短视频素材进行整理、剪辑与处理，完成商品主图短视频制作。

（1）质量要求：视频主题清晰明确，用户观看视频后能够迅速理解要传达的内容；时间控制在30秒以内；视频画面清晰、色彩鲜明，视觉效果吸引人；故事情节连贯，能够吸引消费者的注意力并引起共鸣；视频节奏适中，视频内容不侵犯他人权益，不包含违法违规内容。

（2）技术要求：熟练掌握剪映的基本操作要领，能准确进行视频素材的处理，同时合理运用转场、音频、滤镜等特效功能对视频整体效果进行优化。

实训视频：商品主图短视频剪辑与处理

（3）在制作过程中，独立完成商品主图短视频的剪辑与处理。

三、实训步骤

1. 任务准备

在主图短视频剪辑与处理前,检查短视频素材的数量和内容是否与脚本一致;检查电脑上的视频处理软件是否能正常使用,对剪映软件工作环境进行正确配置。

2. 导入短视频素材

启动剪映专业版软件,单击"媒体"选项卡,单击"本地"选项,再单击"导入"子选项。单击 ➕ 导入 按钮,打开"请选择媒体资源"窗口,选择"素材文件\项目6\任务6.5\商品主图短视频剪辑与处理\001荷塘20230515.mp4"文件,将素材导入剪映,如图6-69所示。其他3个素材的添加与此步骤类似。

图6-69 导入素材后的界面

3. 添加短视频至视频轨道

将素材添加至视频轨道,并按照短视频脚本调整好素材顺序,如图6-70所示。如果短视频素材较多,可以通过时间线的缩小键来调整整体观察角度。

4. 剪辑调整素材

按照电商平台主图短视频时长规定和脚本要求,对短视频总时长进行剪辑。本任务将短视频整体时长设定在30秒。

(1)单击轨道上的"001素材20231010.mp4"素材,将光标移动到"001荷塘20230515.mp4"文件视频两端,当光标由箭头变为双向黑色箭头时,按住鼠标左键左右拖动对该素材进行裁剪。"001荷塘20230515.mp4"素材第9秒到结尾出现了田埂,影响了荷塘的整体美观,拖动黑色箭头从尾部裁剪至时长5秒。

图 6-70 添加视频素材至视频轨道页面

（2）"002 莲蓬 20230615.mp4"素材中尾端画面相近，可减少时长，拖动黑色箭头从视频尾部裁剪至时长 5 秒。

（3）"003 筛莲子 20230815.mp4"素材中两端画面相近，可减少时长，拖动黑色箭头从两端裁剪至时长 12 秒。

（4）"004 捧莲子 20230815.mp4"素材中两端画面相近，可减少时长，拖动黑色箭头从两端裁剪至时长 8 秒。

在调整的过程当中，要注意每段视频素材场景当中的主题元素不能缺失，如图 6-71 所示为剪辑调整素材后的界面。

图 6-71 剪辑调整素材后的界面

5. 添加视频转场特效

根据视频脚本要求和镜头切换效果需求，为视频添加转场特效。

（1）单击"转场"选项卡，单击"转场效果"选项，在预览框中根据需求选择转场特效。本例中，"001 荷塘 20230515.mp4"景别与"002 莲蓬 20230615.mp4"景别是远景到特写的切换，适宜添加具有"推近"效果的转场特效。因此，结合视频脚本要求，选择"运镜"子选项中的"推近"转场特效。

（2）"002 莲蓬 20230615.mp4"素材与"003 筛莲子 20230815.mp4"素材景别相近，场景差异较大，比较适宜添加具有明显切换效果的转场特效。因此，结合视频脚本要求，选择"幻灯片"子选项中的"翻页"转场特效。

（3）"003 筛莲子 20230815.mp4"素材与"004 捧莲子 20230815.mp4"素材都有人物，也涉及道具辅助，这里结合圆形筛子这个道具的外形，选择"热门"子选项中的"3D 空间"转场特效，如图 6-72 所示。

转场效果添加完成后，可以在"转场"参数设置界面中调整转场时长。

图 6-72 添加"3D 空间"转场特效界面

6. 添加背景音乐

该步骤需要对视频添加一段背景音乐。首先，将原视频素材中的原声消除，单击"关闭原声"按钮关闭原声；其次，根据视频脚本要求和场景特点添加背景音乐，单击"音频"选项卡，在搜索框中搜索"夏日荷花"，单击"夏日荷花"右下角的"+"按钮，将音频素材添加至音频轨道；再次，单击音频轨道，拖动音频轨道两端，可以进行音频裁剪，将音频长度裁剪到与视频轨道一样的长度；最后，拖动音频两端减弱按钮对开头、结尾部分分别进行音频的淡入淡出处理，如图 6-73 所示。

图6-73　音频的淡入淡出处理界面

7. 添加文字

根据视频脚本要求和场景主题添加文字，单击"文本"选项卡，单击"文字模板"选项，单击"古风"子选项，选择"荷花微漾"模板，单击"+"按钮，将文字添加到文字轨道，在预览播放窗口调整模板大小，并将其放置于画面的右下角，同时，将文字轨道与视频轨道时长拉至平齐。在右侧文本框中，将文字"荷花微漾"改为"湘莲"，如图6-74所示。

图6-74　将文字"荷花微漾"改为"湘莲"后的界面

8. 添加视频滤镜

观察视频素材画面明暗程度与色彩变化，为了凸显夏日的主色调，单击"滤镜"选项卡，搜索"夏日"，选择"夏荷清新"滤镜对视频进行画面处理，如图6-75所示。

图6-75　添加"夏荷清新"滤镜界面

9. 预览微调，导出视频

对整个作品进行全面预览，并对视频进行微调优化。优化完成后，单击右上角 导出 按钮，打开"导出"窗口，设置"分辨率"为"720P"，"码率"为"推荐"，"编码"为"H.264"，"格式"为"mp4"，"帧率"为"30fps"，点击"导出"按钮，导出视频，"导出"参数设置界面如图6-76所示。

五、实训总结

在进行商品主图短视频剪辑与处理过程中，细节决定作品质量，精细化操作不可或缺。特别是在添加视频素材、运用剪辑工具和导出成品的各个阶段，每一个功能和参数的选择都至关重要。

在添加视频素材时，要特别注意视频格式、分辨率及尺寸大小，这些参数不一致会直接影响视频合成后画面的一致性；在使用剪映工具软件时，剪映的视频分割、视频合并、转场、添加音乐、添加字幕、特效及滤镜等功能一定要结合视频制作要求合理使用，避免特殊功能使用过多或不足的情况发生；在导出视频时，要注意视频分辨率与格式，避免导出视频过大、格式不符合平台上传要求等情况出现。

商品主图短视频剪辑与处理考验短视频制作者的综合能力，既要熟悉主流视频处理软件的功能和使用技巧，又要熟悉各主流电商平台商品主图短视频的基本要求。

图6-76 "导出"参数设置界面

任务拓展

对上一任务拓展所拍摄的农产品短视频素材进行审慎的筛选与编辑，以打造一段符合平台规范、融入故事情节的农产品主题短视频。在视频制作过程中，要依据脚本设定，精心策划每个素材的展示次序和持续时间。同时，要运用巧妙的转场技巧、适宜的滤镜处理及恰当的背景音乐搭配等，以提升视频的观看体验和吸引力。

完成视频制作后，将作品发布并分享到各大短视频平台或社交媒体上，让更多人欣赏你的创意和才华。

项目测试

一、单选题

1. 不属于水果拍摄要点的是（　　）。
   A. 光线　　　　B. 角度　　　　C. 环境　　　　D. 品类
2. 运镜是指在拍摄过程中镜头的运动方式，它可以改变（　　）给人的视觉体验。
   A. 拍摄画面　　B. 拍摄质量　　C. 拍摄节奏　　D. 拍摄时间
3. 在拍摄过程中要注意不能因为追求意境而造成农产品失去原始面貌，只有（　　）才显原生态。
   A. 真实　　　　B. 美观　　　　C. 完整　　　　D. 艳丽
4. 通常分镜头脚本包括（　　）。
   A. 内容、景别、台词、运镜、时长、道具、背景音乐、字幕

B. 图片、文字、时间、机位、背景音乐、道具

C. 图片、文字、拍摄技巧、台词

D. 画面内容、景别、拍摄技巧、字幕、台词

5.（　　）是视频剪辑中常用的技术，用于在不同片段之间实现平滑过渡和视觉连贯性。

　　A. 视频转场　　　B. 视频画面　　　C. 视频时长　　　D. 视频背景

二、多选题

1. 水果拍摄常见的构图方式包括（　　）。

　　A. 数量构图　　　B. 空间构图　　　C. 种类构图　　　D. 体积构图

2. 以下属于干货类商品的是（　　）。

　　A. 干蔬　　　　　B. 干果　　　　　C. 香料　　　　　D. 腌腊制品

3. 短视频脚本的制作步骤包括（　　）。

　　A. 建立用户画像　　　　　　　　　B. 明确拍摄目的

　　C. 确定脚本主题　　　　　　　　　D. 搭建脚本框架、设计拍摄脚本

4. 在商品主图短视频的拍摄过程中，要注意尽量避免（　　）的情况出现。

　　A. 拍摄画面太满　B. 拍摄画面太空　C. 拍摄画面太偏　D. 摄画面太大

5. 常见的视频字幕设计类型有（　　）。

　　A. 实时字幕　　　B. 预制字幕　　　C. 高亮字幕　　　D. 滚动字幕

三、简答题

1. 简述商品主图短视频剪辑与处理流程。
2. 简述商品主图短视频剪辑与处理的常用技巧。

参考文献

[1] 张红，商玮. 商品信息采集与处理（第二版）[M]. 北京：高等教育出版社，2019.

[2] 李敏，曾鸣. 网店视觉营销 [M]. 北京：高等教育出版社，2021.

[3] 谭元发. 商品拍摄与图片处理 [M]. 2 版. 北京：电子工业出版社，2021.

[4] 郭珍. 全平台网店美工全面精通：商品拍摄 + 视觉设计 + 店铺装修 + 视频制作 [M]. 北京：清华大学出版社，2023.

[5] 赵爱香，余云晖，陈婕. 网店美工案例教程 [M]. 北京：人民邮电出版社，2020.

[6] 李强. 中文版 Photoshop 2022 效果图后期处理技法剖析 [M]. 北京：清华大学出版社，2023.

[7] 杭俊，王晓亮. Photoshop 网店美工实例教程 [M]. 北京：人民邮电出版社，2023.